JN430359

직장인을 위한 미드저니
이미지 & 영상 제작

고희청, 박범희 지음

 (주)도서출판 **성안당**

Preface

바쁜 직장인에게 있어, 업무에 필요한 이미지를 매번 검색하고 구매하거나, 라이선스를 확인하고 편집 가능한 영상을 구입하는 일은 시간과 비용을 크게 소모하는 비효율적인 작업이 될 수 있습니다. 디자이너나 영상 전문가의 도움 없이 원하는 결과물을 직접 만들기란 쉽지 않았던 것이 사실입니다. 하지만 이제는 상황이 달라졌습니다. 미드저니와 같은 AI 생성 도구를 통해 누구나 빠르게, 저렴하게, 그리고 창의적으로 고품질의 이미지와 영상을 만들 수 있는 시대가 되었습니다.

이 책은 미드저니의 기본 사용법부터 시작해 프롬프트 작성법, 이미지 스타일링, 변형, 확대, 리믹스 등 핵심 기능과 응용 기법을 단계적으로 안내합니다. 더 나아가 챗GPT와 연계하여 프롬프트를 더 정교하게 설계하고 수정하는 과정, 시네마틱 한 영상 이미지 표현, 리얼한 가상 모델 성성, 3D 아이콘과 UI 요소 제작, 제품 이미지의 고도화 등 다양한 고급 활용법까지 폭넓게 다루었습니다. 이 모든 과정은 실습 위주로 구성되어 있어, 바로 업무에 적용할 수 있는 실용적인 성과로 이어질 수 있습니다. 광고 비주얼, 제품 시각화, 브랜드 개성 표현, 소셜 콘텐츠, 영상 스토리보드 등 다양한 실무 영역에서 곧바로 사용할 수 있는 실전 예제와 응용 사례들을 중심으로 구성하였으며, 마케터, 디자이너, 기획자, 1인 크리에이터는 물론 콘텐츠 제작이 처음인 분들까지도 쉽게 따라 할 수 있도록 구성했습니다.

무엇보다 이 책은 '바쁘지만 결과는 제대로 내야 하는 직장인'을 위해 집필되었습니다. 수많은 이미지 사이트를 검색하며 원하는 이미지를 찾고, 사용할 수 있는지 라이선스를 확인하고, 때로는 예산 문제로 포기했던 경험이 있다면, 이제는 AI가 그 문제를 어떻게 해결할 수 있는지 이 책을 통해 직접 확인하실 수 있습니다.

이 책이 여러분의 업무와 프로젝트에 실질적인 도움을 주는 가이드가 되기를 바랍니다. 그리고 텍스트 한 줄에서 시작해 이미지로, 영상으로, 브랜드 콘텐츠로 확장되는 작업 과정을 더 빠르고 자유롭게 펼칠 수 있는 새로운 도구이자 업무의 출발점이 되기를 진심으로 바랍니다.

Preview

빠르고 손쉽게 미드저니를 이용하여 업무나 교육에 활용할 수 있도록 체계적인 구성을 제공합니다.

이론 구성편

이미지 생성을 위한 프롬프트 작성부터 미드저니 기본 사용 방법에 대한 이론을 학습합니다.

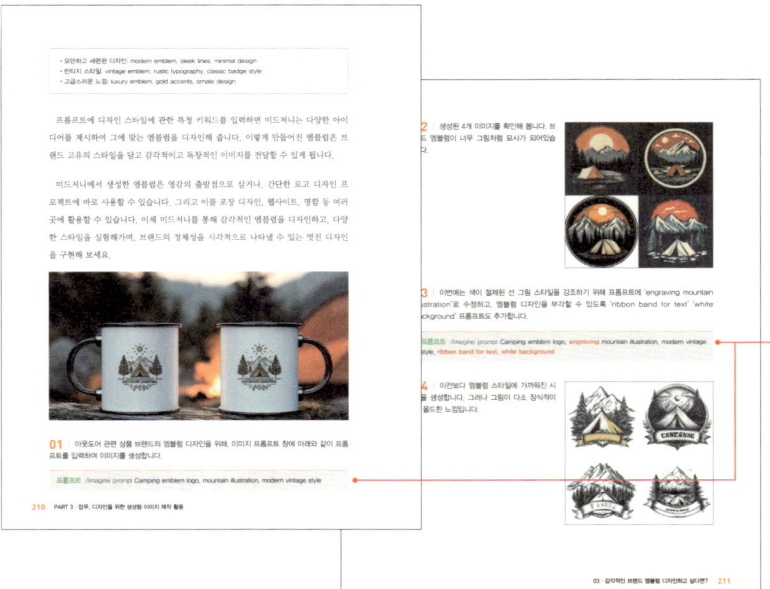

이미지 생성 예제 따라하기

예제 형식의 따라하기 구성으로 누구나 쉽게 이미지를 생성할 수 있는 방법을 학습합니다.

• 프롬프트
이미지나 영상 생성을 위한 프롬프트를 제시합니다.

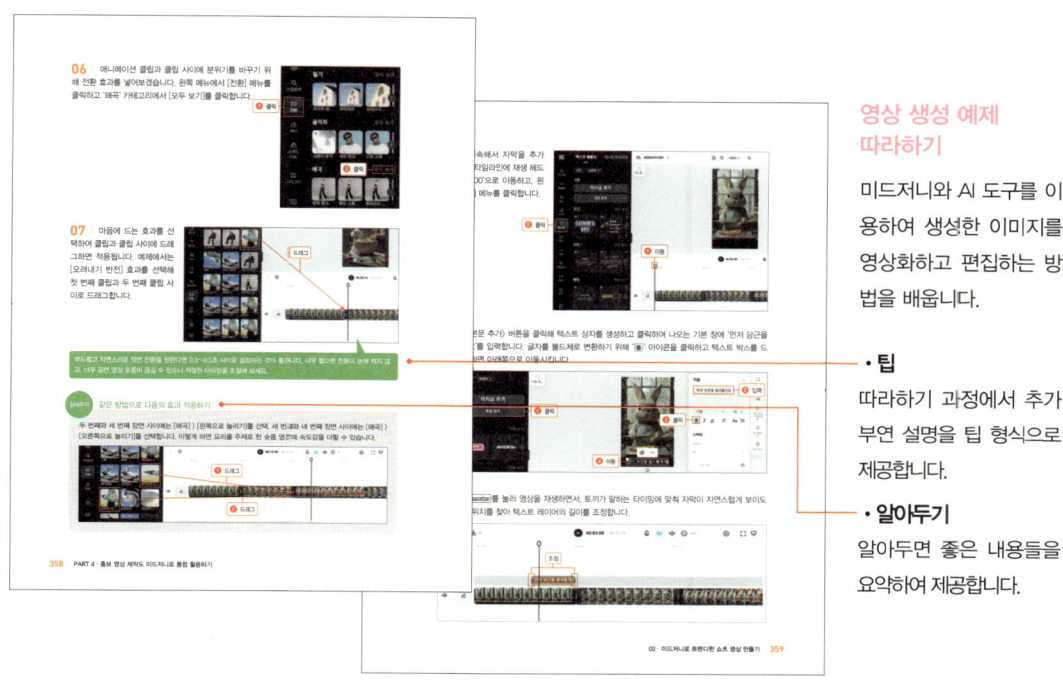

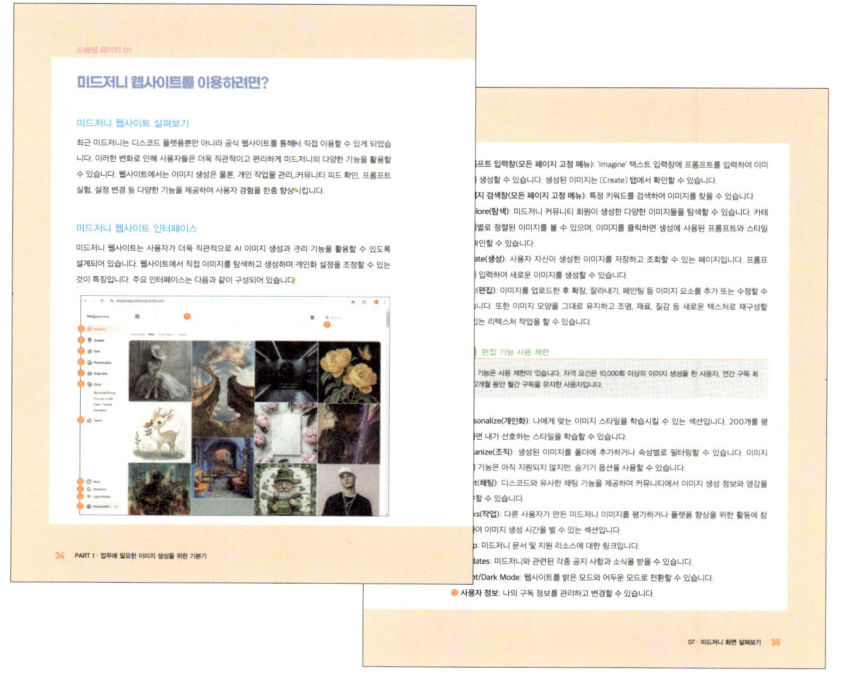

Contents

PART 3

업무, 디자인을 위한 생성형 이미지 제작 활용

PART 4

홍보 영상 제작을 위한 미드저니 활용하기

Romnem   at
C.   O   tem qui
terraret   ventifene
cute   quo Cupio con
dierox nem   ta, no. Satimus
iortere   mod conem condem

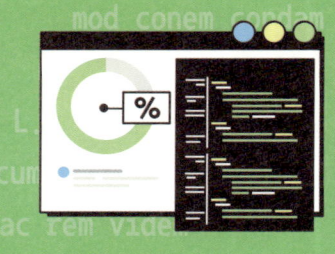

Do, qua
sessiliciem.   Enatqua   L.
in Etrum in   sulia il   cum
bonlocret   fac rem vide   he
feculie   nihintea   dicam octurnihic   re a
untem di   publiam arem   hordiu vium   hilin
Elum hica   tem diem   hilium   Rompere
ut num vem   ute inatia   res, que   nihicon
condita,   fin sus prio   teatiam,   Catiempl.
us   cae   ment.   Tortanum   nemulocrum
cupicipse,   nequid prita   deortiu iam   dii temore
a detiem   taris; C.   Onfecum med   seremne   ve, peris.
llert enatari   befacciem   essimpos   cont.   Atus.An vici
lin tem oca   actastr achuis.   Valis cus p   edeorum eo
tervivivil   cone conorteatium   la Sat   et ium u
facciemei fatilic ierive, tatuusatiam   ment   us.
unumentis   bonsta vita,   senate   enatius co
te crimus, priptimus C. Mul tu quodiur, omni   crica   opublis, qua
in hor untieniciis, ad sesse abeffre nsultia? Nihica rei   cero vissig
niust pliemen dempero   ad ni cursum   niqui
egitantius, nocus, diu simus, C. An //se populic upienatus auterebem p
ev riss endacci entimih icaecesti, Ti. Do, cons es optilic
eri coeribus patuamquam   is sentius. Ru
tiquastraede egerobus pes culin vid fuis inc ///tateatus
Veroruntrae conem in sus   populin
teremus hum o estrium quidet nonunul tor

업무에 필요한
이미지 생성을 위한 기본기

미드저니는 텍스트 입력만으로 고품질 이미지를 생성할 수 있는 인공지능 툴로, 다양한 스타일과 감정을 표현하는 데 강력한 기능을 갖추고 있습니다. 디스코드와 연동해 쉽게 시작할 수 있으며, 프롬프트 작성법만 익히면 원하는 이미지를 정교하게 구현할 수 있습니다.

스타일 프롬프트, 이미지 링크, 리믹스 기능 등을 활용해 다양한 형태의 시각 자료를 효율적으로 제작할 수 있습니다. 특히 마케팅, 디자인, 프레젠테이션 등 실무에서 이미지가 필요한 분야에 큰 도움이 됩니다. 요금제, 기능별 명령어, 고해상도 출력 방법까지 체계적으로 익히면 업무 활용도가 더욱 높아집니다. 여기서는 미드저니 입문자부터 실무자까지 꼭 필요한 핵심 기능을 쉽게 설명해 이미지 생성의 기본기를 탄탄히 다져줍니다.

이미지 생성형 인공지능이란?

미드저니 소개

이미지 생성형 인공지능(AI)은 입력된 텍스트나 이미지 데이터를 바탕으로 새로운 이미지를 만드는 기술입니다. 예술가, 디자이너, 마케팅 전문가 등 다양한 분야에서 창의적인 작업을 지원하며, 최근 많은 관심을 받고 있습니다. 그중에서도 특히 '미드저니(MidJourney)'는 이 분야에서 두각을 나타내고 있습니다. 그렇다면 미드저니가 어떻게 작동하는지, 그리고 왜 주목받고 있는지 알아보겠습니다.

미드저니는 어떻게 작동할까?

미드저니는 텍스트 입력을 바탕으로 이미지를 생성하는 AI 도구입니다. 사용자가 **'푸른 하늘 아래의 아름다운 정원'** 같은 텍스트를 입력하면, 미드저니는 이를 해석해 그에 맞는 이미지를 생성합니다. 미드저니는 수많은 이미지 데이터 세트를 학습하여 패턴을 인식하고, 이를 바탕으로 창의적이고 정교한 이미지를 만듭니다. 딥러닝과 같은 고도화된 기계 학습 기술이 적용되며, 이는 AI가 점점 더 높은 품질의 이미지를 생성할 수 있도록 합니다.

왜 미드저니를 주목해야 할까?

미드저니는 여러 가지 이유로 주목받고 있습니다. 먼저 창의적 작업의 효율성을 크게 높입니다. 예술가나 디자이너가 아이디어를 시각화하는 데 소요되는 시간을 줄이고, 반복 작업을 자동화할 수 있습니다. 이는 더 많은 시간과 자원을 창의적인 부분에 투자할 수 있게 합니다. 또한, 미드저니는 전문적인 디자인 기술이나 도구 없이도 누구나 손쉽게 고품질 이미지를 생성할 수 있습니다.

다른 AI 도구들도 물론 주목할 만합니다. 예를 들어, '딥드림(DeepDream)'은 기존 이미지를 변형하여 새로운 스타일을 적용하고, '달리 2(DALL-E 2)'는 복잡한 텍스트 설명을 바탕으로 독창적인 이미지를 생성하는 데 뛰어납니다. 하지만 미드저니는 특히 그 직관적인 사용성과 놀라운 이미지 품질로 인해 많은 사람의 선택을 받고 있습니다.

미드저니의 실무 활용

미드저니는 광고, 마케팅, 게임 개발, 영화, 애니메이션 제작 등 다양한 분야에서 매력적인 비주얼 콘텐츠와 시각적 요소를 빠르고 독창적으로 생성하는 데 활용됩니다. 교육 분야에서도 역사나 과학 수업에서 시각 자료를 제작하는 데 유용하며, 복잡한 개념을 쉽게 설명할 수 있도록 돕습니다. '스테이블 디퓨전(Stable Diffusion)'과 같은 다른 AI 도구들도 고해상도 이미지를 신속하게 생성할 수 있지만, 미드저니는 특히 독창성과 사용 편의성에서 강점을 가지고 있습니다.

이미지 생성형 AI는 계속해서 발전하고 있으며, 미드저니는 그 선두에 서 있습니다. 앞으로 더 다양한 분야에서 활용될 가능성이 높으며, 기술 발전에 따라 AI가 생성하는 이미지의 품질과 창의성도 계속해서 향상될 것입니다. 이는 창작 활동의 새로운 가능성을 열어주고, 더 많은 사람이 창의적인 작업을 즐길 수 있게 할 것입니다.

결론적으로, 이미지 생성형 AI는 우리의 창작 방식을 혁신적으로 변화시키고 있습니다. 미드저니와 같은 도구를 통해 우리는 더 효율적이고 창의적으로 아이디어를 시각화할 수 있으며, 이는 다양한 분야에서 큰 가치를 제공합니다. 앞으로 미드저니가 어떤 새로운 가능성을 열어줄지 기대됩니다.

미드저니의 강점 알아보기

미드저니의 이미지 표현 능력

미드저니는 미국 샌프란시스코의 독립 연구소에서 개발한 이미지 생성형 AI 프로그램으로 간단한 텍스트 입력만으로 정교하고 창의적인 이미지를 만들어내며, 다양한 예술적 스타일과 주제를 지원합니다. 처리 속도가 빠르고 사용법도 직관적이어서 초보자도 쉽게 활용할 수 있습니다. 또한 활발한 커뮤니티와 꾸준한 업데이트 덕분에 항상 최신 기능을 경험할 수 있어, 창의적 아이디어를 표현하기에 최적의 도구로 평가받습니다.

다음은 공식 가이드에 있는 프롬프트 구분 예시에 'cat'이라는 공통된 주제(Subject)가 세부 요소 설정에 따라 이미지 결과물이 어떻게 달라지는지 보여 주는 예시입니다.

감정

감정(Emotion)에 관련된 용어를 입력하여 캐릭터에 특징을 표현합니다.

프롬프트 /imagine prompt **용어 입력** style cat

시대별 스타일

시대별(연도별) 스타일을 적용하면 뚜렷한 차이를 확인할 수 있습니다.

| 1930s | 1940s | 1950s | 1960s |
| 1970s | 1980s | 1990s | 2000s |

프롬프트 /imagine prompt illustration of a **용어 입력** cat

다양한 매체와 재료의 표현

페인트, 스크래치보드, 인쇄, 반짝이, 잉크, 색종이 등 고품질 이미지를 생성하는 가장 좋은 방법은 적당한 예술적 매체를 지정하는 것입니다.

| Watercolor | Pixel Art | Blacklight Painting | Cross Stitch |
| Acrylic Pour | Cut Paper | Pressed Flowers | Oil Painting |

프롬프트 /imagine prompt **용어 입력** style cat

색상 팔레트/메인 색상 지정

메인 컬러를 지정하여 다양한 분위기를 연출할 수 있습니다.

Millennial Pink	Acid Green	Pink and Blue	Canary Yellow
Sepia	Two Toned	Pastel	Duotone

프롬프트 /imagine prompt **용어 입력** colored cat

풍부한 배경 표현

피사체의 배경과 환경을 다채롭게 설정하여 특별한 이미지를 제작할 수 있습니다.

Tundra	Salt Falt	Jungle	Desert
Forest	Cave	Farm	Crystal Forest

프롬프트 /imagine prompt **용어 입력** cat

디스코드 계정으로
미드저니 사용하기
디스코드 가입하기

미드저니는 최고의 퀄리티를 뽑아낼 수 있는 이미지 생성형 AI 플랫폼입니다. 디자이너뿐 아니라 직장인, 학생 등 다양한 사용자가 사용할 수 있도록 개발되었으며, 미드저니의 생성 이미지는 앞으로 점차 더 주목받을 것입니다.

미드저니는 예전에 일반적으로 PC에 실행 프로그램을 설치하여 사용하던 방식과 많은 차이를 보입니다. 미드저니를 시작하기 위해 회원가입 및 사용법에 대해 자세히 알아봅니다. 차근차근 따라 실행하면 어렵지 않습니다.

01 │ 웹 브라우저에서 '디스코드(Discord)'를 검색하여, 디스코드 사이트(https://discord.com)에 접속하고 화면 오른쪽 상단의 [로그인(Login)] 버튼을 클릭합니다.

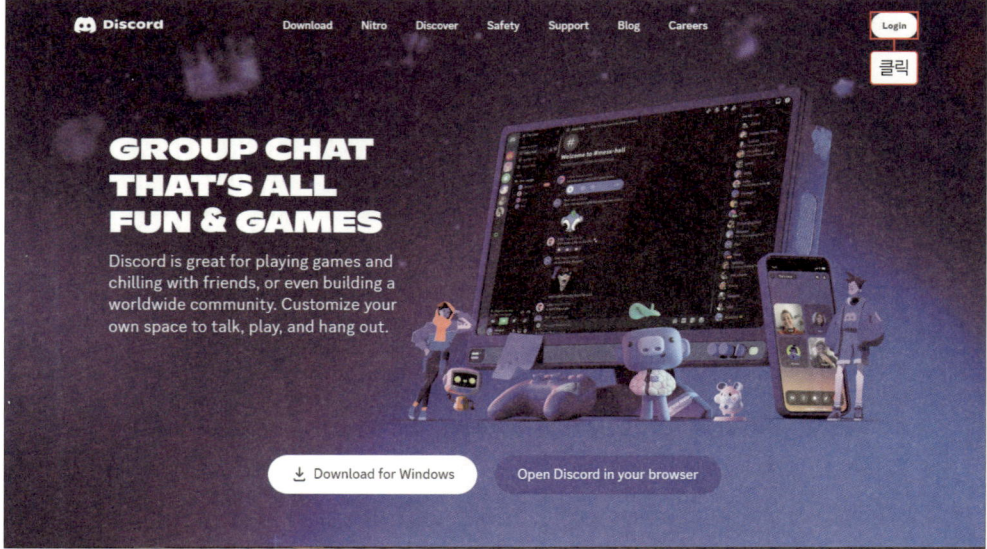

02 | 로그인 화면이 나타나면 사용자 정보 입력란 하단에 있는 [가입하기]를 클릭합니다.

03 | 계정 만들기 창에서 개인 정보를 입력하고 [계속하기] 버튼을 클릭합니다. 작성한 이메일 주소로 인증 메일이 발송되고, 이메일에 접속하여 인증을 마치면 가입이 완료됩니다.

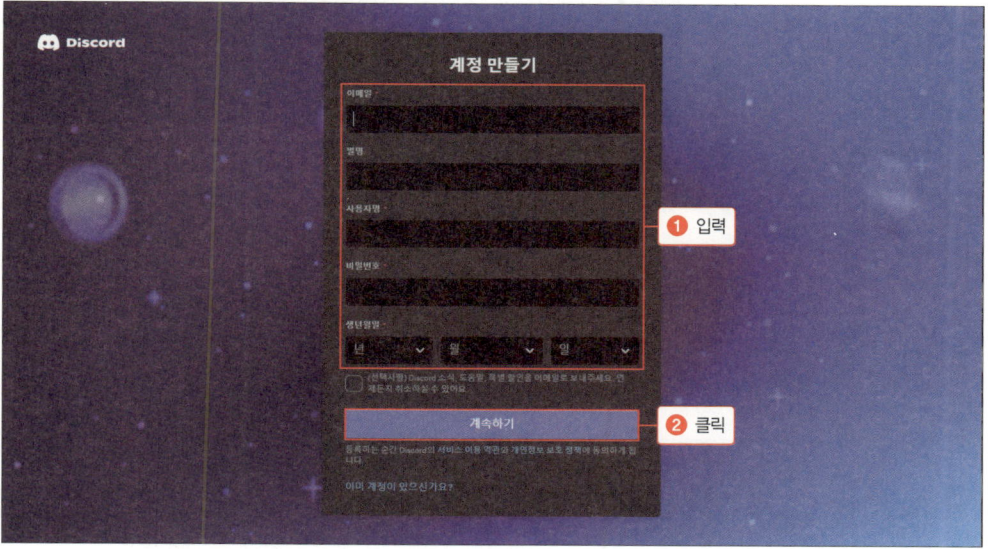

계정 연동과
미드저니 실행하기

미드저니 가입하기

디스코드(Discord) 계정을 만들었다면, 미드저니에 가입하고 공식 서버에 참여해 보겠습니다. 단계를 마치면 누구나 직접 AI 이미지 생성을 시작할 수 있으며, 커뮤니티에서 다른 사람들의 작품도 함께 살펴볼 수 있습니다.

01 │ 웹 브라우저에서 '미드저니'를 검색하여, 미드저니 사이트(https://www.midjourney.com/home)에 접속한 다음 [Sign Up] 버튼을 클릭합니다.

02 │ 다음과 같은 화면이 나타나면 [Continue with Discord] 버튼을 클릭하고 디스코드 계정으로 로그인을 진행합니다.

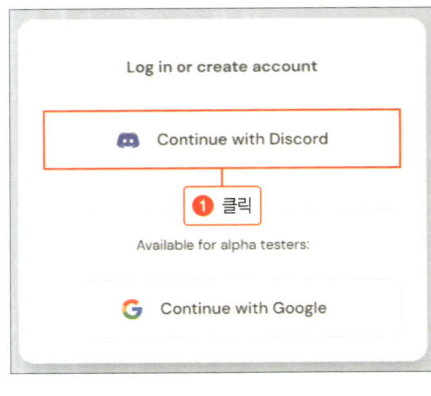

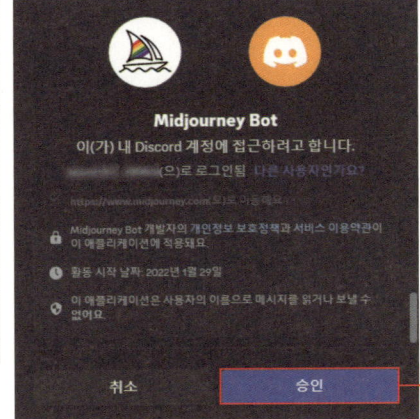

03 | Discord로 로그인하면 다음과 같이 참가하기 팝업 창이 나타납니다. [Midjourney 참가하기] 버튼을 클릭하면 바로 디스코드 내 미드저니 서버에 접속됩니다.

04 | 웹 브라우저 화면 왼쪽 상단에서 돛단배 모양의 '미드저니' 아이콘을 클릭합니다. 다음과 같은 화면이 나타나면 미드저니 둘러보기 및 사용 준비가 완료됩니다.

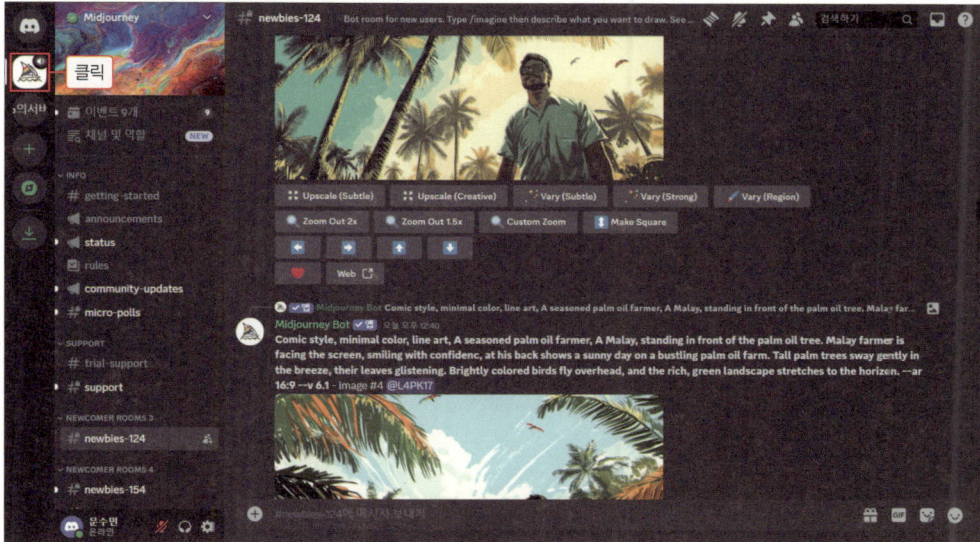

디스코드 미드저니로 개인 서버 만들기

디스코드 개인 서버 개설하기

미드저니는 기본적으로 공동 공간에서 작업물이 공유됩니다. 다른 사용자들의 작품과 프롬프트를 확인할 수 있어 유용한 정보를 얻을 수 있다는 장점이 있지만, 사용자 수가 많아 작업물이 실시간으로 쏟아지는 탓에 자신의 결과물을 찾기조차 어려울 때가 많습니다. 이런 경우 개인 서버를 따로 만들어 작업하면 훨씬 효율적으로 관리할 수 있습니다. 마치 혼자만의 작업실을 마련해 차분한 환경에서 작업을 이어가는 방식이라고 이해하면 됩니다. 작업물을 프로젝트별로 정리하고 쉽게 확인할 수 있으므로 가능하다면 개인 서버를 개설해 따로 관리할 것을 추천합니다.

01 ㅣ 화면 왼쪽 세로 바에 있는 [+] 모양의 '서버 추가하기' 아이콘을 클릭합니다.

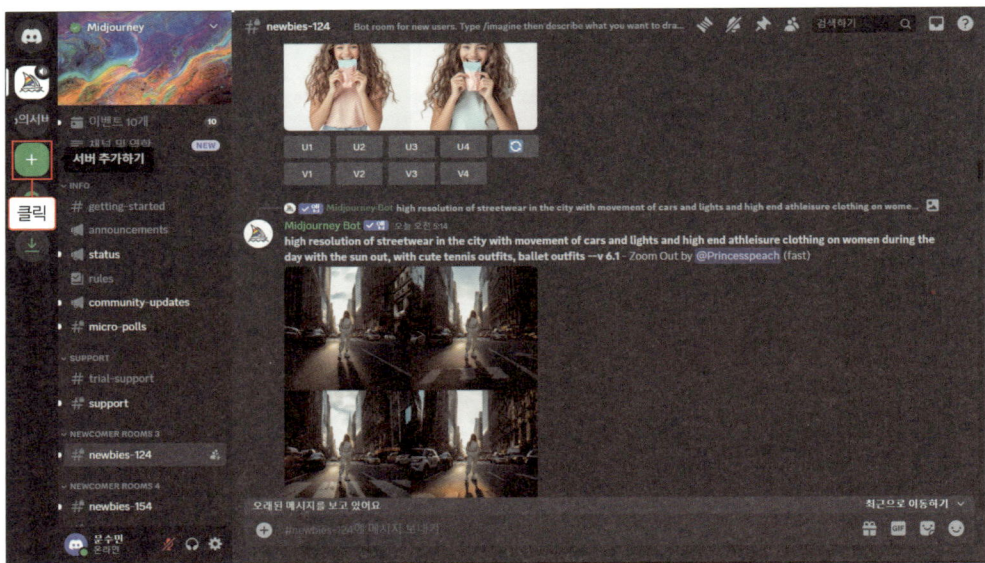

02 | 서버 만들기 팝업 창이 나타나면 제일 위에 있는 [직접 만들기] → [나와 친구들을 위한 서버]를 선택합니다.

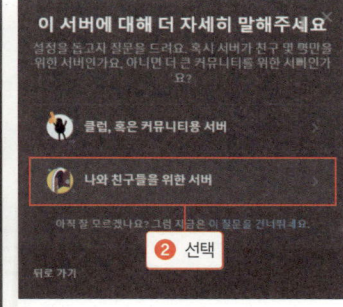

03 | 서버 이름을 입력한 다음 [만들기] 버튼을 클릭합니다.

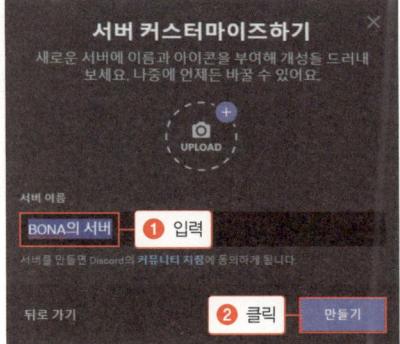

04 | 새로 만든 내 서버가 디스코드 기본 메뉴바에 등록된 것을 확인할 수 있습니다.

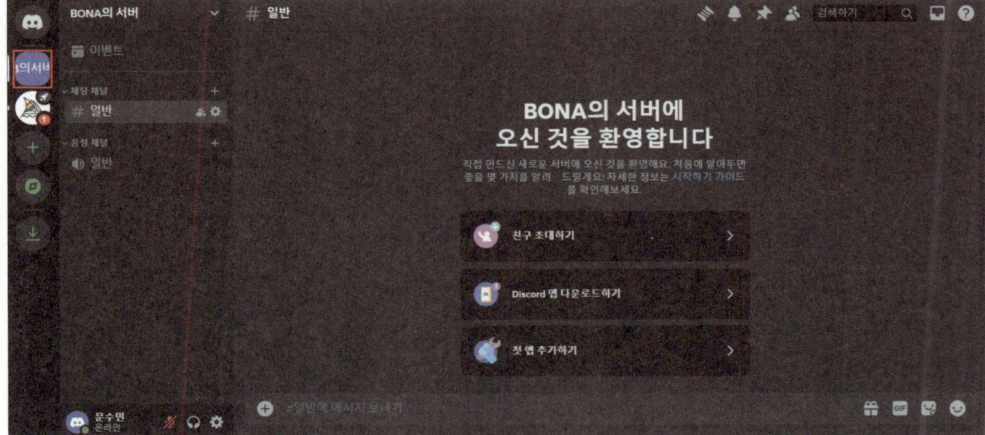

05 개인 서버에서 미드저니를 사용하기 위해서는 반드시 개인 서버에 미드저니 봇을 추가해야합니다. 미드저니에서 [newbies−숫자] 채널을 선택한 다음 메시지 화면에 있는 '미드저니 봇' 아이콘을 클릭하고 [앱 추가] 버튼을 클릭합니다.

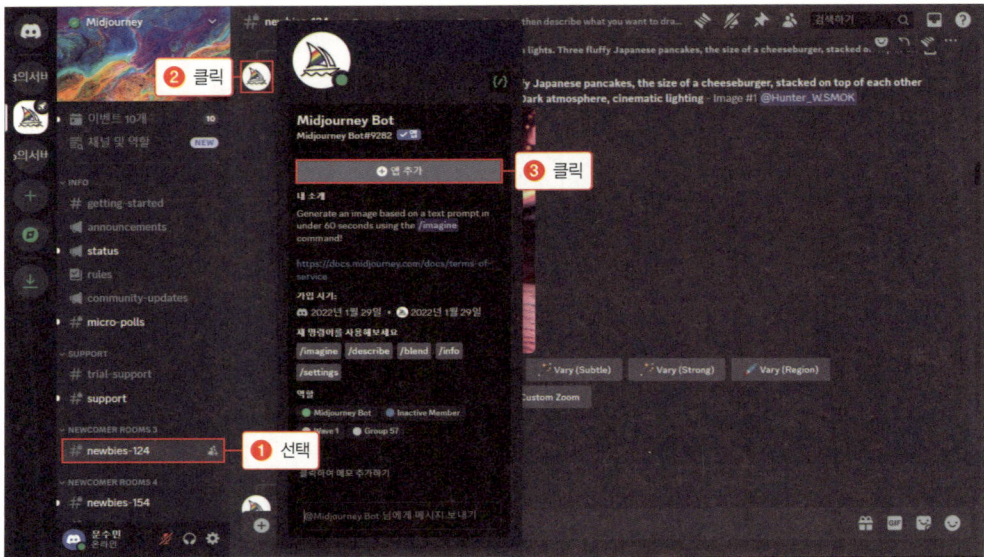

06 [서버에 추가]를 클릭하고, 새로 만든 서버의 이름을 서버에 추가 목록에서 선택한 다음 [계속하기] 버튼을 클릭합니다. [승인] 버튼을 클릭하면 미드저니 봇 추가가 완료됩니다.

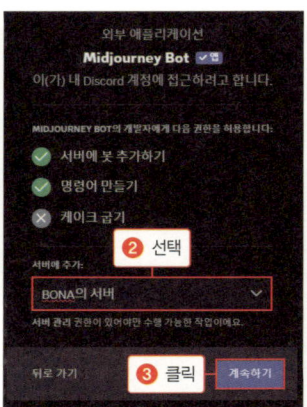
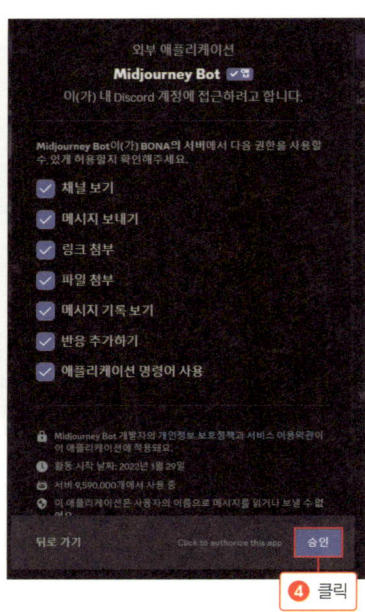

07 | 개인 서버에서 프롬프트 창에 '/'를 입력하면 미드저니의 명령어들이 목록으로 나타납니다. 이제 해당 서버에서 미드저니를 사용하고 생성 이미지들을 관리할 수 있습니다.

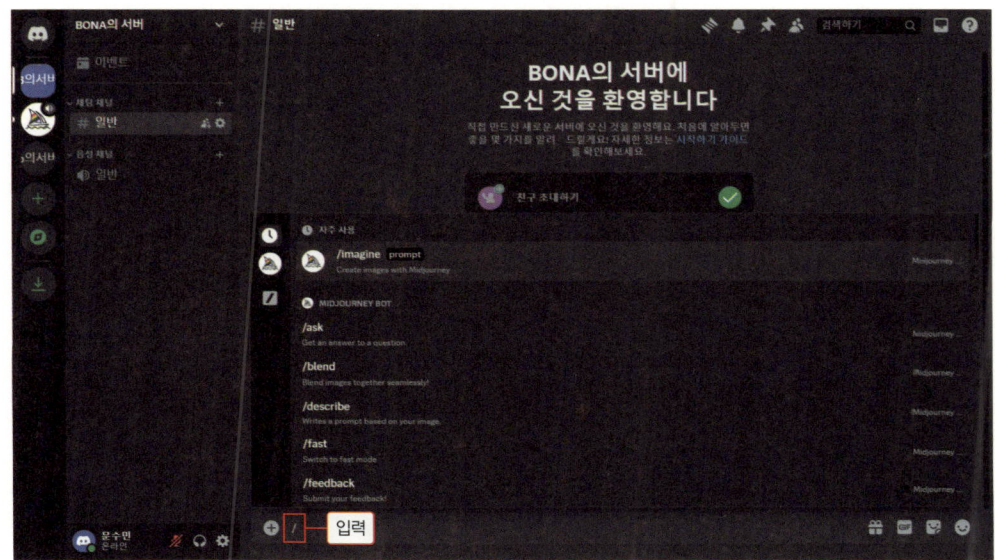

알아두기 | **개인 서버에서 패널을 분리하려면?**

개인 서버 안에서도 설정 아이콘을 클릭해 내용에 따라 채널을 분리하거나 편집하여 사용할 수 있습니다.

나에게 맞는
미드저니 요금제 알아보기

미드저니 요금제 확인 및 구독하기

미드저니는 최근 유료 서비스로 전환되어 더 이상 무료 체험을 제공하지 않습니다. 다양한 사용자들의 요구를 반영하여 여러 요금제를 마련하고 있으며, 사용자는 자신의 필요와 사용 패턴에 맞춰 적절한 요금제를 선택하는 것이 중요합니다. 각 요금제는 이미지 생성 횟수, 품질, 지원 서비스 등 여러 측면에서 차이를 보입니다. 예를 들어, 일부 요금제는 고품질 이미지를 제공하는 반면, 다른 요금제는 더 많은 이미지 생성을 지원합니다. 따라서 프로젝트의 요구 사항을 고려해 최적의 요금제를 선택하는 것이 바람직합니다. 자세한 요금제 정보는 미드저니 공식 웹사이트에서 확인할 수 있습니다.

미드저니 구독 페이지 열기

01 | 미드저니 프롬프트 창에 '/subscribe'를 입력하고 Enter를 누릅니다.

02 | 미드저니 채팅 화면에 나타난 [Manage Account] 버튼을 클릭합니다.

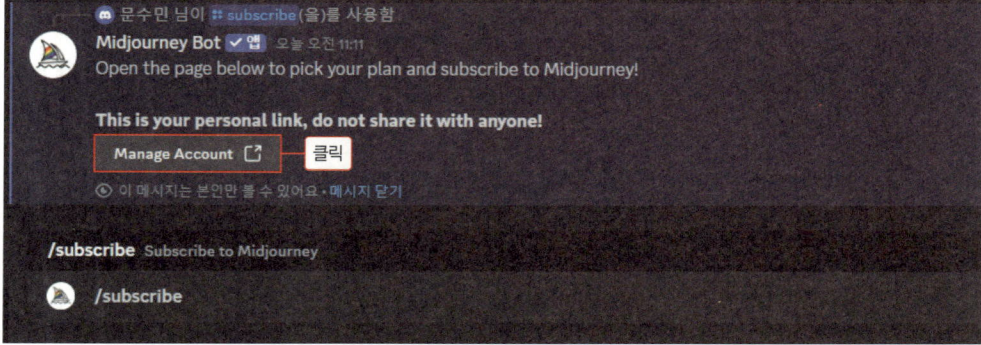

구독 페이지 유료 요금제 확인

01 | 구독 관리 페이지가 나타나면 원하는 요금제를 확인할 수 있습니다. 'Monthly Billing'은 월간 요금제, 'Yearly Billing'은 연간 요금제가 있으니 혼동하지 않도록 합니다.

기본으로 '연간 요금제'로 설정되어 있으니 이를 반드시 확인하고 구독합니다.

02 | 원하는 요금제의 [Subscribe] 버튼을 클릭하면 카드 결제 화면이 나타나며, 카드 정보를 입력하여 결제하면 미드저니 구독이 완료됩니다.

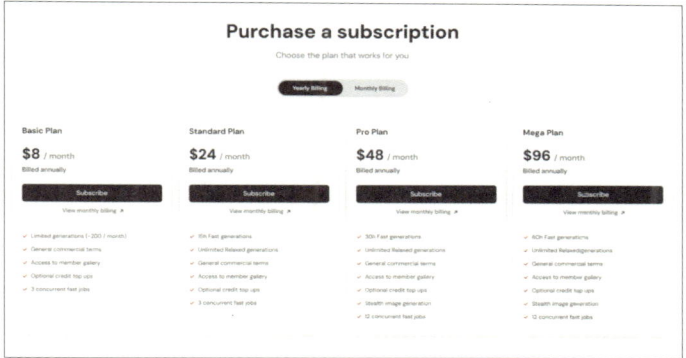

알아두기 미드저니 플랜

	베이식 플랜	스탠더드 플랜	프로 플랜	메가 플랜
월별 요금	$10	$30	$60	$120
연간 구독 요금(월별 청구)	$96($8)	$288($24)	$576($48)	$1,152($96)
Fast mode 시간	200분	15 시간	30 시간	6C 시간
Relax mode 시간	–	무제한	무제한	무제한
추가 시간 구매	$4/시간			
개인 서버에서 작업	가능	가능	가능	가능
Stealth mode	–	–	가능	가능
Fast mode 동시 작업	최대 3개	최대 3개	최대 12개	쵀대 12개
상업적 이용	가능	가능	가능	가능

베이식 플랜

가장 기본적이고 저렴한 요금제입니다. 미드저니를 처음 사용할 때 추천하는 플랜입니다.

- **요금제**: 월 결제 10달러, 연간 결제 96달러(월별 8달러)
- **Fast mode**: 최대 200분의 생성 시간, 약 200~400장의 이미지 생성 가능
- **Relax mode**: Fast mode를 소진 시 Relax mode(저속 모드)는 지원하지 않습니다.
- **Stealth mode**: 비공개로 이미지를 생성할 수 없습니다.
- **동시 작업**: 최대 3개의 Fast mode 동시 작업을 지원합니다.
- **상업적 이용**: 생성된 이미지를 상업적으로 이용할 수 있습니다.

스탠다드 플랜

미드저니를 본격적으로 자유롭게 활용할 수 있는 플랜입니다. 그림책 제작, 쇼츠 제작 등 다양한 목적으로 미드저니를 활용하기에 적합한 플랜입니다.

- **요금제**: 월별 결제 30달러, 연간 구독 시 288달러(월별 24달러)
- **Fast mode**: 최대 15시간의 생성 시간, 약 900~1,800장의 이미지 생성 가능
- **Relax mode**: Relax mode 무제한
- **Stealth mode**: 비공개로 이미지를 생성할 수 없습니다.
- **동시 작업**: 최대 3개의 Fast mode 동시 작업(이미지 생성)을 할 수 있습니다.
- **상업적 이용**: 생성된 이미지를 상업적으로 이용할 수 있습니다.

프로 플랜

비공개 모드로 이미지 생성, 최대 12개의 동시 작업을 할 수 있는 모델입니다. 미드저니를 상업적으로 활용할 확실한 수익 모델이 있다면 프로 플랜을 고려할 수 있습니다.

- **요금제**: 월별 결제 60달러, 연간 구독 시 576달러(월별 48달러)
- **Fast mode**: 최대 30시간의 생성 시간, 약 1,800~3,600장의 이미지 생성 가능
- **Relax mode**: Relax mode 무제한
- **Stealth mode**: 비공개로 이미지를 생성할 수 있습니다.
- **동시 작업**: 최대 12개의 Fast mode 동시 작업을 지원합니다.
- **상업적 이용**: 생성된 이미지를 상업적으로 이용할 수 있습니다.

메가 플랜

생성할 수 있는 Fast mode의 이미지 생성 숫자를 감안할 때 단순한 취미의 영역은 아닐 것입니다. 필요에 따라 선택합니다.

- **요금제**: 월별 결제 120달러, 연간 구독 시 1,152달러(월별 96달러)
- **Fast mode**: 최대 60시간의 생성 시간, 약 3,600~7,200장의 이미지 생성 가능
- **Relax mode**: Relax mode 무제한
- **Stealth mode**: 비공개로 이미지를 생성할 수 있습니다.
- **동시 작업**: 최대 12개의 Fast mode 동시 작업을 지원합니다.
- **상업적 이용**: 생성된 이미지를 상업적으로 이용할 수 있습니다.

자동 결제 취소

결제 후 구독이 끝나면 바로 자동 결제가 이루어집니다. 자동 결제가 되지 않게 하려면 플랜을 취소해야 합니다. 구독 관리 페이지의 오른쪽 상단에 있는 [Cancel Plan] 버튼을 클릭하면 나타나는 팝업 창에서 [Confirm Cancellation] 버튼을 클릭하면 자동 결제를 취소할 수 있습니다. 그러면 구독 기간 종료 후 미드저니를 사용할 수 없으며 다시 결제를 진행해야 합니다.

추가 시간 구매

Fast mode의 추가 시간은 4달러/시간으로 구매할 수 있습니다. 유료 플랜을 구독 중이라면 제한 없이 구매할 수 있습니다. 사용하지 않은 시간은 다음 달로 이월됩니다.

지금까지 미드저니의 요금제를 살펴봤습니다. 우선 베이식(Basic) 요금제를 사용하면서 이미지를 생성하는 것을 추천합니다. 간단한 목적의 이미지 생성은 베이식 요금제로도 충분합니다. 만약 그림책 제작, 쇼츠 제작 및 기타 상업적인 활용 방안을 가지고 있다면, 스탠다드 이상의 플랜 구독을 추천합니다. 요금제에 관한 상세 설명은 다음 링크(https://www.midjourney.com/account)를 참조하시기를 바랍니다.

미드저니 화면 살펴보기

기본 인터페이스 살펴보기

07

미드저니는 기본적으로 디스코드 내에서 구동되는 서비스입니다. 디스코드로 미드저니를 이용할 때
제공하는 다양한 기능과 메뉴에 대해 알아봅니다.

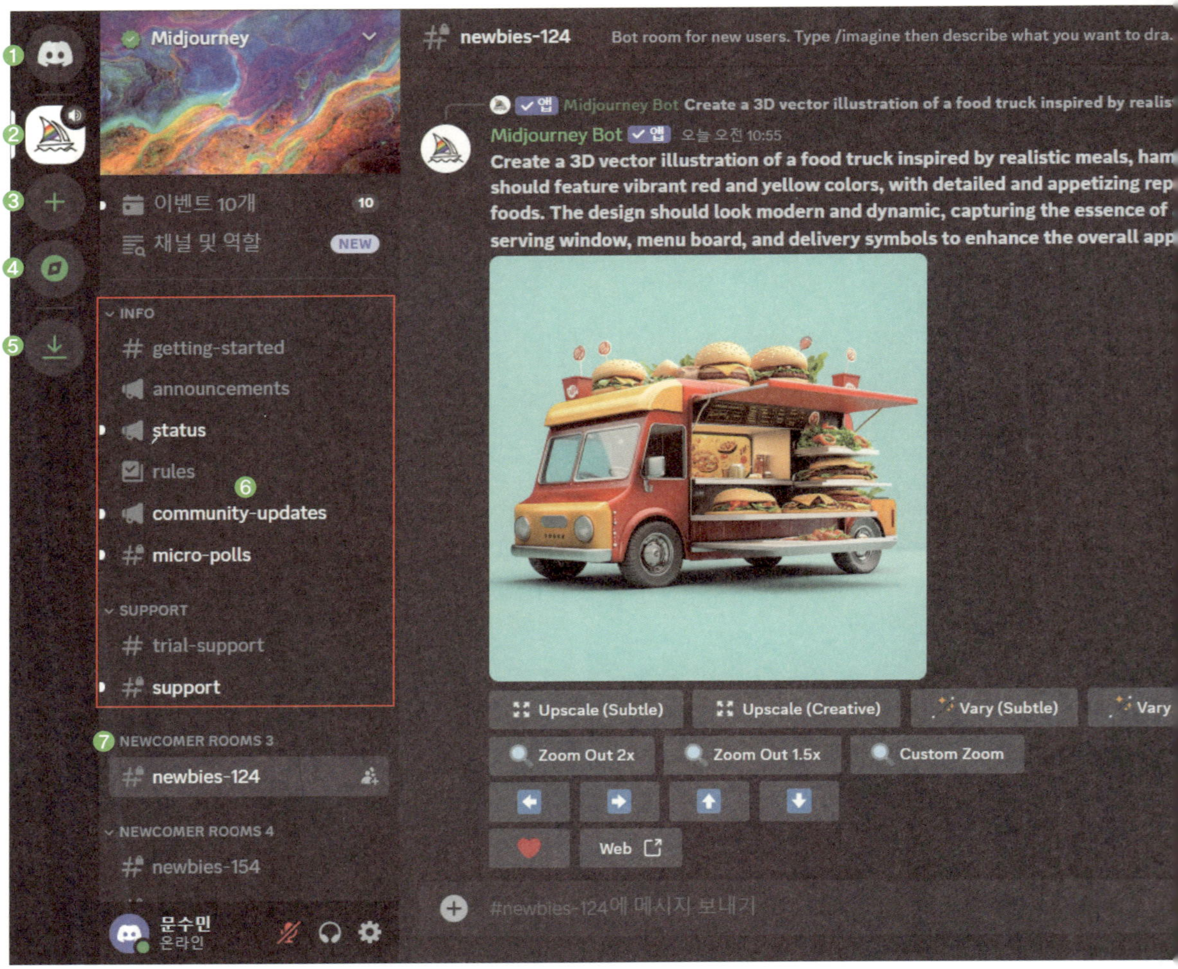

명령어 입력 창

이미지는 AI 봇과 채팅하는 형태로 생성할 수 있습니다. 미드저니 봇과 소통하기 위해서는 '/'로 시작하는 명령어를 사용합니다. 본격적으로 이미지를 생성하기 위해서는 디스코드 화면 하단의 입력 창을 통해 '/imagine' 명령어를 사용해 프롬프트를 입력하고 전달합니다.

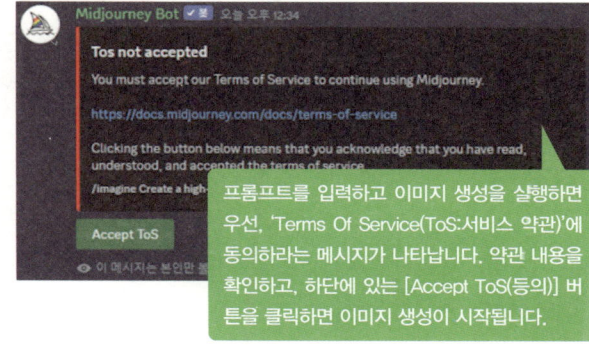

프롬프트를 입력하고 이미지 생성을 샐행하면 우선, 'Terms Of Service(ToS:서비스 약관)'에 동의하라는 메시지가 나타납니다. 약관 내용을 확인하고, 하단에 있는 [Accept ToS(등의)] 버튼을 클릭하면 이미지 생성이 시작됩니다.

❶ **다이렉트 메시지**: 대화를 나눌 친구를 추가할 수 있습니다.

❷ **미드저니**: 보트 모양 'Midjourney' 아이콘을 클릭하면 미드저니 서버로 이동합니다.

❸ **서버 추가**: 미드저니 개인 서버를 개설할 수 있습니다.

❹ **서버 둘러보기**: 디스코드에 있는 다양한 서버들을 확인하거나 둘러볼 수 있습니다.

❺ **앱 다운로드**: 윈도우, 맥, 리눅스 등 운영체제에 따라 디스코드 앱을 다운로드할 수 있어 웹 브라우저가 아닌 앱으로 실행할 수 있습니다. 디스코드 앱에서는 보이지 않습니다.

❻ **미드저니 채널**: 미드저니에서 제공하는 채널은 매우 다양하고 많습니다. 미드저니 관련 공지 사항 또는 작업 중 생기는 오류 메시지 등이 알림으로 전달되는 채널, 사용자들의 채팅방 채널, 미드저니의 업데이트 정보 등을 알려주는 채널 등 다양한 서비스를 활용해 보도록 합니다.

❼ **NEWCOMER ROOM 채널**: 다양한 미드저니 채널 중 가장 주요한 채널은 newbies 채팅 채널입니다. [newbies-숫자]를 선택하면 미드저니 사용자들이 생성하는 이미지를 실시간으로 확인할 수 있으며, 이곳에서 이미지를 생성할 수 있습니다. 이때 newbies 채널 뒤에 붙는 숫자는 신경 쓰지 않아도 됩니다.

미드저니 웹사이트를 이용하려면?

미드저니 웹사이트 살펴보기

최근 미드저니는 디스코드 플랫폼뿐만 아니라 공식 웹사이트를 통해서 직접 이용할 수 있게 되었습니다. 이러한 변화로 인해 사용자들은 더욱 직관적이고 편리하게 미드저니의 다양한 기능을 활용할 수 있습니다. 웹사이트에서는 이미지 생성은 물론, 개인 작업물 관리, 커뮤니티 피드 확인, 프롬프트 실험, 설정 변경 등 다양한 기능을 제공하여 사용자 경험을 한층 향상시킵니다.

미드저니 웹사이트 인터페이스

미드저니 웹사이트는 사용자가 더욱 직관적으로 AI 이미지 생성과 관리 기능을 활용할 수 있도록 설계되어 있습니다. 웹사이트에서 직접 이미지를 탐색하고 생성하며 개인화 설정을 조정할 수 있는 것이 특징입니다. 주요 인터페이스는 다음과 같이 구성되어 있습니다.

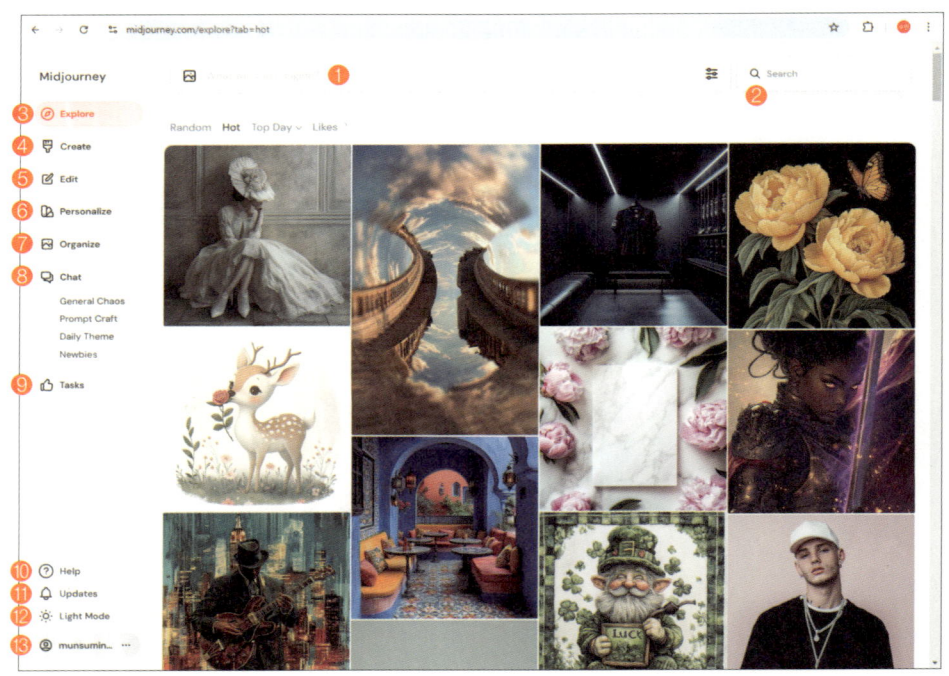

❶ **프롬프트 입력 창(모든 페이지 고정 메뉴)**: 'Imagine' 텍스트 입력 창에 프롬프트를 입력하여 이미지를 생성할 수 있습니다. 생성된 이미지는 [Create] 탭에서 확인할 수 있습니다.

❷ **이미지 검색 창(모든 페이지 고정 메뉴)**: 특정 키워드를 검색하여 이미지를 찾을 수 있습니다.

❸ **Explore(탐색)**: 미드저니 커뮤니티 회원이 생성한 다양한 이미지들을 탐색할 수 있습니다. 카테고리별로 정렬된 이미지를 볼 수 있으며, 이미지를 클릭하면 생성에 사용된 프롬프트와 스타일을 확인할 수 있습니다.

❹ **Create(생성)**: 사용자 자신이 생성한 이미지를 저장하고 조회할 수 있는 페이지입니다. 프롬프트를 입력하여 새로운 이미지를 생성할 수 있습니다.

❺ **Edit(편집)**: 이미지를 업로드한 후 확장, 잘라내기, 페인팅 등 이미지 요소를 추가 또는 수정할 수 있습니다. 또한 이미지 모양을 그대로 유지하고 조명, 재료, 질감 등 새로운 텍스처로 재구성할 수 있는 리텍스처 작업을 할 수 있습니다.

> **알아두기** | **편집 기능 사용 제한**
>
> 편집 기능은 사용 제한이 있습니다. 자격 요건은 10,000회 이상의 이미지 생성을 한 사용자, 연간 구독 회원, 12개월 동안 월간 구독을 유지한 사용자입니다.

❻ **Personalize(개인화)**: 나에게 맞는 이미지 스타일을 학습시킬 수 있는 섹션입니다. 200개를 평가하면 내가 선호하는 스타일을 학습할 수 있습니다.

❼ **Organize(조직)**: 생성된 이미지를 폴더에 추가하거나 속성별로 필터링할 수 있습니다. 이미지 삭제 기능은 아직 지원되지 않지만, 숨기기 옵션을 사용할 수 있습니다.

❽ **Chat(채팅)**: 디스코드와 유사한 채팅 기능을 제공하여 커뮤니티에서 이미지 생성 정보와 영감을 공유할 수 있습니다.

❾ **Tasks(작업)**: 다른 사용자가 만든 미드저니 이미지를 평가하거나 플랫폼 향상을 위한 활동에 참여하여 이미지 생성 시간을 벌 수 있는 섹션입니다.

❿ **Help**: 미드저니 문서 및 지원 리소스에 대한 링크입니다.

⓫ **Updates**: 미드저니와 관련된 각종 공지 사항과 소식을 받을 수 있습니다.

⓬ **Light/Dark Mode**: 웹사이트를 밝은 모드와 어두운 모드로 전환할 수 있습니다.

⓭ **사용자 정보**: 나의 구독 정보를 관리하고 변경할 수 있습니다.

미드저니 프롬프트란?

프롬프트의 기본 구조

미드저니는 사용자가 제공하는 프롬프트를 기반으로 아름다운 이미지를 만들어 내는 생성형 AI 도구입니다. 그러나 사용자가 명확하고 구체적인 프롬프트를 입력하지 못하면, 상상을 결과물로 얻기까지 수많은 시행착오를 겪어야 할 수도 있습니다.

프롬프트(Prompt)는 원래 컴퓨터가 입력을 기다린다는 표시를 의미하지만, 생성형 AI에서는 이미지를 만들기 위해 사용자가 입력하는 문장이나 단어를 뜻합니다. 미드저니뿐 아니라 모든 생성형 AI에서 가장 중요한 요소입니다.

미드저니는 사용자가 입력한 프롬프트를 더 작은 단위인 '토큰'으로 분해해 학습 데이터와 비교한 뒤 이미지를 생성합니다. 이 과정에서 문법을 완벽히 이해하는 것은 아니므로, 구체적이고 명확한 표현을 사용하는 것이 중요합니다. 단어가 적을수록 각 단어의 영향력이 커지고, 풍부한 설명일수록 원하는 결과에 가까운 이미지를 얻을 수 있습니다.

기본적인 프롬프트는 단어 또는 짧은 어구 형태이며, 더 발전된 경우 이미지 링크나 여러 문장, 파라미터 등을 함께 활용할 수 있습니다.

이미지 프롬프트(Image Prompt)

이미지 링크는 생성될 이미지 스타일에 참고 자료가 되며, 직접적인 영향을 미칩니다. 즉, '이런 이미지를 참조해 만들어 줘.'라고 미드저니에 직접적인 예시를 보여주는 것이죠. 내가 그리고자 하는 결과물을 만들 때 내가 가진 이미지를 참고하라고 알려주는 명령어입니다. '/imagine'을 입력하고 가장 먼저 이미지 링크를 복사해 붙입니다. 이때 이미지 링크는 항상 프롬프트의 가장 앞머리에 붙여서 쓰입니다.

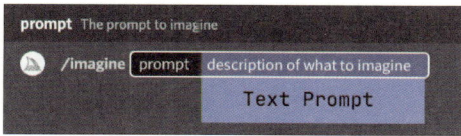

텍스트 프롬프트

생성하려는 이미지에 대한 텍스트 설명입니다. 텍스트만으로 이루어진 프롬프트를 뜻하며, 프롬프트에 사용된 단어가 이미지 데이터를 수집하는 데 활용됩니다. 미드저니는 챗GPT와 달리 대화형 AI가 아니기 때문에, 원하는 이미지에 대한 설명을 명확하게 나열해야 합니다. 문맥을 이해하지 못하므로 불필요한 단어나 문구는 프롬프트에 사용하지 않도록 합니다.

파라미터(Parameter)

파라미터는 생성될 수 있는 이미지를 제어하는 몇 가지 옵션으로, 이미지 비율, 퀄리티, 생성 속도 등의 옵션을 원하는 대로 설정할 수 있습니다. 파라미터는 항상 프롬프트의 끝에 쓰이며, 하나의 프롬프트에 여러 개의 파라미터를 붙이는 것도 가능합니다.

• 참고: https://docs.midjourney.com/docs/prompts

구조만 알면
손쉬운 프롬프트 작성법
프롬프트 기본 작성법

미드저니 프롬프트는 AI가 원하는 이미지를 정확하게 생성할 수 있도록 최대한 구체적이고 명확하게 작성하는 것이 좋습니다. 프롬프트는 기본적으로 주제, 세부 사항, 스타일 및 분위기, 추가 요소, 기술적 사양 등의 요소들을 포함하여 작성하도록 합니다. 각 요소를 구체적으로 기술할수록 AI가 원하는 이미지를 더 정확하고 효과적으로 생성할 수 있습니다.

텍스트 프롬프트에 있어서 고려해야 할 중요한 맥락이나 세부 정보에 대해서 다음 내용을 참조하여 명확하고 구체적으로 설명한다면 완성도 있는 프롬프트를 작성할 수 있을 것입니다.

프롬프트의 길이

원하는 이미지를 그리고 싶다면 어구 형태로 명확히 설명하는 것이 중요합니다. 너무 짧다면 정말 기본적인 이미지가 만들어질 수 있습니다. 반면, 프롬프트가 매우 길다고 꼭 좋은 것만은 아니기 때문에 원하는 이미지를 어떻게 그릴지에 집중하며 적절한 단어나 구절 단위를 고민해 보는 것이 좋습니다.

적절한 단어 선택

사용하는 단어와 표현은 결과물에 큰 영향을 미칩니다. 간결하면서도 표현력 있는 단어를 선택하고, 필요한 경우 유의어를 활용하도록 합니다. 다양한 스타일을 나타내는 키워드를 알아두면, 원하는 이미지 결과물을 얻어내는 데 도움이 됩니다.

세부적인 이미지 묘사

대상, 매체, 환경, 조명, 색상, 분위기, 구도 등의 요소를 고려하여 맥락을 구체적으로 설명하는 것이 좋습니다.

> • **주제(subject)**: 사람, 동물, 캐릭터, 위치, 사물 등
> • **매체(medium)**: 사진, 회화, 일러스트레이션, 조각, 낙서, 태피스트리 등
> • **환경(environment)**: 실내, 실외, 우주, 수중, 도시 등
> • **조명(lighting)**: 소프트, 자연광, 흐린, 네온, 스튜디오 조명 등
> • **색상(color)**: 생생한, 차분한, 밝은, 단색, 다채로운, 흑백, 파스텔 등
> • **무드(mood)**: 차분한, 소란스러운, 활기찬, 스산한 등
> • **구성(composition)**: 초상화, 얼굴 사진, 클로즈업, 조감도 등

프롬프트 작성 시, 위 요소들을 반드시 모두 포함하여 프롬프트를 작성하라는 뜻은 아닙니다. 이미지 구현에 있어 필요한 설명적 요소들에 대해, 이해를 돕기 위해 구분하여 정리한 것입니다. 위 내용을 참조하여 기본 구조형의 프롬프트를 한번 작성해 보도록 합니다. 내가 얻고자 하는 이미지에 해당하는 내용 요소를 하나하나 채워나가면 하나의 프롬프트를 완성할 수 있을 것입니다.

알아두기 ⎯ **프롬프트 작성, 꿀팁이 있다면?**

• **명확하고 구체적으로 작성하기**
모호한 표현 대신 세부사항을 구체적으로 설명합니다.
예 강아지 → 작고 구여운 흰색 푸들 강아지

• **중요한 정보 먼저 배치하기**
핵심 요소를 프롬프트 앞부분에 두어 AI가 우선적으로 해석할 수 있도록 합니다.

• **스타일과 분위기 명시하기**
현실적, 만화적, 초현실적 등 원하는 시각적 스타일과 따뜻한 느낌, 어두운 분위기 같은 감정을 구체적으로 표현합니다.

• **원하는 것에 집중하기**
불필요한 부정적 표현은 피하고, 필요할 경우 ––no 파라미터로 제외할 요소를 지정합니다.

• **참고 이미지 활용하기**
이미지 링크를 제공하면 원하는 스타일이나 구도를 더 정확히 유도할 수 있습니다.

프롬프트 중 강조하고 싶은 내용이 있다면?

다중 **프롬프트(::)** 활용법

미드저니에서는 프롬프트 중 특정 요소에 가중치를 부여하여 원하는 이미지를 더 강조하여 얻을 수 있습니다. 가중치(Weight)는 특정 단어나 구절이 이미지 생성 과정에서 얼마나 중요한지를 AI에게 알려주고 강조하는 것을 말합니다. 기본적으로 모든 단어와 구절은 동일한 중요도로 처리되지만, 가중치를 부여하면 특정 요소가 더 강조되도록 할 수 있습니다. 이는 특히 복잡한 이미지나 여러 요소가 포함된 장면을 생성할 때 유용합니다.

미드저니에서 가중치를 부여하는 가장 기본적인 방법은 프롬프트에 ::(이중 콜론)을 사용하여 가중치 값을 지정하는 것입니다. 단어와 단어 사이에 이중 콜론을 구분기호로 사용하면 각 단어를 개별 프롬프트로 인식하게 되며, 콜론 뒤에 숫자를 입력하면, 숫자만큼의 가중치를 두어 이미지를 생성하게 됩니다. 이것을 다중 프롬프트(멀티 프롬프트)라고 합니다. 이를 통해 사용자들은 더 구체적이고 의도에 맞는 이미지를 생성할 수 있습니다. 예시로 프롬프트가 sea food인 이미지를 생성해 보겠습니다.

변경한 **sea::2 food** 프롬프트의 경우, '바다'라는 단어가 '음식'이라는 단어보다 두 배 더 중요한 요소로 판단하여 바다가 강조된 이미지가 생성됩니다.

다중 프롬프트를 활용하여 네거티브 프롬프트 가중치 사용도 가능합니다. 원하지 않는 요소를 제거하고자 할 때, 다중 프롬프트의 일부에 음수(-) 가중치를 주어 이미지 결과를 조절할 수 있습니다. 단, 모든 가중치의 합은 양수여야 합니다.

다중 프롬프트 가중치를 부여할 때는 다음 사항을 주의해야 합니다. 모든 요소에 극단적인 가중치를 부여하면 이미지가 의도와 다르게 불균형해질 수 있습니다. 적절한 범위 내에서 가중치를 설정하는 것이 중요합니다. 또한, 너무 많은 요소에 가중치를 부여하면 오히려 혼란을 초래할 수 있습니다. 핵심 요소 몇 개에만 가중치를 집중하는 것이 효과적입니다. 처음부터 완벽한 가중치를 설정하기 어려울 수 있으므로, 다양한 시도를 통해 최적의 값을 찾아보세요.

내 사진을 다양한 스타일로
변형하고 싶다면?

스타일 프롬프트 활용법

미드저니는 새로운 이미지를 생성하는 도구로 잘 알려져 있지만, 실제로는 내가 가진 사진을 기반으로 다양한 스타일의 캐릭터 디자인을 만드는 데도 활용할 수 있습니다. 특히 인물 사진을 활용해 나만의 캐릭터를 만들어보고, 이를 SNS 프로필 이미지나 개인 프로젝트에 활용하는 재미도 누릴 수 있습니다. 어떻게 가능할까요? 바로 미드저니의 사진 업로드 기능을 통해 간단하게 캐릭터 디자인을 만들 수 있기 때문입니다.

· 예제 파일: 01\증명사진1.png　· 완성 파일: 01\증명사진2~3.png

미드저니는 텍스트 프롬프트 기반 이미지 생성 도구로 많이 알려져 있지만, 내가 가진 기존 사진을 업로드해서 그 사진을 바탕으로 다양한 스타일의 결과물을 얻을 수도 있습니다. 이를 통해 간단한 사진이든, 특별한 추억이 담긴 사진이든, 전혀 새로운 느낌으로 탈바꿈시킬 수 있습니다. 예를 들어, 인물 사진을 업로드해서 화려한 아트 스타일로 변환하거나 일상적인 풍경 사진을 멋진 영화 포스터처럼 꾸밀 수도 있습니다.

미드저니에서 사진을 업로드한 후 그 사진을 바탕으로 스타일을 지정하는 프롬프트를 입력하면 해당 사진을 근사한 캐릭터로 변형할 수 있습니다. 예를 들어, 친구의 사진을 업로드하고, 프롬프트에 'in anime style' 또는 'in comic book style' 같은 문구를 추가하면, 그 사진을 바탕으로 멋진 애니메이션이나 만화 캐릭터를 만들어낼 수 있어요.

이러한 기능은 단순한 보정이 아닌, 완전히 새로운 스타일로의 변형을 제공하기 때문에, 미드저니에서 찍은 사진을 훨씬 더 창의적으로 사용할 수 있게 됩니다.

미드저니의 강력한 점은 내가 지정한 스타일에 맞춘 다양한 캐릭터 디자인을 제안해 준다는 것입니다. 사진을 업로드하고 원하는 스타일을 프롬프트로 입력하기만 하면 미드저니가 자동으로 그 스타일에 맞게 이미지를 변형해 줍니다.

미드저니에서 사진을 업로드하면, 단순한 리터치 이상의 놀라운 변화를 체험할 수 있습니다. 사진의 톤이나 분위기를 살짝 바꾸는 것이 아니라, 원하는 스타일에 따라 그 사진을 기반으로 전혀 다른 창의적인 이미지를 만들어 냅니다. 여러분의 다양한 사진을 단순히 밝게 보정하는 것에 그치지 않고, 거기에 미드저니 특유의 독창적이고 창의적인 요소를 더해 완전히 새로운 작품으로 재탄생시켜 보세요! 예술 작품처럼 표현되거나, 영화 장면처럼 보이게 변형하는 것이죠. 이것이 미드저니의 강력한 활용법 중 하나입니다.

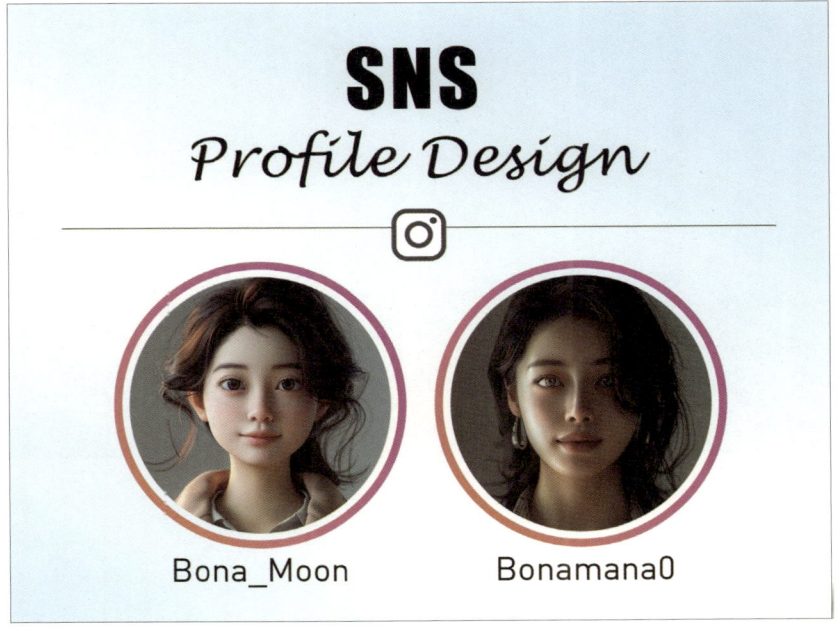

01 | 내가 원하는 인물 사진을 프롬프트 입력 창 또는 채팅 창에 드래그하면, 사진이 채팅 창에 등록 대기 상태로 나타납니다.

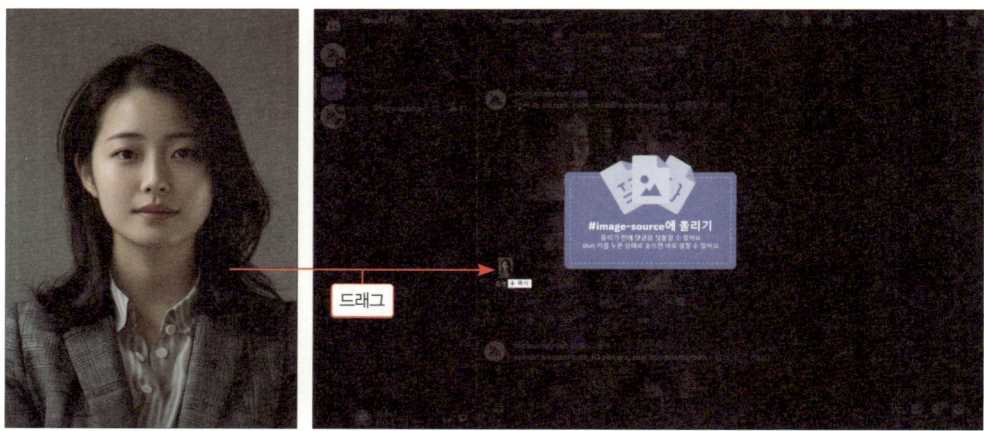

드래그

02 | 사진이 나타나면 [Enter]를 눌러 업로드합니다.

증명사진.png

예제와 같은 이미지로 진행하려면 다운로드한 01 폴더에 '증명사진1.png' 파일을 사용하세요.

03 | 사진이 정상적으로 업로드되면 채팅 창에 이전보다 조금 더 큰 이미지로 나타납니다.

04 | 이미지 프롬프트 창에 사진을 드래그하여 이미지 경로를 프롬프트에 입력합니다.

05 | 이미지 경로 값 뒤로 캐릭터 스타일 설정을 위한 프롬프트를 추가로 입력하고 Enter를 누릅니다.

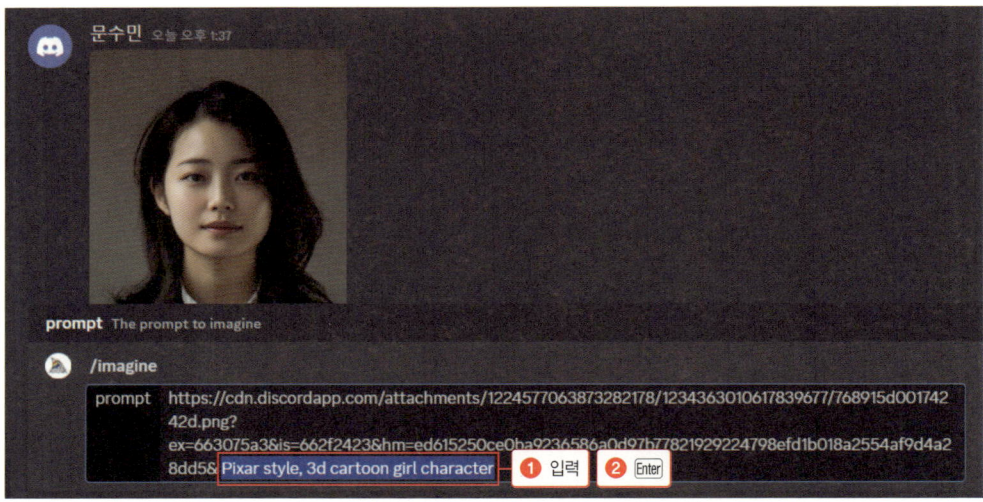

프롬프트 Pixar style, 3d cartoon girl character

06 | 사진 이미지가 픽사 스타일의 귀여운 3D 캐릭터로 변환되었습니다.

07 ┃ 이번에는 위와 같은 순서로 이미지 프롬프트에 **06**번에서 생성한 이미지를 드래그하여 이미지 경로 값을 등록하고, 다음의 프롬프트를 추가 입력한 다음 [Enter]를 누릅니다.

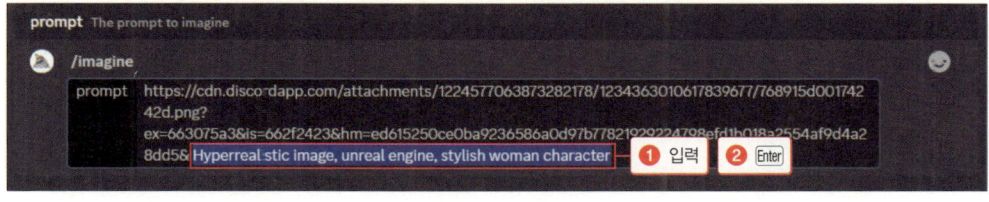

프롬프트 Hyperrealistic image, unreal engine, stylish woman character

08 ┃ 이번에는 사진 이미지가 언리얼 엔진을 통해 구현된 버추얼 스타일의 캐릭터 이미지로 변환된 것을 확인할 수 있습니다. 예제에서는 1번 이미지를 선택해 업스케일합니다.

09 ┃ 업스케일된 이미지를 클릭합니다.

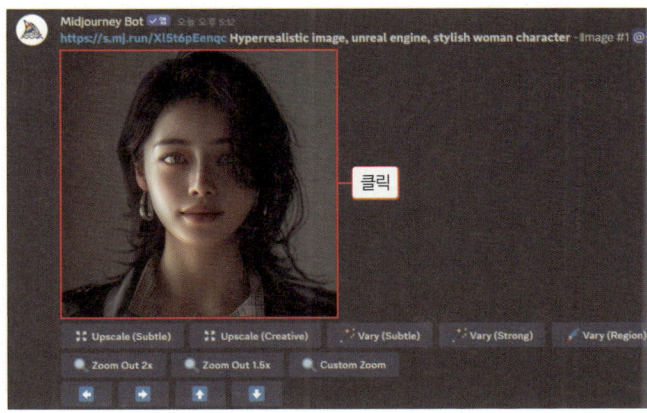

10 | 이미지가 크게 열리면 이미지 왼쪽 하단에 있는 [브라우저로 열기]를 클릭합니다.

11 | 새 창에서 이미지가 크게 열리면 마우스 오른쪽 클릭하고 [다른 이름으로 사진 저장]을 선택하여 이미지를 PC에 저장합니다.

한 사람의 연령대별
이미지를 동시에 생성하려면?

스타일 레퍼런스 활용법

미드저니를 활용하면 한 사람의 어린 시절부터 성인, 노년기까지 다양한 연령대의 이미지를 손쉽게 생성할 수도 있습니다. 예를 들어, 같은 인물의 어린 시절, 청소년기, 성인기, 노년기의 모습을 각각 이미지로 표현하고 싶을 때, 미드저니를 활용하면 텍스트 프롬프트만으로 이런 변화를 시각적으로 만들어 낼 수 있습니다.

• **예제 파일**: 01\20대.png   • **완성 파일**: 01\40대, 80대.png

연령대별 이미지는 특히 광고나 마케팅 자료를 제작할 때 유용하게 활용할 수 있습니다. 특정 연령층을 타깃으로 하는 광고나 마케팅 자료를 준비하면서, 나이대별 이미지로 활용하면 매우 효과적입니다. 이를테면, 제품이 다양한 연령대에 맞춘다는 메시지를 전달할 때, 각 연령층에 맞는 인물 이미지를 시각적으로 표현해 보는 거죠.

스토리보드와 캐릭터 개발을 할 때도 효과적으로 활용될 수 있습니다. 영화나 애니메이션, 웹툰 등 스토리가 필요한 작업에서 캐릭터의 생애를 시각적으로 보여줄 때 유용합니다. 예를 들어, 주인공의 어린 시절부터 나이든 모습까지 시각화하여 스토리의 흐름을 더 명확하게 보여줄 수 있기 때문입니다.

또한 기업의 교육 자료나 고객과의 커뮤니케이션에서도 유용하게 사용할 수 있습니다. 세대별 고객의 특징을 설명하거나 연령별 제품 선호도를 나타낼 때 시각적 자료로 활용하면 더욱 쉽게 전달할 수 있습니다.

이제 미드저니에서 연령대별 이미지를 만드는 방법에 대해 몇 가지 소개해 보겠습니다.

텍스트 프롬프트에 나이 관련 키워드 추가하기

가장 기본적인 방법으로, 텍스트 프롬프트에 나이를 나타내는 키워드를 추가하는 방식입니다. 예를 들어, 'young'(어린), 'middle-aged'(중년), 'elderly'(노년) 같은 단어를 포함해 연령대를 표시하면 미드저니가 이를 반영해 해당 나이대에 맞는 이미지를 생성합니다. 이 방식은 매우 간단하며, 원하는 나이대별로 텍스트를 조정해 쉽게 다양한 연령대 이미지를 얻을 수 있습니다.

리믹스(Remix) 기능 활용하기

미드저니에서 리믹스 기능을 사용하면, 기존에 생성된 이미지를 기반으로 수정하거나 새로운 요소를 추가할 수 있습니다. 리믹스 기능을 활용해 동일 인물의 특정 연령대 이미지를 생성한 후, 이를 리믹스하여 프롬프트에서 나이와 관련된 부분만 변경하여 리믹스 요청을 합니다. 이 방식은 생성된 이미지를 유지하면서도 조금씩 변화된 결과를 얻을 수 있기 때문에, 같은 인물이라는 느낌을 더 강하게 줄 수 있습니다.

이미지 링크와 텍스트 프롬프트 결합하기(스타일 레퍼런스 기능)

미드저니에서 한 번 생성한 이미지를 스타일 레퍼런스로 사용하여 이미지 링크를 프롬프트에 추가하는 방법입니다. 먼저 동일 인물의 기본 이미지를 생성한 뒤, 해당 이미지의 링크를 새로운 프롬프트에 포함시키고, 그 뒤에 나이와 관련된 설명을 추가합니다. 그러면 동일 인물로 인식되는 비슷한 스타일과 분위기를 유지하면서 나이대별 변화를 자연스럽게 표현할 수 있어 통일감 있는 시리즈 이미지를 만들 수 있습니다.

01 우선, 모델로 사용할 20대 여성의 이미지를 생성합니다. 이미지 프롬프트 창에 아래와 같이 프롬프트를 입력하여 이미지를 생성합니다.

> **프롬프트** /imagine prompt a woman in her 20-year-old, short bobbed hair, joyful expression with birthday cake, 'Happy' sign in the background, bright and soft lighting, realistic photo

02 생일을 맞이하여 환하게 웃는 20대 여성의 모습이 생성되었습니다. 예제에서는 1번 이미지를 업스케일하기 위해 [U1] 버튼을 클릭합니다.

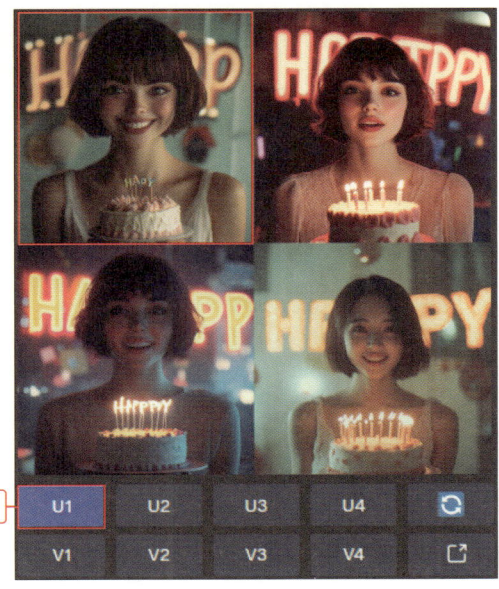

03 업스케일된 이미지가 나타나면 이미지 결과물 하단에 있는 [Vary (strong)] 버튼을 클릭합니다.

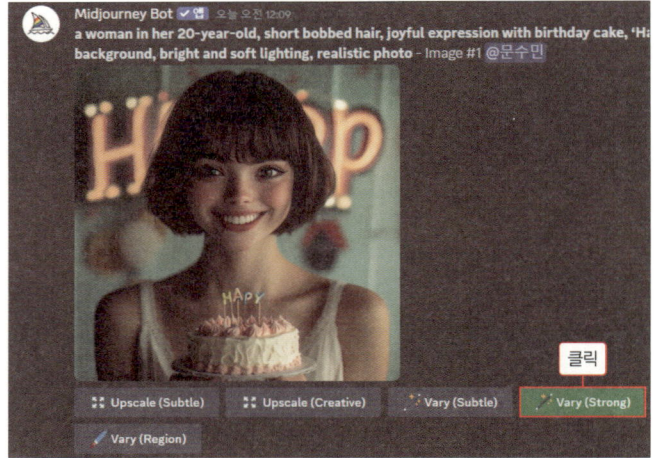

04 Remix 모드가 활성화된 상태에서 Remix Prompt 팝업 창이 나타나면, 다음과 같이 연령대를 나타내는 프롬프트의 숫자를 괄호 {40, 80}으로 수정 입력하고 [전송] 버튼을 클릭합니다.

> 프롬프트에 괄호 {}를 사용하는 방식을 '퍼뮤테이션 프롬프트(Permutation Prompt, 순열 프롬프트)'라고 합니다. 이를 통해 여러 옵션을 적용하여 동시에 이미지를 생성할 수 있습니다. 예를 들어, 프롬프트에 {red, blue, yellow}와 같이 입력하면 각 색상에 대한 별도의 이미지를 생성합니다. 기본적으로 최대 4개의 옵션을 사용할 수 있습니다.

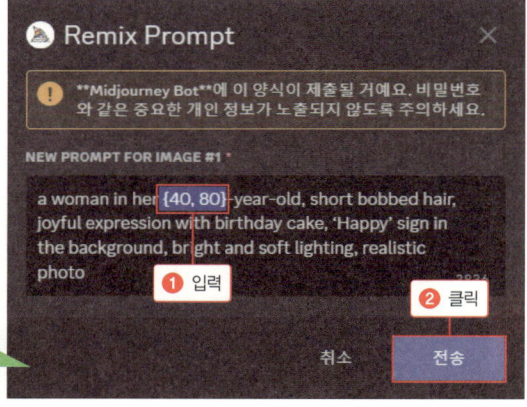

05 두 개의 이미지를 동시에 생성할 것인지 묻는 메시지가 나타나면 [Yes] 버튼을 클릭합니다.

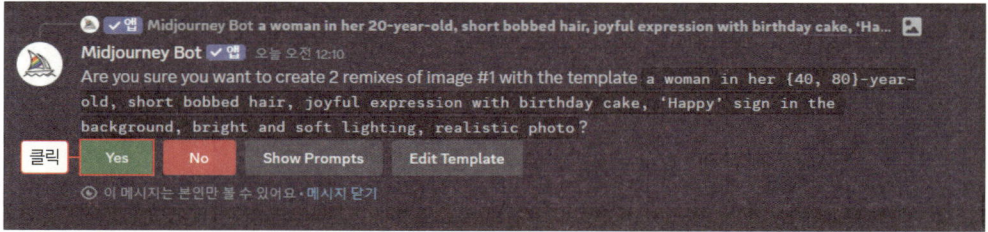

06 │ 잠시 후 40대 연령과 80대 연령이라는 프롬프트가 적용된 이미지가 동시에 생성됩니다. 예제에서는 40대의 2번째, 80대의 4번째 이미지를 선택하여 [U2], [U4] 버튼을 클릭했습니다. 이 중에 가장 적당한 이미지를 선택하여 업스케일합니다.

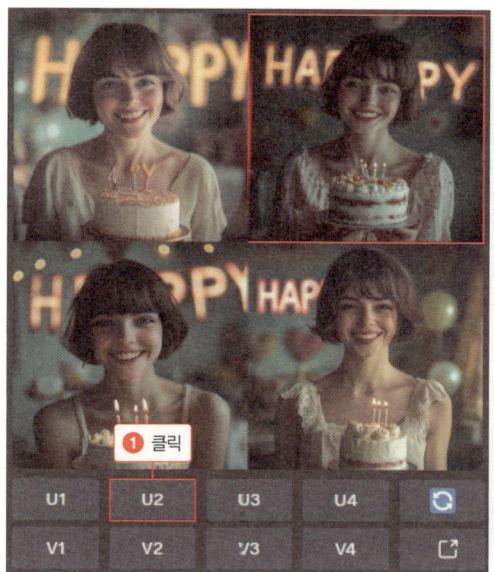

07 │ 리믹스 기능을 활용하여, 첫 번째 여성 이미지를 기반으로 동일 인물의 연령대별 이미지를 생성해 보았습니다.

프롬프트 20-year-old　　　프롬프트 40-year-old　　　프롬프트 80-year-old

텍스트로 이미지 생성하기

Text to image 기능

13

미드저니는 기본으로 사용자가 입력한 텍스트 프롬프트를 기반으로 AI가 이미지를 자동으로 생성하는 도구입니다. 텍스트 프롬프트는 원하는 이미지에 대한 설명을 포함하는 문장으로, AI는 이를 해석하여 그에 맞는 이미지를 생성합니다. 예를 들어, '화창한 날씨의 해변'이라는 프롬프트를 입력하면, 미드저니는 그 설명을 시각적으로 표현한 이미지를 만들어 냅니다.

• **완성 파일**: 01\스포츠카_완성.png

미드저니는 예술가, 디자이너, 마케팅 전문가 등이 창의적인 아이디어를 손쉽게 시각화할 수 있게 합니다. 사용자는 텍스트만으로도 복잡하고 정교한 이미지를 생성할 수 있으며, 다양한 스타일과 주제를 지원하여 원하는 결과물을 얻을 수 있습니다. 다만, 미드저니에서는 영어만 프롬프트로 인식하기 때문에 영문 작성을 위해 챗GPT, 또는 구글 번역기, 파파고 등을 활용할 수 있습니다.

01 ┃ 미드저니 디스코드 화면에서 나만의 개인 서버 아이콘을 클릭하고, 채팅 채널의 [+]를 클릭합니다. 채널의 이름과 유형을 설정하고 [채널 만들기] 버튼을 클릭합니다.

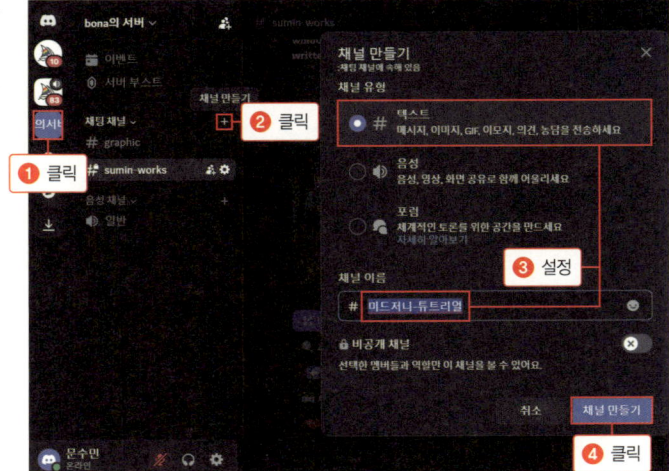

02 | 프롬프트 창을 클릭한 후 '/'을 입력합니다. 상단에 메뉴가 열리면 [/imagine prompt]를 선택합니다.

03 | 이미지 프롬프트 창에 다음과 같이 프롬프트를 입력하고 Enter를 눌러 이미지를 생성합니다.

프롬프트 /imagine prompt a super car

04 | 진행이 완료되면 이미지 결과물 4개가 나타납니다. 예제에서는 2번 이미지를 선정하기 위해 [U2] 버튼을 클릭하여 해당 이미지를 업스케일합니다.

제안받은 이미지 하단에 나타난 U 버튼은 Upscale(업스케일) 버튼으로, 마음에 드는 이미지를 크게 확대할 때 사용합니다.

05 | 잠시 후 선택한 이미지가 큰 이미지로 나타납니다. 선택한 이미지를 클릭하고 왼쪽 하단에서 [브라우저로 열기]를 클릭합니다.

06 | 새 창에서 이미지가 크게 열리면 마우스 오른쪽 버튼을 클릭한 다음 [이미지를 다른 이름으로 저장]을 선택하여 이미지를 PC에 저장합니다.

업스케일된 이미지 크기는 1,024×1,024픽셀이며, 저장되는 파일 형식은 기본적으로 PNG입니다.

이미지를
새로운 스타일로 변형하기

[V], [RE-ROLL] 기능

미드저니에서 이미지를 다양하게 변형하여 새로운 스타일로 확인하려면 몇 가지 주요 기능을 활용할 수 있습니다. [V] 버튼과 [RE-ROLL] 버튼의 기능들을 조합하여 사용하면 미드저니에서 더욱 풍부한 변형 이미지들을 확인할 수 있습니다.

• **완성 파일**: 01\변형건물_온성.png

[V] 버튼을 사용하여 생성된 이미지의 변형을 만들 수 있습니다. 이 버튼을 클릭하면 선택한 이미지의 스타일이나 구성을 유지하면서 다양한 변형된 버전을 생성합니다. [V] 버튼은 'Variations'의 약자로, 선택한 이미지의 변형을 생성하는 데 사용됩니다. 이미지를 선택한 후 [V] 버튼을 클릭하면 해당 이미지의 스타일과 요소를 유지하면서 다양한 변형 이미지를 만들어 줍니다. 이는 특정 이미지에서 다양한 변화를 시도하고 싶을 때 유용합니다.

[RE-ROLL] 버튼을 사용하면 같은 텍스트 프롬프트를 바탕으로 전혀 다른 이미지를 생성할 수 있어, 같은 주제의 다양한 버전을 비교하고 선택하는 데 도움이 됩니다. 원래의 텍스트 프롬프트를 그대로 사용하되, 새롭게 이미지를 생성하여 다른 결과를 얻을 수 있습니다. 이는 초기 이미지가 마음에 들지 않을 때 유용하게 사용됩니다. 이 두 버튼을 통해 사용자는 더 많은 옵션과 변화를 시도하며 최적의 이미지를 찾을 수 있습니다.

01 | 프롬프트 창을 클릭한 후 '/i'를 입력하고 메뉴에서 [/imagine prompt]를 선택합니다.

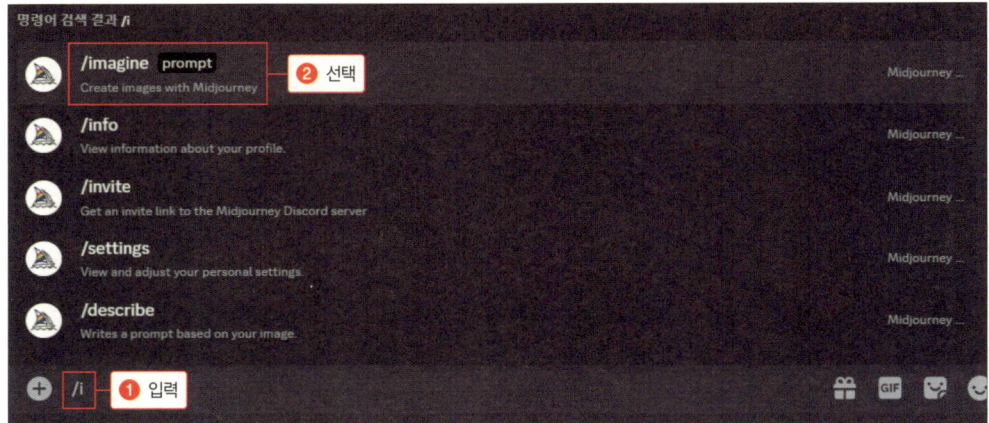

02 | 이미지 프롬프트 창에 다음과 같이 프롬프트를 입력하고 [Enter]를 눌러 이미지를 생성합니다.

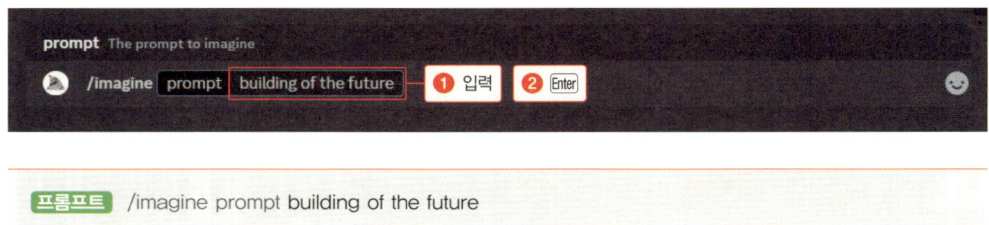

> **프롬프트** /imagine prompt building of the future

03 | 진행이 완료되어 이미지 결과물 4개가 나타납니다. 제안받은 이미지가 모두 마음에 들지 않아, [RE-ROLL] 버튼을 클릭하여 다시 생성합니다.

04 | 이때 Remix Prompt 창이 열리면 프롬프트를 새로 수정하거나, 수정할 사항이 없다면 그대로 [전송] 버튼을 클릭합니다.

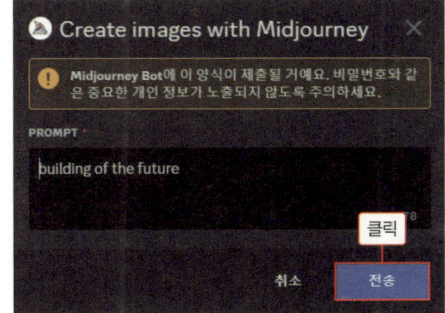

알아두기 **Remix mode 설정**

Remix Prompt 기능은 미드저니 설정 창에서 활성화하거나, 비활성화할 수 있습니다. 프롬프트 창에 '/settings'를 입력하면, 설정 창이 열리고, 이때 [Remix mode] 버튼을 클릭해 설정합니다.

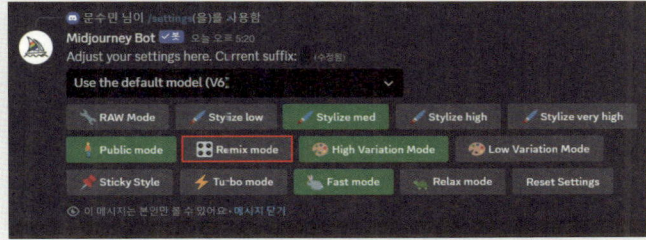

05 | 새로 제안받은 이미지가 나타나면, 마음에 드는 이미지를 베리에이션합니다. 예제에서는 2번 이미지를 선정하기 위해 [V2] 버튼을 클릭해 해당 이미지를 베리에이션합니다.

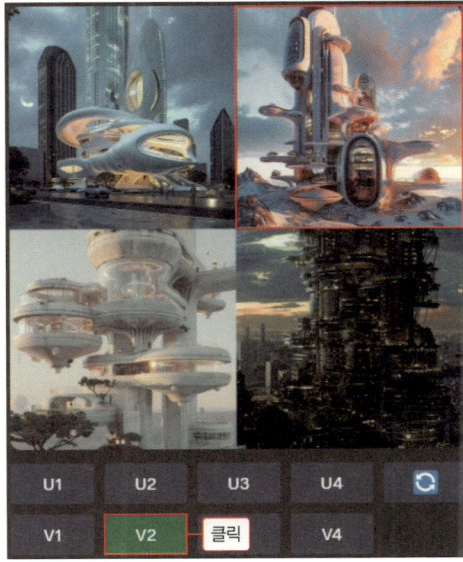

06 │ 2번 이미지와 비슷한 느낌의 이미지 결과물을 다시 제안받았습니다. 예제에서는 3번 이미지를 업스케일하기 위해 [U3] 버튼을 클릭합니다.

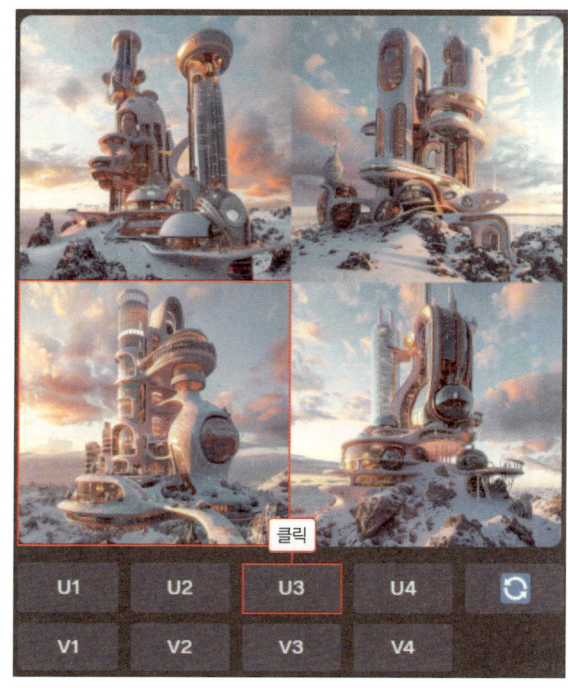

07 │ 해당 이미지의 업스케일이 완료됩니다.

선택한 이미지를
다양한 버전으로 변형하기

[Vary (Strong)], [Vary (Subtle)] 기능

처음 생성된 이미지가 사용자 의도와 완전히 일치하지 않거나 세부 사항에서 아쉬움이 있을 경우, 변형 기능을 사용해 원하는 방향으로 이미지 변형을 시도할 수 있습니다. [Vary (Strong)] 버튼과 [Vary (Subtle)] 버튼을 통해 사용자는 이미지의 변형 정도를 조절하며 다양한 버전을 생성할 수 있어, 창의적인 작업을 진행할 수 있습니다.

• **예제 파일**: 01\캐릭터변형1.png • **완성 파일**: 01\캐릭터변형2~3.png

　　[Vary (Strong)] 버튼은 선택한 이미지의 주요 요소를 크게 변화시키는 데 사용하며, 원래 이미지의 스타일과 주제를 유지하면서도 상당한 변화를 주어 새로운 이미지를 생성합니다. 이는 큰 변화를 통해 새로운 아이디어를 탐색하고 싶을 때 유용합니다. [Vary (Subtle)] 버튼은 원래 이미지의 작은 요소들을 미세하게 조정하는 데 사용하며, 전체적인 느낌은 유지하면서도 세부 사항에 변화를 주어 조금 다른 버전의 이미지를 만들어 냅니다. 이는 원래 이미지가 거의 만족스럽지만 약간의 변화를 주고 싶을 때 유용합니다.

01 ┃ 프롬프트 창을 클릭한 후 '/i'를 입력하고 메뉴에서 [/imagine prompt]를 선택합니다.

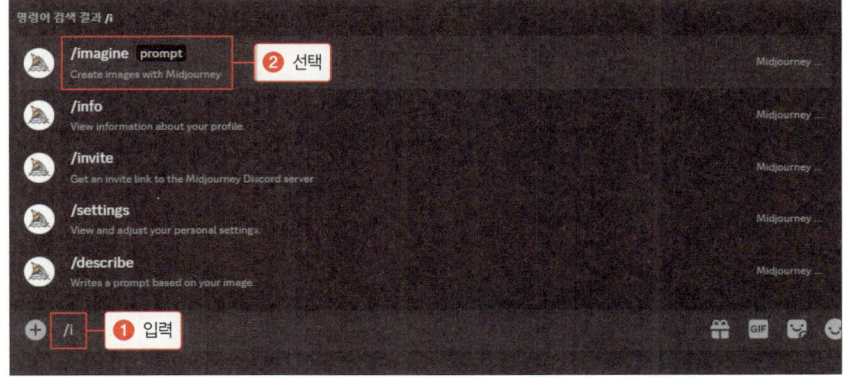

02 │ 이미지 프롬프트 창에 다음과 같이 프롬프트를 입력하고 Enter를 눌러 이미지를 생성합니다.

> 프롬프트 /imagine prompt A female hero with pink hair, a game character, 3d render

03 │ 진행이 완료되어 이미지 결과물 4개가 나타납니다. 생성된 이미지 결과물 중, 세 번째 이미지를 선정하기 위해 [U3] 버튼을 클릭하여 이미지를 업스케일합니다.

04 │ 선택한 이미지 결과물이 나타납니다. 결과물에서 변화를 좀 더 다양하게 주고 싶다면 [Vary (Strong)] 버튼을 클릭합니다.

05 | 변형 강도가 높은 [Vary (Strong)] 버튼을 클릭한 결과, 인물의 각도와 얼굴 형태 등이 다양하게 변형된 새로운 이미지를 제안합니다.

06 | 04번 결과물에서 [Vary (Subtle)] 버튼을 클릭합니다. 기존 이미지 결과물과 동일한 각도, 비슷한 얼굴 형태의 이미지를 제안하는 것을 확인할 수 있습니다.

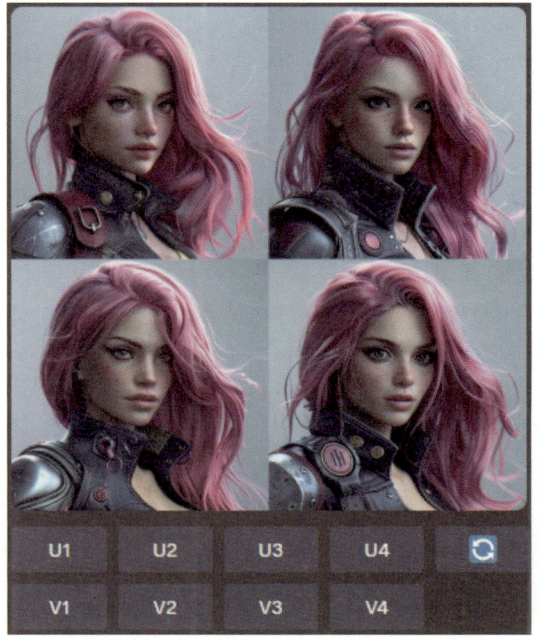

이미지 결과물을 부분 수정하기

[Vary (Region)] 기능

미드저니를 통해 이미지를 생성하다 보면, 이미지의 전체적인 느낌은 마음에 드는데, 특정 부분만 일부 변경거나 수정하고 싶을 때가 생깁니다. 이런 경우, 일부분만 원하는 방향으로 수정할 수 있다면 더욱 정교한 이미지를 만들어 내는 것이 가능합니다.

· **예제 파일**: 01\부분수정.png   · **완성 파일**: 01\부분수정_완성.png

미드저니의 [Vary (Region)] 버튼은 이미지의 특정 부분을 선택적으로 변형하는 기능을 제공합니다. 이 기능을 통해 사용자는 이미지 전체가 아닌 특정 영역에만 변화를 주어 원하는 결과를 더욱 정교하게 조정할 수 있습니다. [Vary (Region)] 버튼을 활용하면 손상된 이미지 부분을 복원하거나 삭제된 부분을 채우는 인페인팅(Inpainting) 기능을 활용할 수 있습니다. 이미지의 특정 부분만 수정하거나 세부 사항을 조정하고 싶을 때 매우 유용하며, 전체적인 조화는 유지하면서도 디테일한 부분에서 창의적인 변화를 시도할 수 있습니다.

01 │ 프롬프트 창을 클릭한 후 '/i'를 입력하고 메뉴에서 [/imagine prompt]를 선택합니다.

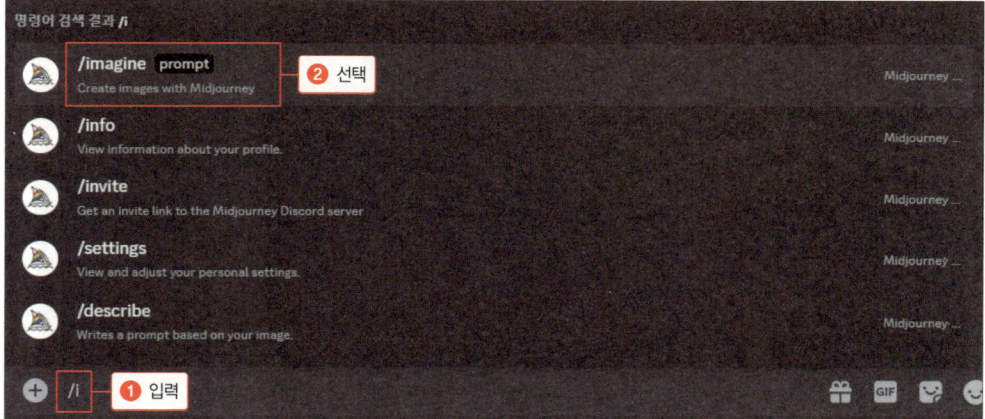

02 | 이미지 프롬프트 창에 다음과 같이 프롬프트를 입력하고 Enter 를 눌러 이미지를 생성합니다.

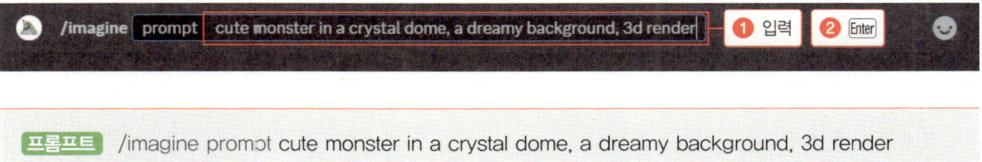

프롬프트 /imagine promot cute monster in a crystal dome, a dreamy background, 3d render

03 | 진행이 완료되어 이미지 결과물 4개가 나타 납니다. 생성된 이미지 결과물 중 가장 마음에 드는 이미지를 선정하여 업스케일합니다. 예제에서는 1번째 이미지를 선택하여 [U1] 버튼을 클릭합니다.

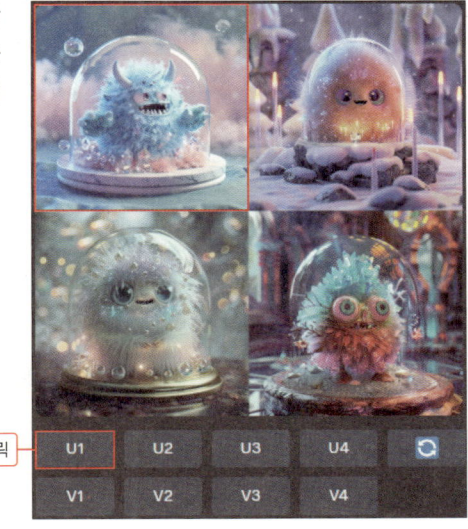

04 | 이미지 결과물 하단 오른쪽에 있는 [Vary (Region)] 버튼을 클릭합니다.

05 | Editor 팝업 창이 나타납니다. 화면 왼쪽 하단에서 '올가미' 아이콘()을 선택하고, 수정하고자 하는 부분을 드래그하여 영역을 지정합니다.

06 | 선택한 영역의 '몬스터' 이미지를 '미니어처 룸'으로 바꾸고자, 다음의 프롬프트를 입력하고 오른쪽 화살표 버튼을 클릭합니다.

프롬프트 a miniature cute bed room in a crystal dome, 3d render

07 │ 선택한 영역의 이미지가 프롬프트 대로 수정된 것을 확인할 스 있습니다. 예제 에서는 4번째 이미지를 선택해 업스케일합 니다. [U4] 버튼을 클릭합니다.

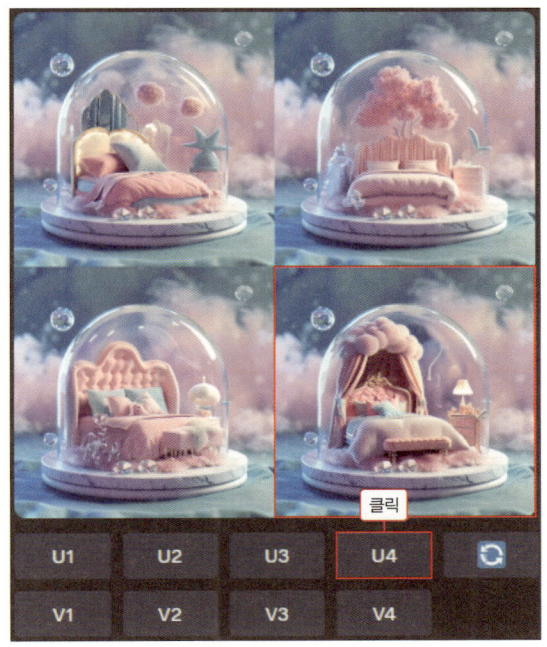

08 │ 최종 이미지를 선택하고 업스케일하여 완성되었습니다.

원하는 방향으로
이미지를 확장하기

[Zoom], [Pan] 기능

미드저니에는 생성 이미지에서 보이지 않는 영역을 확장하여 재생성하는 기능도 가지고 있습니다. 이러한 미드저니의 Zoom 기능과 Pan 기능에 대해 알아보겠습니다.

· **예제 파일**: 01\줌1.png　　· **완성 파일**: 01\줌2~4.png, 팬1~4.png

미드저니의 Zoom 기능과 Pan 기능은 이미지 조정과 탐색을 위한 중요한 도구입니다. Zoom 기능은 특정 부분을 확대하여 세부 사항을 더 잘 볼 수 있게 하며, 확대된 부분을 중심으로 새로운 이미지를 생성할 수 있습니다. 이는 큰 이미지나 복잡한 장면에서 세밀한 디테일을 강조하거나 변형할 때 매우 유용합니다.

Pan 기능은 이미지를 수평 또는 수직으로 이동하여 다른 부분을 탐색하는 데 사용합니다. 이를 통해 사용자는 이미지의 다양한 부분을 집중적으로 볼 수 있으며, 전체 이미지를 더 잘 탐색할 수 있습니다. 특히, 이미지의 특정 영역을 넘어 더 넓은 배경이나 추가 요소를 확인할 때 Pan 기능이 유용합니다.

이 두 기능은 사용자가 생성된 이미지를 더 세밀하게 조정하고 원하는 부분을 탐색할 수 있게 하여, 더욱 정교하고 맞춤화된 이미지를 만드는 데 도움을 줍니다.

01 프롬프트 창을 클릭한 후 '/i'를 입력하고 메뉴에서 [/imagine prompt]를 선택합니다.

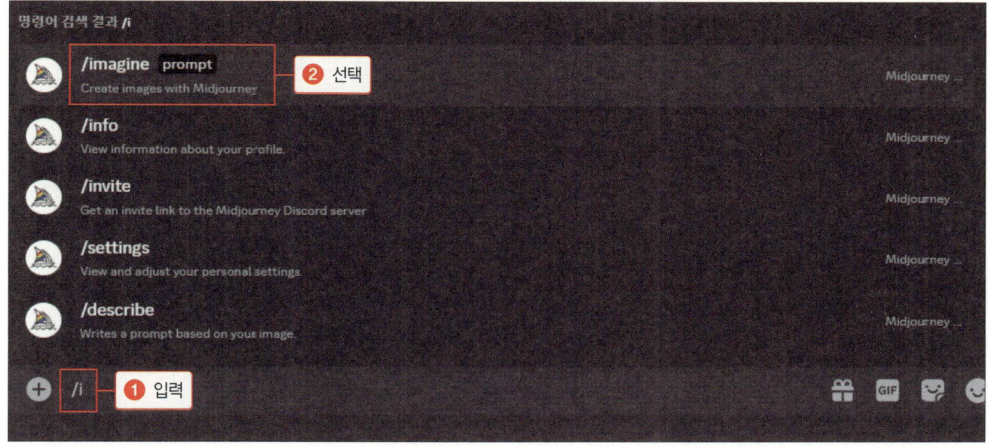

02 이미지 프롬프트 창에 다음과 같이 프롬프트를 입력하고 Enter 를 눌러 이미지를 생성합니다.

프롬프트 /imagine prompt Standing poodle, nike hoodie and sneakers, stylish model, vintage interior

03 진행이 완료되어 이미지 결과물 4개가 나타납니다. 생성된 이미지 결과물 중 가장 마음에 드는 이미지를 선정하여 업스케일합니다. 예제에서는 3번째 이미지를 선택해 [U3] 버튼을 클릭합니다.

04 │ 이미지를 확장하기 위해 결과물 하단에서 [Zoom Out 1.5x] 버튼을 클릭합니다.

05 │ 카메라 초점거리를 1.5배로 늘려, 이미지를 확장하여 재생성된 것을 확인할 수 있습니다. 마음에 드는 이미지를 골라 다시 업스케일합니다. 예제에서는 4번째 이미지를 선택해 [U4] 버튼을 클릭합니다.

[Zoom Out 2x] 버튼을 클릭하면, 위와 같은 원리로 이미지를 2배 확장하여 재생성됩니다.

06 | 업스케일된 이미지에 프롬프트를 추가하여 새롭게 변형하기 위해 하단에서 이번에는 [Custom Zoom] 버튼을 클릭합니다.

07 | 프롬프트를 수정할 수 있는 Zoom Out 창이 열리면, 입력 창에서 프롬프트 맨 뒤에 'green door'를 추가 입력하고, --ar, --zoom 파라미터 값을 다음과 같이 입력한 후 [전송] 버튼을 클릭합니다.

프롬프트 (기존 프롬프트), green door --ar 3:2 --zoom 1

08 | 추가로 입력된 프롬프트 내용이 적용되고, 새로운 이미지 결과물이 생성되었습니다. 마음에 드는 이미지를 골라 다시 업스케일합니다. 예제에서는 1번째 이미지를 선택해 [U1] 버튼을 클릭합니다.

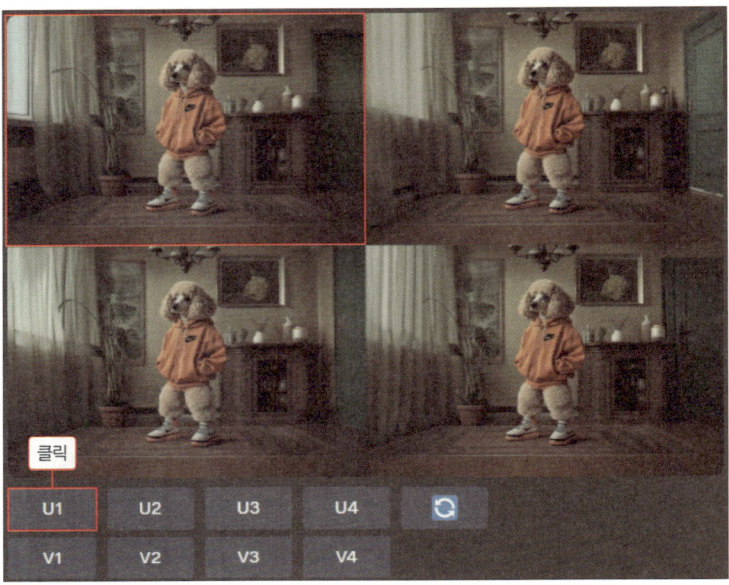

09 | 업스케일된 이미지 하단에서 이번에는 [Make Square] 버튼을 클릭합니다.

Make Square 기능은 직사각형 구도의 이미지를 변형시켜 정사각형 구도의 이미지로 만듭니다. 이는 단순히 크롭 기능이 아니라, 주변 영역을 생성 또는 삭제해 1:1 비율로 변형하는 기능입니다.

10 직사각형 구도의 이미지가 1:1 정사각형 구도의 이미지로 변형된 것을 확인할 수 있습니다.

원본

1.5x

Custom Zoom

Make Square

11 | **03**번에 2번째 이미지를 업스케일한 후, 이번에는 이미지 하단에서 방향키 모양의 [Pan] 버튼을 클릭하여 해당 방향으로 이미지를 확장합니다. 예제에서는 프롬프트 편집 창이 나타나면 수정하지 않은 채 [전송] 버튼을 클릭하였습니다.

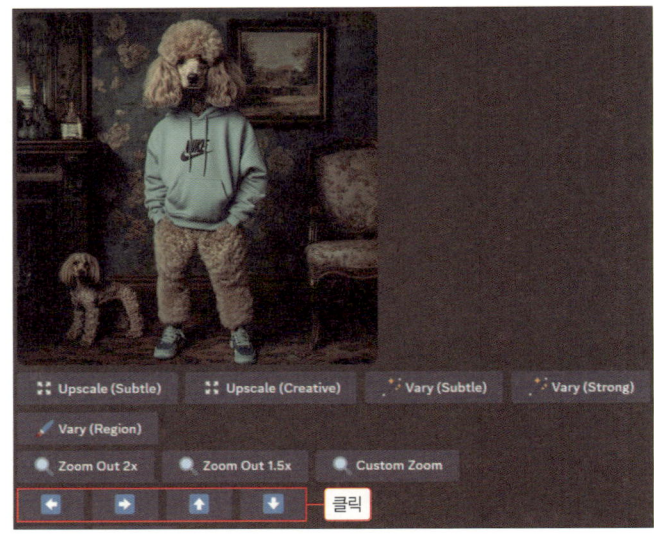

12 | 각각의 [Pan] 버튼 순서에 따른 이미지 변화는 다음과 같습니다.

가로 방향으로 확장할 경우 3:2, 세로 방향으로 확장할 경우 2:3으로 변경됩니다.

프롬프트 수정을 위한 리믹스 모드 활용하기

Remix mode 기능

미드저니를 사용하다 보면, 기본적으로 마음에 드는 이미지를 바탕으로 새로운 아이디어를 실험하거나, 세부적인 부분을 변경하면서 창의적 작업을 발전시키고 싶을 때가 생깁니다. 예를 들어, 이미 생성된 이미지가 전체적으로 마음에 들지만 색상, 배경, 특정 객체 등의 특정 요소를 변경하고 싶은 경우입니다.

• **완성 파일**: 01\리믹스_완성.png

리믹스 모드(Remix mode)는 기본적으로 마음에 드는 이미지를 바탕으로 새로운 아이디어를 실험하거나 세부적인 부분을 변경하면서 창의적 작업을 발전시켜 나갈 때 매우 유용한 도구입니다. 다양한 변형을 통해 여러 가지 아이디어를 빠르게 시각화하고 최종 프로젝트에 가장 적합한 이미지를 선택할 수 있기 때문입니다. 미드저니를 통해 창의적 작업을 더욱 다채롭고 효율적으로 만들어 봅니다.

리믹스 모드는 Variation 기능에 추가 능력을 부여하는 모드입니다. [Remix mode] 버튼이 활성화된 상태에서 [Variation] 버튼을 클릭하면, 기존 이미지 생성에 사용된 프롬프트를 수정할 수 있고, 수정한 내용이 베리에이션 진행에 반영됩니다. 리믹스 모드를 활용하면 원본 이미지의 특정 부분을 수정하거나 새로운 요소를 추가하여 독창적인 결과물을 얻을 수 있습니다. 예를 들어, 초기 이미지를 생성한 후 색상, 질감, 배치 등을 다르게 시도할 수 있습니다. 이를 통해 다양한 버전을 비교하며 최적의 이미지를 선택할 수 있습니다. 또한, 기존 이미지의 특정 부분을 강조하거나 변경해 새로운 디자인을 만들어 낼 수도 있습니다.

01 ｜ 프롬프트 창에서 '/prefer'를 입력하고, [/prefer remix]를 선택하면 리믹스 모드가 활성화됩니다.

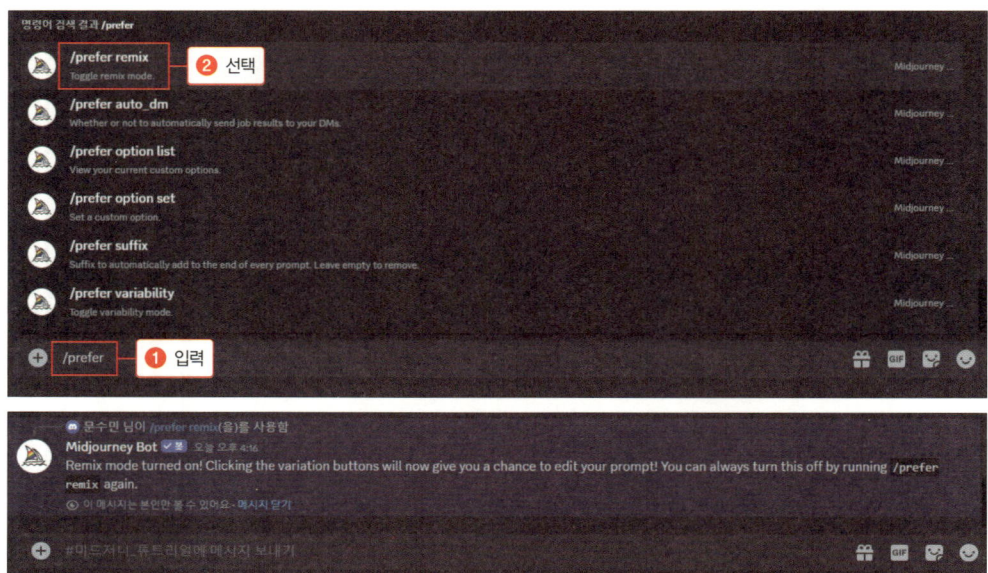

(알아두기) **settings 창에서 리믹스 모드 설정하기**

프롬프트 창에 '/settings'를 입력하면 다음과 같은 화면을 확인할 수 있습니다. 여기서 [Remix mode] 버튼을 클릭하여 활성화할 수 있습니다.

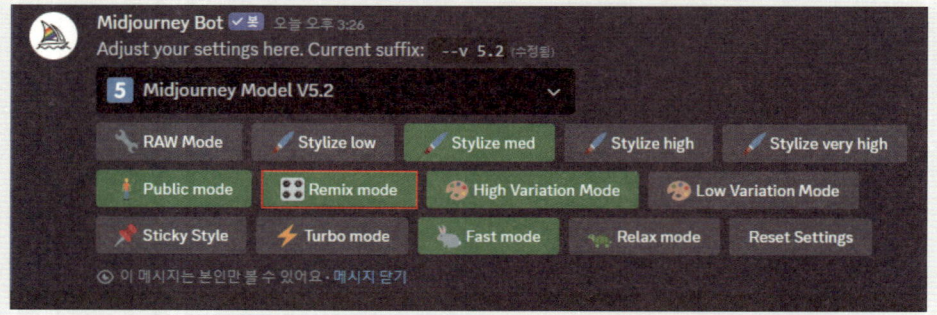

02 ｜ 이미지 프롬프트 창에 다음과 같이 프롬프트를 입력하고 Enter 를 눌러 이미지를 생성합니다.

프롬프트   /imagine prompt a digital theme design, minimalist application, 3d render, vivid color

03 이미지가 생성되면 가장 마음에 드는 이미지를 선정하고 업스케일 버튼을 클릭합니다. 예제에서는 세 번째 이미지를 선정하기 위해 [U3] 버튼을 클릭합니다.

04 리믹스 모드가 활성화된 상태에서 결과물 하단에 있는 [Vary (Strong)] 또는 [Vary (Subtle)] 버튼을 클릭합니다. 예제에서는 [Vary (Strong)]을 클릭합니다.

05 | [Remix Prompt] 팝업 창에서 프롬프트 맨 뒤에 ', pastel color, add trees'를 추가하고 [전송] 버튼을 클릭합니다.

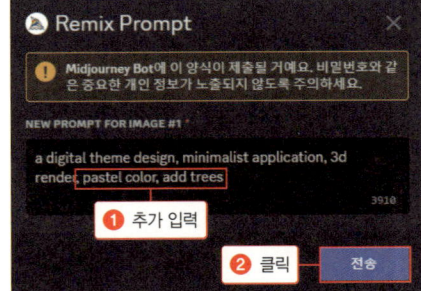

프롬프트 (기존 프롬프트), pastel color, add trees

06 | 컬러와 구성 요소가 수정된 프롬프트 값으로 변형된 것을 확인할 수 있습니다. 원하는 이미지를 선택해 업스케일합니다. 예제에서는 첫 번째 이미지를 선택해 [U1] 버튼을 클릭합니다.

07 | 선택한 이미지의 최종 결과물을 확인합니다.

첨부 이미지를 활용하여 이미지 생성하기

Image to image 기능

미드저니의 Image to Image 기능은 사용자가 제공한 이미지를 기반으로 유사한 스타일이나 구성을 가진 새로운 이미지를 생성하는 도구입니다. 이 기능을 통해 기존 이미지의 특정 요소나 스타일을 유지하면서도 다양한 변형을 시도할 수 있습니다.

• **완성 파일**: 01\첨부변형_완성.png

기본적으로 사용자는 이미지를 업로드하거나 이미지 링크를 제공하여 AI에 참조할 이미지를 전달합니다. 그러면 AI는 이 이미지를 분석해 스타일, 색상, 질감, 구성 등을 학습합니다. 이를 바탕으로 사용자가 원하는 변형을 적용한 새로운 이미지를 생성합니다.

예를 들어, 디자이너가 특정 그림의 스타일을 바탕으로 새로운 작업물을 만들고자 할 때, 이 기능을 사용하면 기존 스타일을 유지하면서도 새로운 요소를 추가하거나 변형된 버전을 쉽게 만들 수 있습니다. 또한, 게임 개발자나 영화 제작자는 특정 콘셉트 아트를 기반으로 다양한 장면이나 캐릭터 변형을 생성할 수 있습니다. 이는 동일한 스타일의 여러 장면이 있어야 하는 프로젝트에서 특히 유용합니다. 마케팅 전문가들도 브랜드의 시각적 일관성을 유지하면서 새로운 광고나 콘텐츠를 생성하는 데 이 기능을 활용할 수 있습니다.

미드저니의 Image to Image 기능은 기존 이미지를 참조하여 새로운 아이디어를 시각화할 수 있기 때문에 창의성의 범위를 넓히는 데 큰 도움이 됩니다. 또한, 초기 디자인이나 콘셉트를 기반으로 다양한 변형을 빠르게 생성할 수 있어 작업 효율성도 높아집니다.

01 | 원하는 인물 사진을 프롬프트 입력 창 또는 채팅 창에 드래그합니다. 사진이 채팅 창에 등록 대기 상태로 나타납니다.

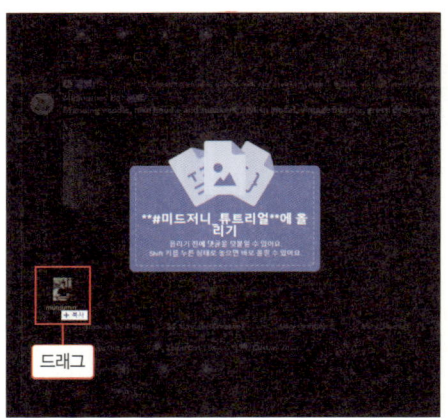

02 | 사진이 나타나면 Enter를 눌러 업로드합니다.

munsumin6249_28_year_old_ji...

#미드저니_튜트리얼에 메시지 보내기

03 사진이 정상적으로 업로드되면 채팅 창에 대기 상태보다 조금 더 큰 이미지로 나타납니다.

04 프롬프트 창을 클릭한 후 '/i'를 입력하고 메뉴에서 [/imagine prompt]를 선택합니다. 사진을 프롬프트 창으로 드래그하면 이미지 경로가 드롬프트에 입력됩니다.

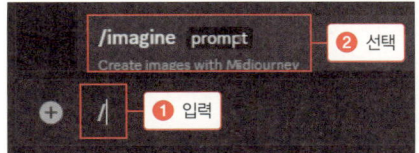

05 | 이미지 경로 값 뒤로 캐릭터 스타일 설정을 위한 프롬프트를 추가로 입력합니다. 예제에서는 'korean webtoon style, handsome character'를 입력하고 Enter 를 누릅니다.

프롬프트　korean webtoon style, handsome character

06 | 인물 사진이 웹툰 스타일의 캐릭터로 변환되었습니다.

미드저니로
고해상도 이미지 만들기

[U] 기능

미드저니에서 멋진 이미지를 생성했는데, 이걸 더 크게 확대해서 사용하고 싶을 때가 있죠? 특히, 포스터나 인쇄물에 사용하려면 고해상도의 이미지가 필요할 수 있습니다. 미드저니의 최신 버전에서도 이미지를 확대할 수 있지만, 기본적으로 제공되는 최대 해상도는 --ar 1:1 비율에서 2,048×2,048입니다. 그렇다면 어떻게 하면 더 큰 이미지를 만들 수 있을까요?

· **예제 파일:** 01\1024.png · **완성 파일:** 01\2048.png, 4096.png

미드저니 최신버전 V7에서는 이미지를 선택하여 업스케일하기 전, 제공하는 기본 사이즈는 1,024×1,024 사이즈로, 최대 업스케일 크기는 --ar 1:1 비율일 때 2,048×2,048입니다. 예를 들어, 정사각형 이미지를 만들면 이 크기까지 확대할 수 있어요. 하지만 더 큰 크기의 이미지가 필요할 때는 조금 부족할 수 있죠. 버전 6에서는 최대 해상도를 더 높일 수 없지만 미드저니의 이전 버전인 V5.2에서는 같은 --ar 1:1 비율로 최대 4,096×4,096 크기까지 이미지를 업스케일할 수 있습니다. V5.2는 조금 더 고해상도의 이미지를 제공했기 때문에, 큰 출력물이나 디테일이 많이 요구되는 작업에 매우 유용했습니다.

그렇다면 V7을 사용하면서도 이미지를 4,096×4,096 크기로 확대할 수 있는 방법이 없을까요? 만약 꼭 4,096×4,096 해상도로 작업하고 싶다면, 미드저니 V5.2로 되돌아가서 이미지 생성을 시도해볼 수도 있습니다. V5.2는 고해상도를 지원하지만, 현재 V7에 비해 섬세함이나 최신 기능에서 조금 뒤처질 수 있어요. 따라서 이미지의 품질과 세부사항을 잘 비교해보고, 어떤 버전을 사용할지 선택하는 것이 중요합니다.

이미지의 품질을 유지하면서 확대하는 방법으로, 다양한 이미지 업스케일 AI 툴을 사용할 수도 있습니다. 이미지 업스케일 AI 툴을 사용하면 큰 이미지를 고품질로 유지하면서 확대할 수 있습니다. 대표적인 AI 업스케일러로는 Let's Enhance나 Topaz Gigapixel AI 같은 프로그램들이 있으며, 미드저니로 생성된 이미지를 4,096×4,096 크기까지 확대하면서 디테일을 잘 유지해 줍니다.

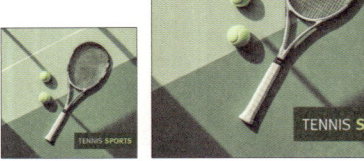

1024×1024 2048×2048 4096×4096

01 이미지 생성에 앞서, 디스코드에서 '/'를 입력하고 [/settings]를 선택합니다.

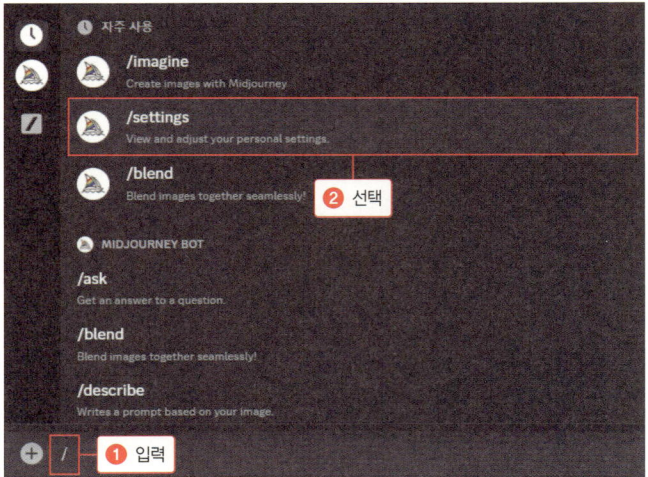

02 | Remix mode를 활성화하기 위해서는 버튼이 녹색 창이 되도록 클릭해야 합니다.

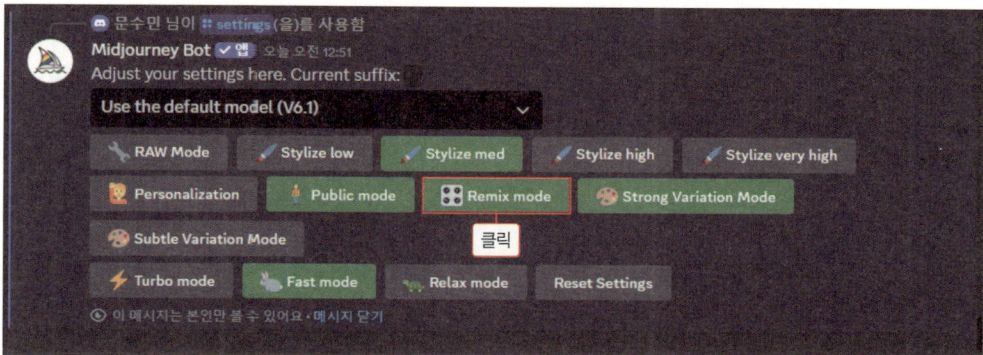

03 | 이미지 프롬프트 창에 다음의 프롬프트를 입력하여 이미지를 생성합니다.

> **프롬프트** /imagine prompt Modern sports themed poster, green tennis court background with sharp shadows, tennis racket and tennis balls on top, clean and minimal style, soft lighting, vivid green and white, fresh and sporty atmosphere

04 | 프롬프트에 따라 이미지가 생성되면, 그중 하나를 골라 업스케일합니다. 예제에서는 네 번째 이미지를 선정하고, [U4] 버튼을 클릭해 이미지를 업스케일합니다.

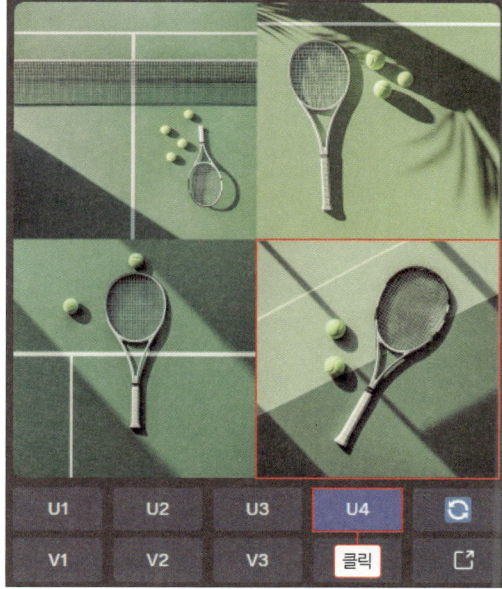

05 | 미드저니 V7에서 제공하는 기본 업스케일 사이즈에 따라 1,024×1,024 픽셀 사이즈의 이미지가 생성되었습니다.

06 | 기존 이미지를 유지하면서 업스케일하기 위해 [Upscale (Subtle)] 버튼을 클릭합니다.

07 | 한번 더 업스케일 과정을 거치면서 이미지는 2,048×2,048 픽셀 사이즈가 되었습니다.

08 | 이번에는 이미지 사이즈를 4배로 키우기 위해, 업스케일 전 과정에서 [Vary (Region)] 버튼을 클릭해 실행합니다.

09 | 리믹스 수정 창이 뜨면, 선택 도구를 클릭해 그림과 같이 이미지 바깥쪽을 선택 영역으로 지정합니다. 그리고 하단 프롬프트 수정 창에서 나머지는 그대로 두고, '––V 5.2'를 추가 입력한 다음 Enter 또는 오른쪽 화살표 버튼을 클릭합니다.

10 │ 변형 없이 이미지가 다시 생성되었습니다. 이제 [U1] 버튼을 클릭해 이미지를 선정하고 업스케일합니다.

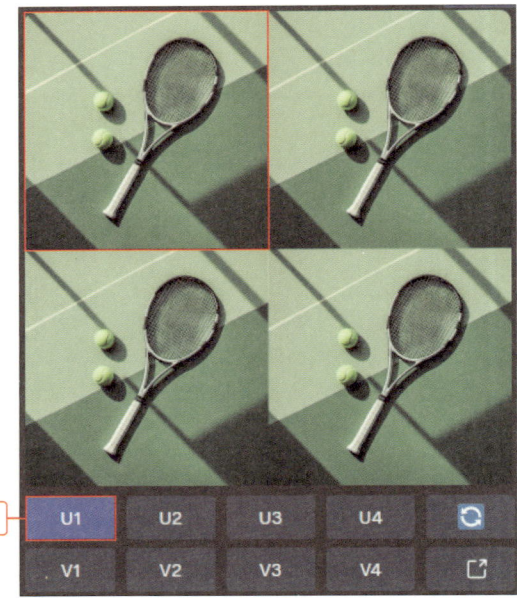

11 │ V5.2로 생성된 이미지에서는 업스케일 이미지 하단에 [Upscale (4x)] 버튼을 클릭해 이미지 사이즈를 4배 확대합니다.

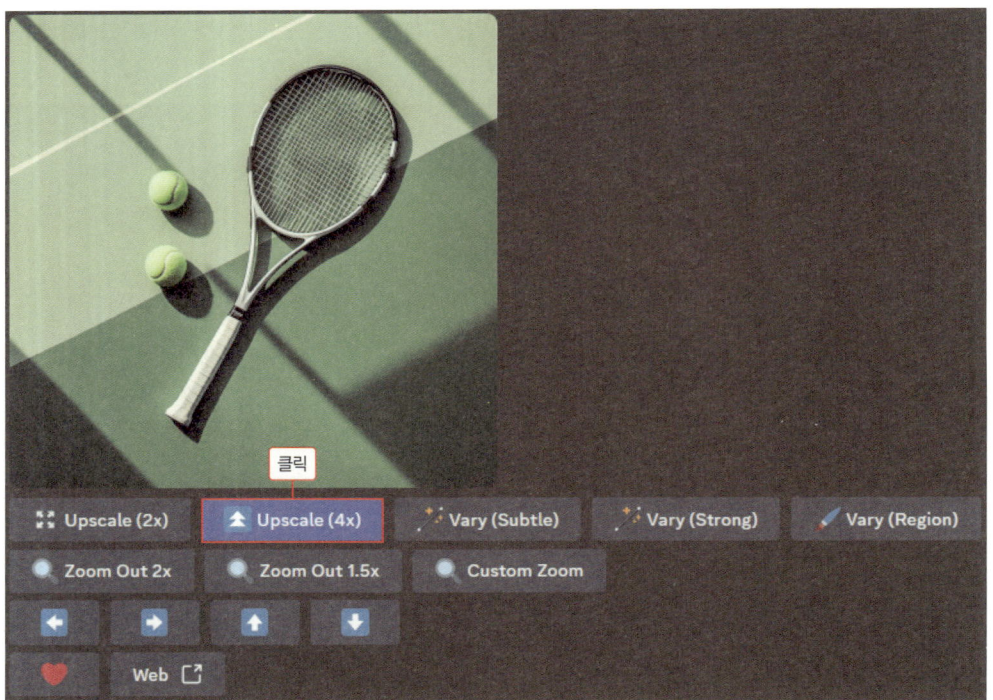

업로드한 두 개의
이미지를 합성하려면?

이미지 URL 활용법 ❶

이미지 합성은 두 개 이상의 이미지를 사용해 서로의 특징을 결합한 새로운 이미지를 만드는 것을 말합니다. 미드저니에서는 이미지 주소와 이미지 주소를 넣고 두 개의 이미지의 주요 특징을 조합해 새로운 결과물을 만들어 낼 수 있습니다. 초보자도 간단히 이미지 주소를 입력하고 텍스트를 추가하는 것만으로 손쉽게 독특하고 새로운 이미지를 만들 수 있습니다.

• **예제 파일**: 01\합성1~2.png • **완성 파일**: 01\합성_완성.png

디자인 작업에서 새로운 아이디어를 떠올리는 것은 어렵고 시간이 오래 걸릴 수 있습니다. 하지만 미드저니의 합성 기능을 사용하면 두 가지 이미지를 결합해 전혀 새로운 스타일이나 개념을 빠르게 만들어낼 수 있습니다. 이는 아이디어 브레인스토밍 단계에서 매우 유용하게 활용될 수 있습니다.

또한, 디자인 작업중에 기존 그래픽 편집 소프트웨어를 사용해 이미지를 합성하려면, 레이어를 조정하고 색상과 텍스처를 맞추는 등 복잡한 작업과정이 필요합니다. 하지만 미드저니에서의 합성과정은 매우 간단해서 이미지 주소를 입력하고 텍스트로 원하는 스타일을 추가하기만 하면 자동으로 자연스럽게 합성된 결과를 만듭니다. 이는 초보자도 전문적인 스킬 없이 빠르게 작업을 완성할 수 있어 시간과 비용을 절약할 수 있습니다.

미드저니의 합성 기능은 한 번의 작업으로 다양한 스타일이나 조합을 실험해 볼 수 있습니다. 예를 들어, 한 이미지의 색감과 다른 이미지의 구조를 결합해 새로운 색 조합을 테스트할 수 있고, 현대적인 이미지와 클래식한 이미지를 합성해 두 가지 스타일의 조화를 실험할 수 있습니다. 이런 실험은 작업자에게 다양한 디자인 가능성을 탐구하는 데 큰 도움을 줍니다.

미드저니는 단순히 두 이미지를 합치는 것에 그치지 않고, 두 이미지의 특징을 결합해 새로운 독창적인 결과물을 만들어냅니다. 이는 기존의 디자인 스타일을 넘어서는 새롭고 창의적인 비주얼을 만들어내는 데 매우 유용합니다. 특히, 초보자도 실험적인 작업을 통해 전문가처럼 보이는 결과물을 만들 수 있습니다.

미드저니의 합성 기능은 초보자에게도 디자인 작업의 문턱을 낮춰주는 강력한 도구입니다. 아이디어 시각화, 작업 간소화, 실험적 접근, 그리고 비용 절감까지 다양한 이점을 제공합니다. 디자인 경험이 부족하더라도 이 기능을 활용하면 독창적이고 창의적인 결과물을 손쉽게 만들어낼 수 있습니다. 실험과 시도를 통해 나만의 독특한 디자인을 만들어 보세요!

01 | 합성하고자 하는 이미지를 준비합니다.

02 | 사진을 미드저니에 업로드하기 위해, ⓢⓗⓘⓕⓣ를 누른 채 두 이미지를 채팅 창으로 드래그합니다. ⓢⓗⓘⓕⓣ를 누르고 드래그하면 대기 상태 없이 이미지가 바로 업로드됩니다.

03 | 이미지가 업로드되면, 이미지를 클릭해 마우스 오른쪽 버튼을 클릭하고 [이미지 주소 복사]를 선택합니다.

04 | 그리고 이미지 프롬프트 창에 Ctrl+V를 눌러 복사한 이미지 주소를 붙여넣습니다.

05 | 첫 번째 이미지 주소 뒤로 스페이스바를 눌러 한 칸을 띄우고, 같은 방식으로 두 번째 이미지 주소를 붙여넣습니다.

06 | 이번에는 마지막 이미지 URL 뒤로 한 칸 띄우고 다음과 같이 텍스트 프롬프트를 추가 입력하고 이미지를 생성합니다.

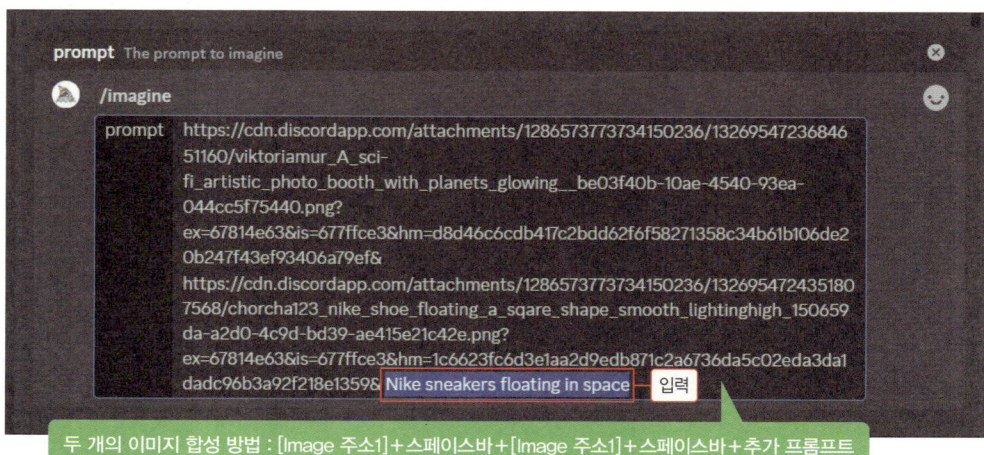

두 개의 이미지 합성 방법 : [Image 주소1]+스페이스바+[Image 주소1]+스페이스바+추가 프롬프트

07 | 두 개의 이미지가 합성되어 나타납니다. 생성된 이미지 중 마음에 드는 이미지를 베리에이션합니다. 예제에서는 [V3] 버튼을 클릭해 해당 이미지를 베리에이션합니다.

08 | Remix 모드가 활성화된 상태라면 Remix Prompt 팝업 창이 나타납니다. 조금 단조롭게 느껴지는 꾸밈 정도를 높여주기 위해 프롬프트 뒤에 '--s 250'을 추가하고 [전송] 버튼을 클릭합니다.

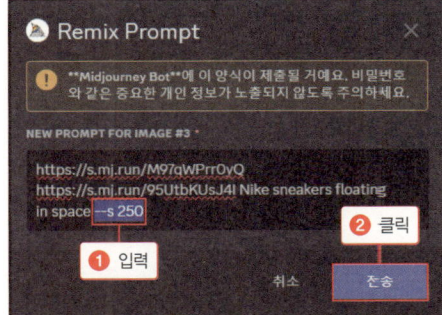

09 | 스타일라이즈 파라미터 값이 적용된 새로운 이미지 시안이 나타납니다. 이전보다 이미지 묘사가 더욱 풍부해진 것을 확인할 수 있습니다. 예제에서는 1번 이미지를 클릭해 선택하여 업스케일하고 마무리하였습니다.

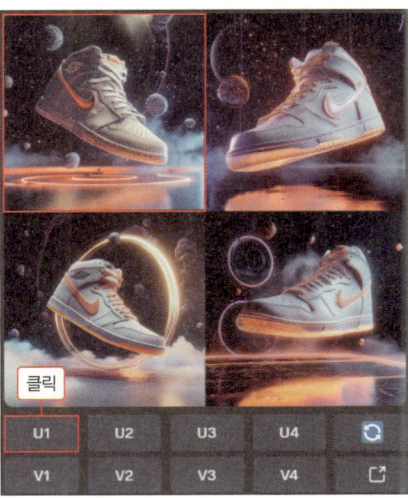

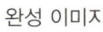

완성 이미지

내가 검색한 이미지와 합성하고 싶다면?

이미지 URL 활용법 ❷

미드저니는 텍스트만을 사용해 이미지를 생성하는 기능으로 잘 알려져 있지만, 내가 직접 검색한 이미지를 기반으로 합성하여 더욱 독창적인 작품을 만들 수 있습니다. 인터넷에서 찾은 이미지의 URL을 미드저니에 업로드하고, 이를 텍스트 프롬프트와 결합해 새로운 이미지를 만들어내는 방식은 여러 가지 창의적인 가능성을 열어줍니다. 그렇다면, 검색한 이미지를 활용해 어떤 상황에서 이 기능을 활용할 수 있을까요?

• **예제 파일**: 01\검색합성1~3.png   • **완성 파일**: 01\검색합성_완성.png

풍경 이미지와 초현실적 합성

검색한 풍경 사진을 미드저니에 적용하여 초현실적인 느낌을 더해볼 수도 있습니다. 예를 들어, 특정 지역의 자연 풍경 사진을 업로드하고, '**미래 도시**'나 '**판타지 세계**' 같은 주제를 추가하면, 실제 풍경을 배경으로 상상력을 자극하는 멋진 합성 이미지를 만들어낼 수 있습니다. 이는 배경 화면, 포스터, 예술 프로젝트 등에서 활용 가능하며, 현실과 상상을 결합한 흥미로운 결과물을 얻을 수 있습니다.

제품 이미지와 마케팅 비주얼의 결합

제품 이미지를 검색한 후 미드저니에서 새로운 마케팅 비주얼을 생성할 수 있습니다. 커피 브랜드의 사진을 업로드하고, 이를 바탕으로 '**따뜻한 아침 분위기**'나 '**가을의 풍경**' 같은 프롬프트를 입력하면, 제품과 자연스럽게 어우러지는 마케팅 이미지를 얻을 수 있습니다. 이는 광고나 소셜 미디어 콘텐츠에 바로 활용할 수 있으며, 브랜드 스토리를 시각적으로 더 풍부하게 전달할 수 있는 좋은 방법입니다.

미드저니는 검색한 이미지를 기반으로 단순한 보정 작업에서 나아가 독창적이고 창의적인 합성 이미지를 만들어내는 데 탁월한 도구입니다. 이를 통해 자신만의 스타일을 표현하고, 마케팅 비주얼, 예술 작업, 브랜드 디자인 등에 유용하게 활용할 수 있습니다. 검색한 이미지를 미드저니에 업로드해 다양한 스타일을 시도하면, 기존 이미지를 더욱 풍부하게 재창조하는 새로운 경험을 얻을 수 있습니다.

01 | 인터넷에서 마음에 드는 이미지를 고른 다음, 마우스 오른쪽을 클릭하고 [이미지 주소 복사]를 선택합니다.

02 | 이미지 프롬프트 창에 Ctrl+V를 눌러 복사한 이미지 주소를 붙여넣습니다.

03 | 이미지 URL 뒤로 한 칸 띄우고 다음과 같이 텍스트 프롬프트를 입력하고, --ar 2:3 파라미터를 적용하여 이미지를 생성합니다.

> **프롬프트** https://images.unsplash.com/photo-1729189229449-f30432728feb?q=80&w=1587&auto=fo
> rmat&fit=crop&ixlib=rb-4.0.3&ixid=M3wxMjA3fDB8MHxwaG90by1wYWdlfHx8fGVufDB8fHx8fA%3D%3D
> **a 3D rendered cartoon-style city street scene with candy-like cute buildings, very colorful,
> cinematic lighting --ar 2:3**

> 인터넷 이미지 중, 이미지 경로에 파일 이름이 정확하게 표기되어있는 경우엔 사용할 수 있지만, 파일 이름이 없다면 이미지 경로 인식이 되지 않을 수 있습니다.

04 | 일반적인 도시 이미지가 알록달록 사탕이 합성된 도시 이미지로 바뀌었습니다. 생성된 이미지 중, 마음에 드는 이미지를 베리에이션합니다. 예제에서는 [V4] 버튼을 클릭해 베리에이션합니다.

클릭

05 4번 이미지와 비슷한 느낌의 이미지 결과물을 다시 제안받고, 마음에 드는 이미지를 최종 선택하여 업스케일합니다. 예제에서는 3번 이미지를 클릭했습니다.

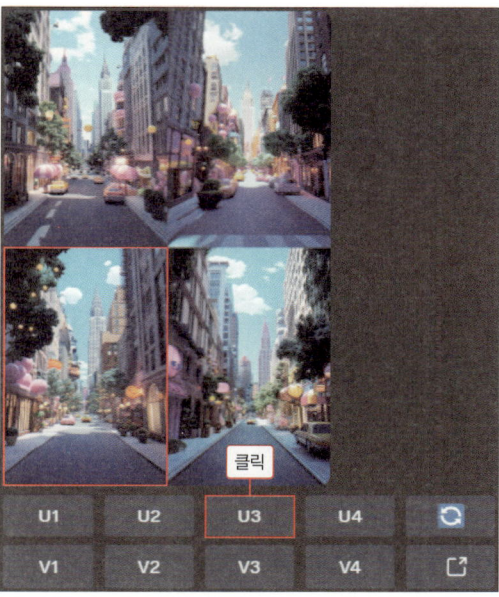

06 검색한 풍경 사진을 활용하여 미드저니에서 판타지적인 느낌을 더해 새로운 이미지 결과물을 만들었습니다.

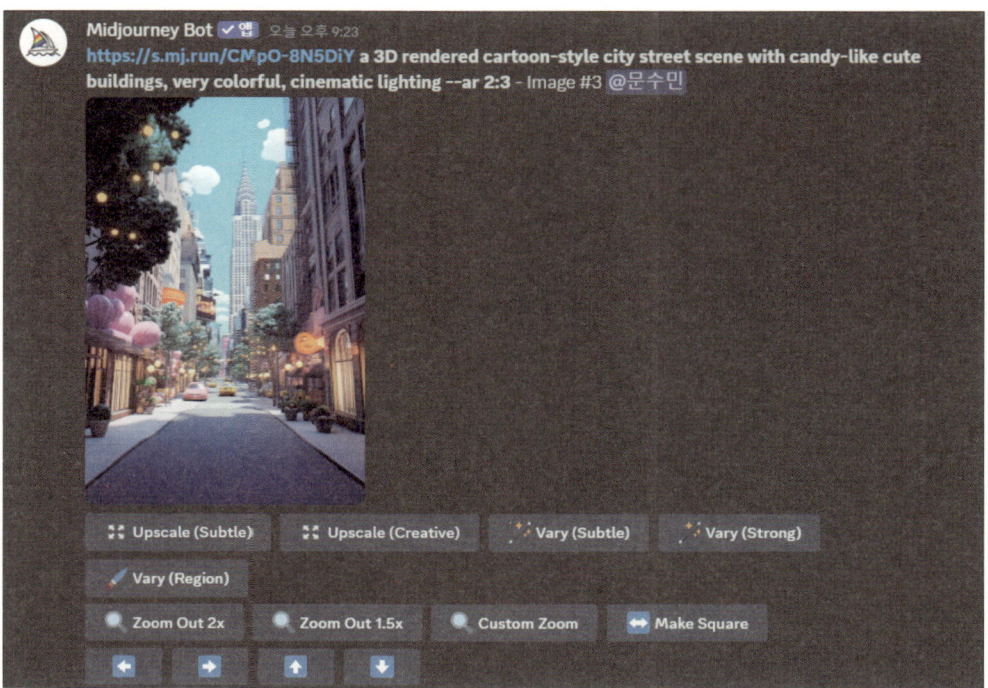

미드저니에서 직접 만든 이미지 찾기

미드저니 웹사이트 검색

미드저니를 사용하다 보면 한 번 생성했던 이미지를 다시 찾아보고 싶을 때가 있습니다. 처음에는 단순히 이미지 생성에 집중하지만, 사용할수록 이전에 만든 이미지가 필요한 순간이 찾아오곤 합니다. 예를 들어, 기존 이미지를 변형해 새로운 버전을 만들고 싶을 때, 여러 버전 중 가장 마음에 드는 이미지를 비교하고 선택해야 할 때, 과거에 만든 이미지를 다시 다운로드하거나 공유하고 싶을 때 등이 그렇습니다. 과거에 만든 이미지를 찾는 가장 쉬운 방법은 미드저니 웹사이트의 'My Images' 기능을 활용하는 것입니다.

01 웹 브라우저에 'www.midjourney.com'를 입력하여 미드저니 공식 웹사이트에 접속하고 로그인합니다.

02 | 왼쪽 [Organize] 메뉴를 클릭합니다. 여기에 직접 만든 모든 이미지가 저장되어 있으며, 프롬프트나 날짜별, 그 외 여러 가지 검색 조건을 체크 표시하여 이미지를 찾을 수 있습니다.

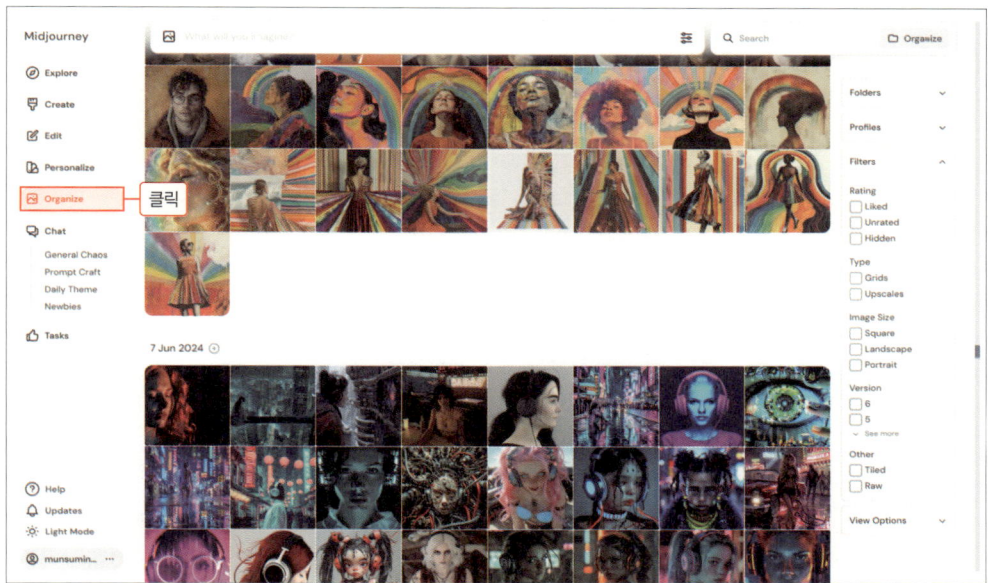

03 | 오른쪽 상단 검색 창에 'flower pattern'을 입력합니다. 해당 단어가 포함된 프롬프트로 만든 이미지들이 나타나면 그중 과거에 생성한 이미지를 찾아 선택합니다.

04 디스코드에서 해당 이미지를 생성했던 기록을 검색하기 위해 오른쪽 상단에서 '옵션' 아이콘
(≡)을 클릭하고 [Open in Discord]를 선택합니다.

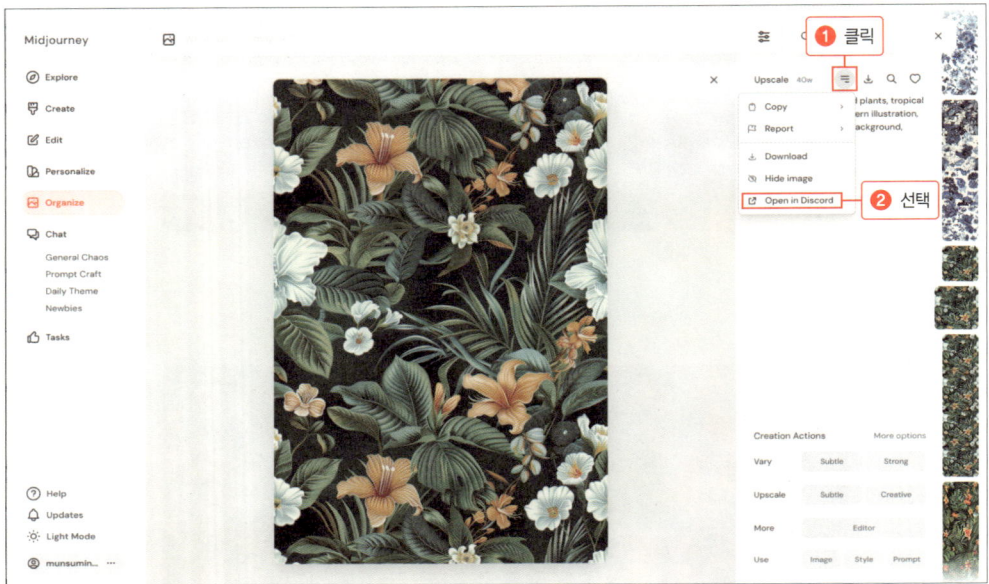

05 디스코드가 실행되고 선택한 이미지를 생성했던 항목으로 이동합니다. 이곳에서 해당 이미지
에 대한 추가 작업도 실행할 수 있습니다.

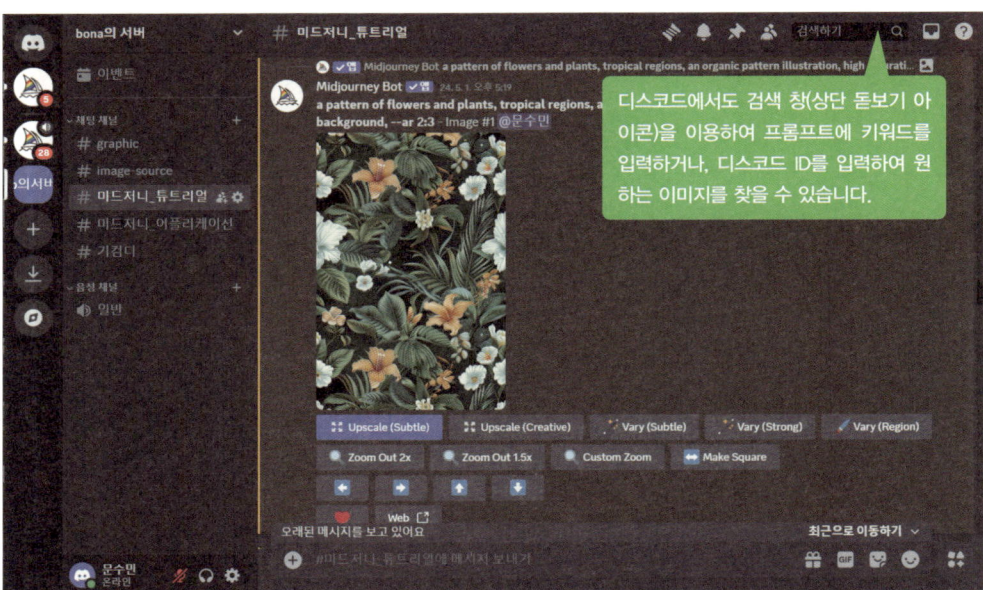

잘 만든
이미지 프롬프트 참고하기

미드저니 쇼케이스 탐색

미드저니를 사용하다 보면, 원하는 이미지를 정확하게 생성하기 위해 어떤 프롬프트를 입력해야 할지 고민되는 순간이 많습니다. 단순히 키워드 몇 개만 입력했을 때와, 상세한 설명과 스타일을 포함한 프롬프트를 사용했을 때의 결과는 크게 다를 수 있습니다. 그렇다면 어떻게 하면 더 정교하고 멋진 이미지를 만들 수 있을까요?

가장 좋은 방법은 이미 검증된 프롬프트를 참고하는 것입니다. 미드저니에는 수많은 사용자가 창의적인 프롬프트를 활용해 다양한 이미지를 만들고 있으며, 그중에서 특히 뛰어난 결과물을 확인할 수 있는 공간이 바로 '미드저니 쇼케이스(Midjourney Showcase)'입니다.

미드저니를 처음 사용하는 사람뿐만 아니라, 경험이 많은 사용자들도 종종 쇼케이스를 통해 영감을 얻고 있습니다. 다양한 스타일, 색감, 구도 등을 확인하면서 자신만의 독창적인 프롬프트를 개발할 수 있는 기회가 되기 때문입니다. 쇼케이스를 적극적으로 탐색하고 다른 사람들이 사용한 프롬프트를 연구한다면, 미드저니를 더욱 효과적으로 활용할 수 있게 됩니다.

쇼케이스를 탐색하다 보면, 어떤 단어와 표현이 이미지 생성에 효과적인지 직접 확인할 수 있습니다. 예를 들어, 단순히 '마법사가 있는 숲'이라고 입력하는 것보다 '안개가 자욱한 고대 숲, 신비로운 마법사가 푸른 빛을 발하는 지팡이를 들고 서 있음, 판타지, 극적 조명'처럼 더 구체적이고 스타일을 명확하게 지정한 프롬프트가 훨씬 높은 퀄리티의 결과물을 만들어 내는 것을 확인할 수 있습니다.

01 | 미드저니에서 쇼케이스 탐색하기 위해 웹 브라우저에서 'www.midjourney.com'를 입력하여 미드저니 공식 웹사이트에 접속하고 로그인합니다.

02 | 접속과 동시에 [Explore] 메뉴 화면이 보이고, 다양한 이미지를 탐색할 수 있습니다. Random, Hot, Top Day(Week/Month), Likes 등 카테고리별로 이미지들을 둘러볼 수 있습니다.

03 ┃ 원하는 이미지를 클릭하면 해당 이미지의 오른쪽에서 프롬프트를 확인할 수 있으며, 프롬프트를 참고하여 직접 응용해 볼 수 있습니다.

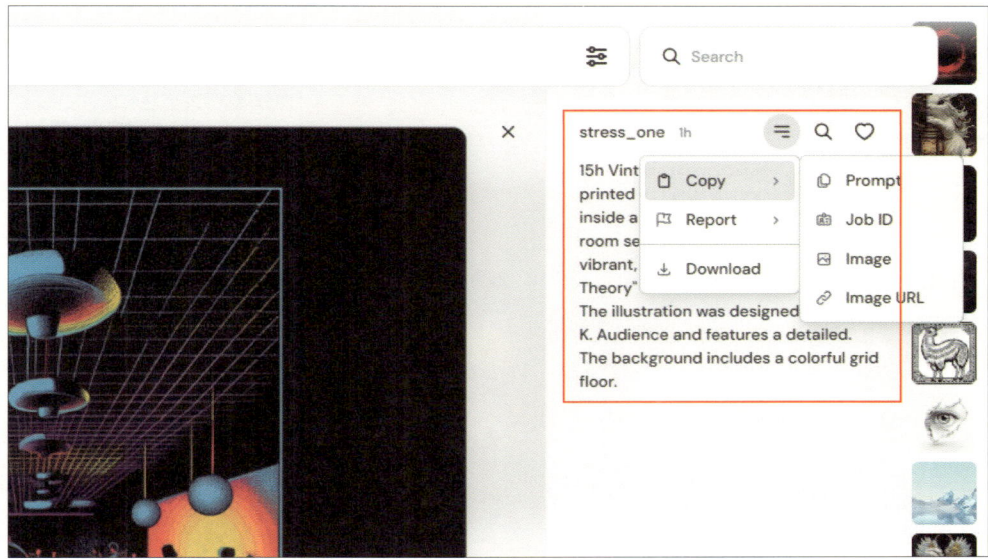

04 ┃ 특정 스타일이나 주제를 찾고 싶다면 오른쪽 상단의 검색 창을 활용하여, 쉽게 원하는 이미지를 찾아볼 수 있습니다. 예를 들어, 'Cyberpunk'를 입력하여 검색하면 해당 스타일의 이미지가 나타납니다.

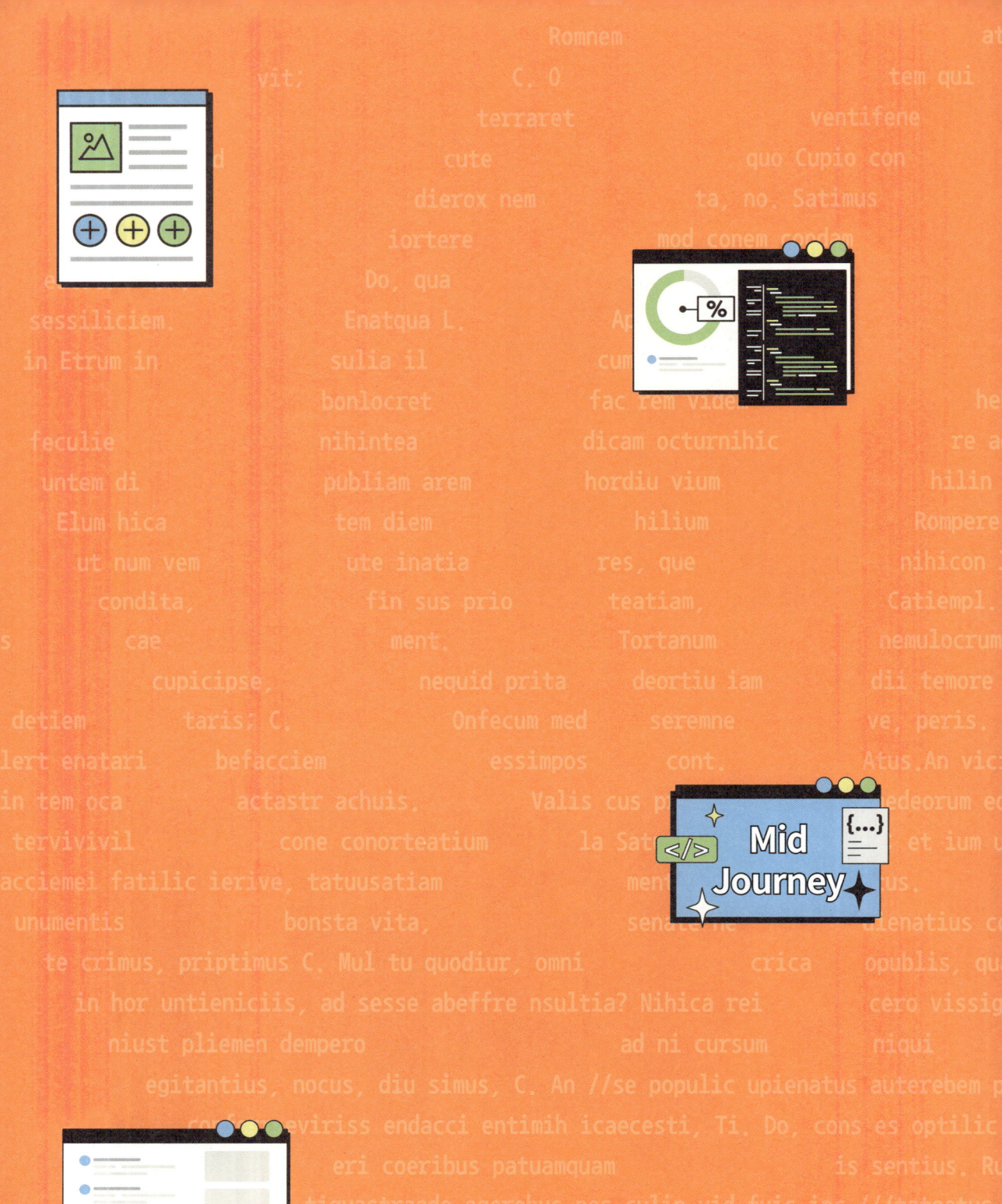

꼭 필요한 이미지 생성을 위한
미드저니 스킬

미드저니의 다양한 슬래시 커맨드와 파라미터를 활용하면, 이미지 생성의 정밀도와 효율을 극대화할 수 있습니다. 이미지 생성을 위한 기본 기능부터 나만의 설정 저장까지 실전에서 유용한 기능을 체계적으로 소개합니다. 이미지 스타일, 비율, 혼합 강도 등 세세한 조정이 가능한 파라미터를 익히면 원하는 결과물을 더 정확히 얻을 수 있을 것입니다. 특히 실무에서 자주 쓰이는 필수 기능을 제공하여 미드저니로 반복 작업이나 브랜딩 이미지 생산을 할 때도 이 책의 팁은 강력한 무기가 될 것입니다. 이 파트는 미드저니를 저 대로 활용하고 싶은 사용자에게 꼭 필요한 핵심 스킬을 배워 보겠습니다.

미드저니의
슬래시 커맨드 알아보기
Slash Command 기능과 종류

미드저니의 슬래시 커맨드(Slash Command)는 사용자가 보다 직관적이고 효율적으로 AI 기능을 활용할 수 있도록 도와주는 명령어 체계입니다. 미드저니는 기본적으로 텍스트 프롬프트를 입력하여 이미지를 생성하는 방식으로 작동하지만, 단순한 텍스트 입력만으로는 다양한 설정을 조정하는 데 한계가 있을 수 있습니다. 이때, 슬래시(/)를 입력하여 특정한 명령어를 실행하면 이미지 생성뿐만 아니라, 설정 변경, 조합, 정보 확인 등 다양한 기능을 간편하게 조작할 수 있습니다.

슬래시 커맨드는 디스코드 기반의 채팅 인터페이스에서 사용되며, /를 입력하는 순간 사용 가능한 명령어 목록이 자동으로 표시됩니다. 이를 통해 사용자는 필요한 기능을 일일이 기억하지 않아도 쉽게 선택하여 활용할 수 있습니다. 이러한 직관적인 기능 덕분에 미드저니를 처음 사용하는 사람들도 빠르게 적응할 수 있으며, 보다 정교한 조정을 원하는 사용자들에게도 강력한 도구가 됩니다.

이 기능의 가장 큰 장점은 작업 흐름을 간소화하고, 원하는 결과를 보다 정확하게 컨트롤할 수 있다는 점입니다. 일반적인 이미지 생성뿐만 아니라, 특정 설정을 조정하거나 기존 이미지와 관련된 작업을 수행할 때도 슬래시 커맨드를 사용하면 보다 체계적으로 작업을 진행할 수 있습니다. 예를 들어, 사용자는 간단한 명령어 입력만으로 설정을 변경하거나, 이미지의 스타일을 조정하는 등의 다양한 작업을 수행할 수 있습니다.

결과적으로, 미드저니의 슬래시 커맨드는 단순한 명령 입력을 넘어, 사용자가 AI와 보다 유연하게 소통할 수 있도록 돕는 핵심적인 도구입니다. 이를 잘 활용하면 미드저니의 기능을 더욱 깊이 이해하고, 원하는 이미지를 보다 효과적으로 생성할 수 있습니다.

그렇다면, 미드저니에서 자주 사용되는 슬래시 커맨드에는 어떤 것들이 있을까요? 아래에서 대표적인 명령어와 그 기능을 알아보겠습니다.

미드저니 슬래시 커맨드 리스트

명령어	기능
/ask	관련 질문에 대한 답변을 제공
/blend	여러 이미지를 혼합하여 새로운 이미지를 생성
/describe	업로드된 이미지를 분석하고 설명을 생성
/fast	빠른 이미지 생성 모드로 전환
/feedback	사용자 피드백을 제출
/help	사용 방법에 대한 도움말 표시
/imagine	텍스트 프롬프트로 이미지를 생성
/info	현재 작업 대기열 및 서버 상태 정보 제공
/invite	다른 사용자를 미드저니 서버에 초대
/list_tuners	사용 가능한 튜너 목록을 표시
/prefer auro_dm	생성된 이미지를 자동으로 DM으로 전송하도록 설정
/prefer option list	현재 설정된 기본 옵션 목록을 표시
/prefer option set	나만의 옵션 설정
/prefer remix	이미지 변형 시 기본 설정을 지정
/prefer suffix	모든 프롬프트에 자동으로 추가될 접미사를 설정
/prefer variability	이미지 생성의 다양성 수준을 설정
/public	생성된 이미지를 공개 갤러리에 표시
/relax	일반 이미지 생성 모드로 전환
/settings	사용자 설정을 변경
/shorten	긴 URL을 짧게 축소
/show	특정 작업이나 이미지를 표시
/stealth	스텔스 모드를 활성화하여 생성된 이미지를 비공개로 유지
/subscribe	구독 정보 및 업그레이드 옵션을 확인
/tune	이미지 생성 매개변수를 미세 조정
/turbo	터보 모드를 활성화하여 더 빠른 이미지 생성
/userid	사용자의 고유 ID를 표시

블렌드 기능으로
두 개의 이미지 합성하기

/blend 기능

미드저니에서 '/blend' 명령어를 사용하면 텍스트뿐만 아니라 이미지도 프롬프트로 활용할 수 있습니다. 원하는 스타일의 이미지를 업로드하고 이미지를 생성하면, 첨부한 이미지 스타일을 합성하여 결과물을 만들어 냅니다. 총 5장까지의 이미지를 사용할 수 있으며, 미드저니에서 창의적인 이미지를 생성하는 데 있어 매우 중요한 명령어입니다.

· **예제 파일**: 02\image폴더   · **완성 파일**: 02\블렌드_완성.png

　　미드저니의 블렌드 기능은 여러 이미지를 결합해 새로운 이미지를 만드는 도구로서, 사용자는 먼저 결합하고자 하는 두 개 이상의 이미지를 준비하고, 미드저니의 인터페이스에서 '**/blend**' 명령어를 입력한 후 이미지를 업로드합니다. AI는 각 이미지의 스타일, 색상, 질감을 분석해 조화롭게 통합된 새로운 이미지를 생성합니다. 이 기능은 예술가가 서로 다른 스타일을 결합하거나, 디자이너가 여러 요소를 하나의 비주얼로 통합할 때 유용합니다. 예를 들어, 풍경과 인물 사진을 결합해 독특한 콘셉트 아트를 만들거나, 제품 사진과 배경 이미지를 합쳐 마케팅용 이미지를 생성할 수 있습니다. 블렌드 기능을 통해 창의적인 아이디어를 효과적으로 시각화해 봅니다.

01 ｜ 프롬프트 창에 '/b'를 입력하고 메뉴에서 [/blend]를 선택합니다.

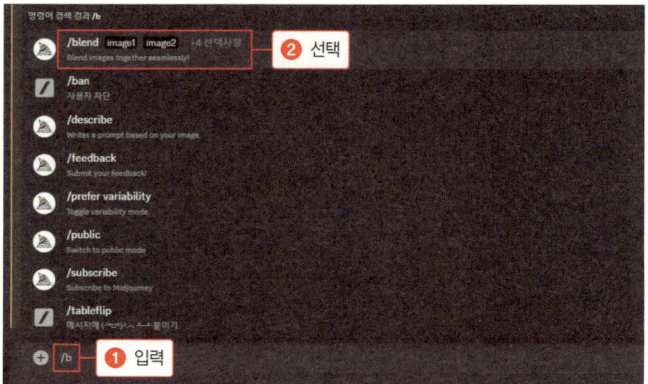

02 | 두 개의 이미지 목록이 나타나면 점선으로 표시된 image1을 클릭하고 이미지 폴더에서 '01-cake image.png'를 선택하여 업로드합니다.

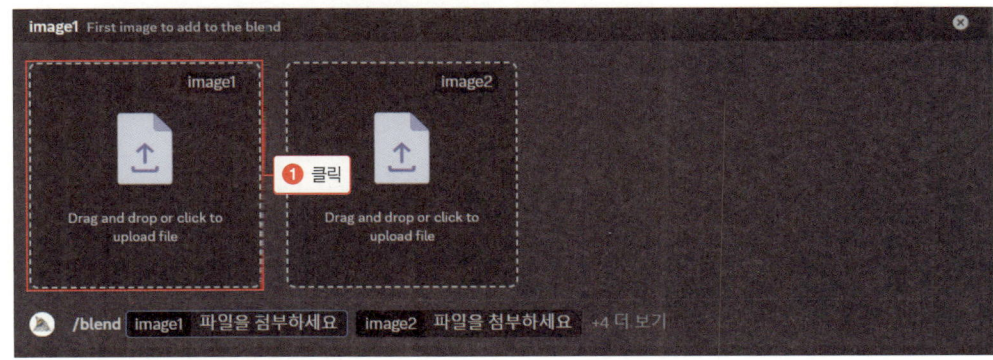

03 | 같은 방법으로 두 번째 이미지도 등록합니다.

이미지를 더 추가하고 싶다면 [더 보기]를 클릭하고, 나타나는 화면에서 [image3], [image4], [image5]를 클릭하여 이미지를 최대 5개까지 등록할 수 있습니다.

04 | 프롬프트 창에서 이미지가 등록된 영역 옆의 [더 보기]를 클릭하고 [dimensions]를 선택합니다.

05 | 상단의 [square]를 선택하고, Enter를 누릅니다.

[Portrait]는 세로가 긴 이미지, [Square]는 정사각형, [Lanscape]는 가로가 긴 이미지를 만드는 옵션입니다.

06 | 합성된 이미지 결과물이 생성되었습니다. 4개의 이미지 중 가장 마음에 드는 이미지를 골라 업스케일합니다. 예제에서는 두 번째 사진을 업스케일하기 위하여 [U2] 버튼을 클릭합니다.

'V'는 베리에이션 한다는 의미로, 선택한 이미지를 다양한 모습으로 다시 디자인하여 제안하는 기능을 합니다.

07 ｜ 업스케일 결과물이 나타나면 이미지를 클릭합니다.

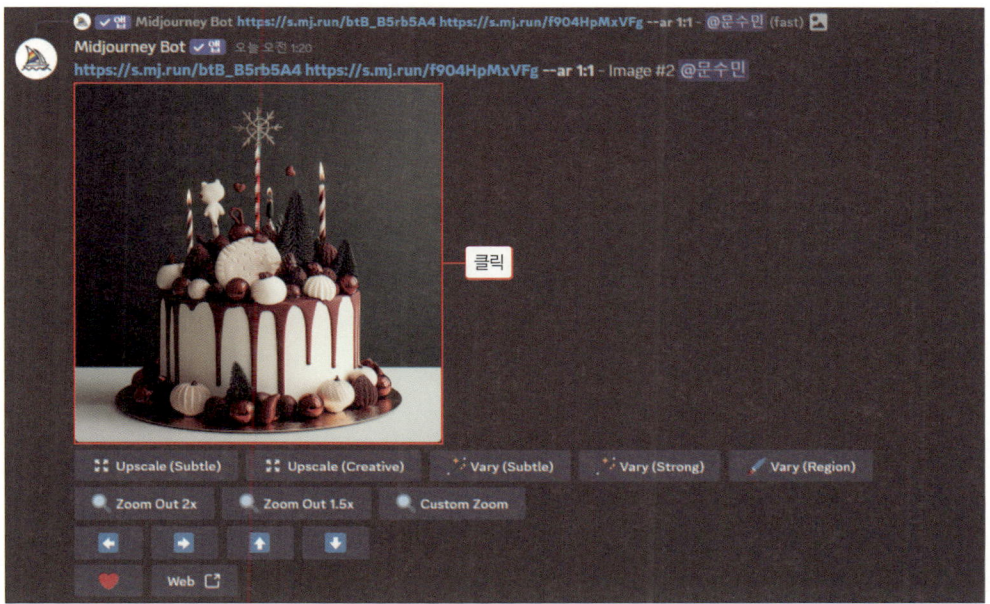

08 ｜ 업스케일된 큰 이미지 왼쪽 하단에서 [브라우저로 열기]를 클릭하여 저장합니다.

기존 이미지 파일의 프롬프트 확인하기

/describe 기능

미드저니의 /describe 기능은 사용자가 제공한 이미지 파일을 분석하여 해당 이미지가 어떤 프롬프트를 기반으로 생성될 수 있는지 AI가 추론하여 제안하는 기능입니다. 이는 기존의 이미지를 참고하여 새로운 이미지를 만들고 싶거나, 특정한 스타일과 구성을 유지하면서 변형하고 싶을 때 유용하게 활용될 수 있습니다.

• **예제 파일**: 02\yellow_cat.png　• **완성 파일**: 02\yellow_cat1~3.png

/describe 기능을 사용하면 AI가 이미지의 주요 특징을 분석하고, 색감, 질감, 조명, 구도 등을 고려하여 가장 적합한 텍스트 프롬프트를 자동으로 생성합니다. 이렇게 생성된 프롬프트를 참고하면 비슷한 스타일의 이미지를 다시 생성하거나, 프롬프트를 수정하여 새로운 변형을 시도할 수 있습니다. 예를 들어, 특정 분위기의 그림을 보고 '이런 느낌의 이미지를 만들고 싶은데 어떤 프롬프트를 입력해야 할까?'라고 고민될 때, /describe 기능이 해결책이 될 수 있습니다.

처음에는 어떤 단어와 표현을 사용해야 원하는 스타일을 구현할 수 있는지 감이 잡히지 않을 수 있습니다. 하지만 /describe 기능을 통해 AI가 생성한 프롬프트를 참고하면, 어떤 식으로 텍스트 프롬프트를 구성해야 하는지 자연스럽게 익힐 수 있습니다. 또한, AI가 제공하는 프롬프트를 수정하고 조합하여 새로운 스타일을 탐색하는 것도 가능합니다.

결국, /describe 기능은 단순히 이미지 분석을 넘어, 프롬프트 작성의 가이드 역할을 하며, 창작의 폭을 넓혀주는 유용한 도구라고 할 수 있습니다. 원하는 스타일을 보다 빠르고 정확하게 컨트롤할 수 있으며, 새로운 시각적 아이디어를 얻는 데에도 도움이 될 것입니다.

01 디스코드 프롬프트 창에 '/d'를 입력하고 [/describe]를 선택합니다.

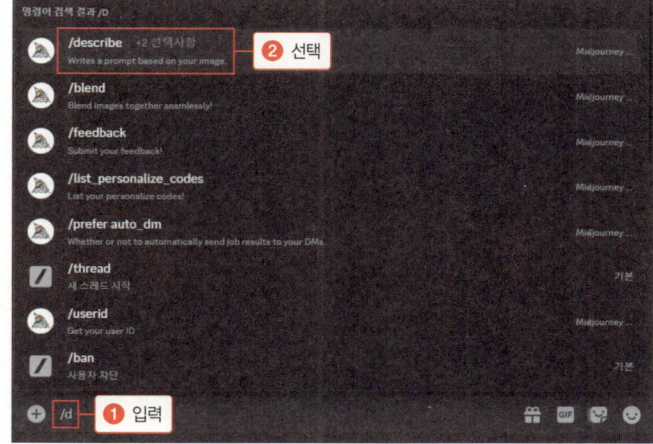

02 이후에 표시되는 2가지 옵션 중 [image]를 선택합니다.

03 이미지를 업로드할 수 있는 업로드 창이 나타납니다.

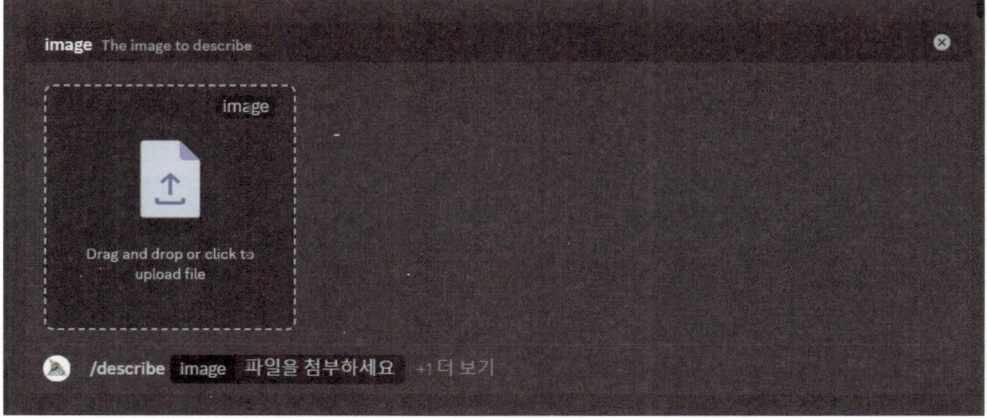

04 │ 참조 이미지를 업로드하기 위해, 이미지를 드래그하거나 해당 영역을 클릭하여 파일 탐색기에서 이미지를 찾아 선택합니다. 이미지가 업로드되면 Enter 를 누릅니다.

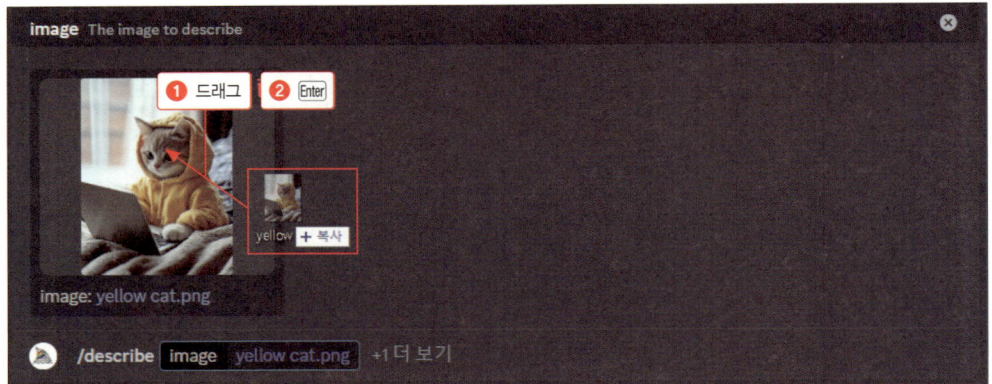

05 │ AI가 업로드된 이미지를 분석하여 상응하는 텍스트 프롬프트 4개를 제안합니다. 원본 이미지 하단에 나타난 **1**～**4**번의 버튼을 클릭하면 해당 번호의 프롬프트가 적용된 이미지를 생성할 수 있습니다.

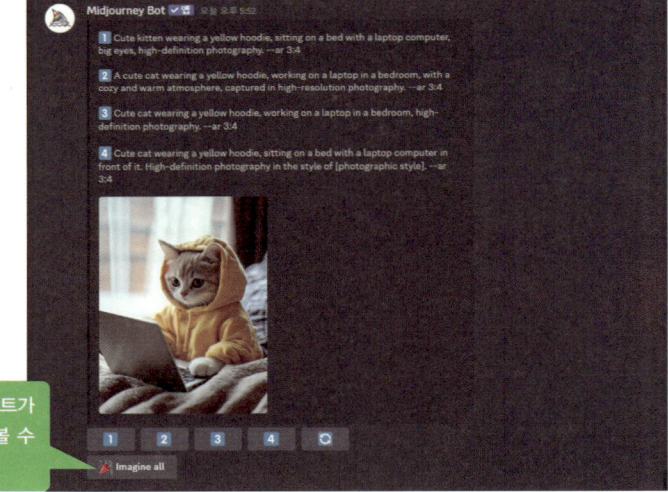

> Imagine all을 클릭하면 각각의 프롬프트가 적용된 이미지 4개를 동시에 생성해 볼 수도 있습니다.

06 │ 예제에서는 **1**번을 클릭하여 이미지를 생성해 보겠습니다. **1**번 프롬프트의 내용이 입력된 팝업 창이 나타나고, 수정사항이 없다면 그대로 [전송] 버튼을 클릭합니다.

07 | **1**번의 프롬프트가 적용되어 원본과 유사한 생성된 이미지가 생성됩니다.

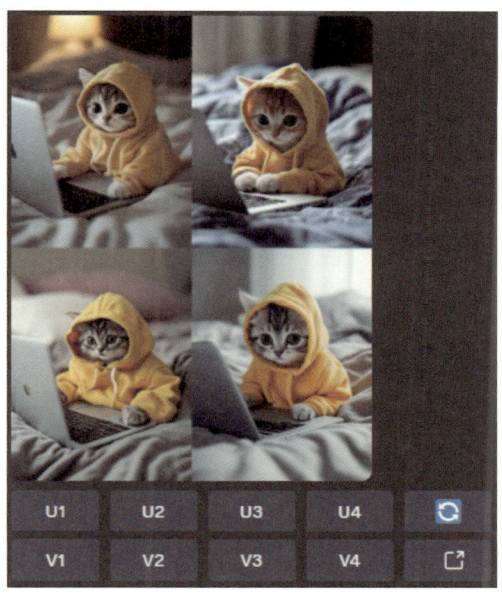

08 | **2**~**4**번 프롬프트 이미지도 원본 이미지와 매우 비슷한 분위기의 이미지들이 생성된 것을 확인할 수 있습니다.

자주 사용하는 프롬프트, 나만의 명령어로 설정하기

/prefer option set 기능

미드저니의 /prefer option set 기능은 사용자가 자주 사용하는 특정 프롬프트나 명령어를 짧고 간단한 명령어로 설정할 수 있도록 도와주는 기능입니다. 미드저니를 사용하다 보면 특정한 스타일이나 설정을 반복적으로 입력해야 할 때가 많습니다. 예를 들어, '시네마틱 조명, 극적인 분위기, 4K 디테일, 아트 스타일' 같은 문구를 자주 사용한다면, 매번 긴 문장을 입력하는 대신 /prefer option set을 활용하여 짧은 명령어로 저장해둘 수 있습니다.

• **완성 파일**: 02\폴라로이드_완성.png

이는 일종의 단축키를 만들어주는 기능으로, 자신만의 맞춤형 프롬프트 단축어를 만들 수 있기 때문에 작업 속도를 향상시키고, 일관된 스타일을 유지하는 데 도움이 됩니다. 예를 들어, '내가 좋아하는 판타지 스타일'을 'f'라는 단축키로 저장하면, 프롬프트 입력 시 '--f'라고 입력하는 것만으로 해당 스타일이 자동으로 적용됩니다.

01 | 디스코드 프롬프트 창에 '/p'를 입력하고 [/prefer option set]을 선택합니다.

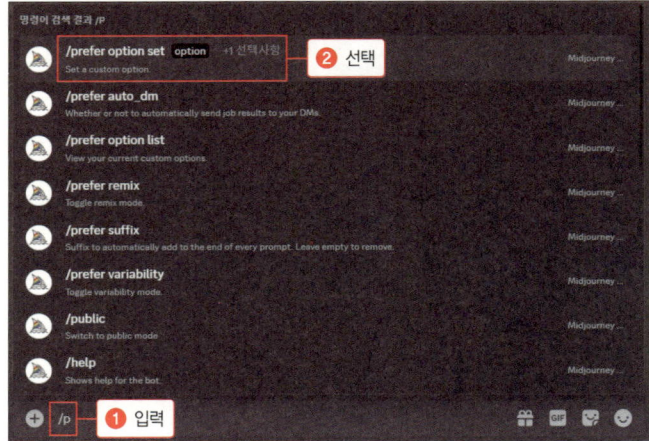

02 | /prefer option set 뒤에 option이 나타나면, 단축키로 사용할 이름을 입력합니다. 예제에서는 'pola'라고 입력하고, 오른쪽에 보이는 [+1 더보기]를 클릭합니다.

03 | 옵션 창의 [value]를 클릭하여 해당 입력 창에 'Polaroid photography, retro mood'를 입력하고 Enter 를 누릅니다.

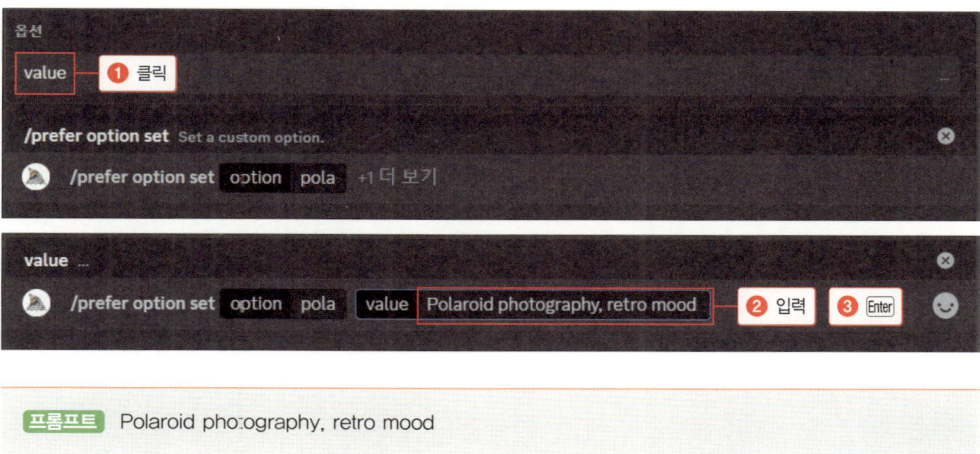

프롬프트 Polaroid photography, retro mood

04 | 'pola'라는 이름으로 사용자 옵션 설정이 완료되었다는 메시지가 나타납니다.

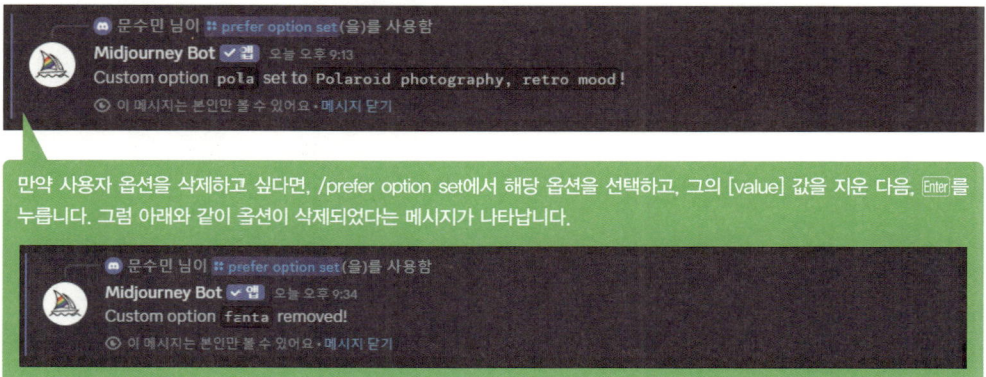

만약 사용자 옵션을 삭제하고 싶다면, /prefer option set에서 해당 옵션을 선택하고, 그의 [value] 값을 지운 다음, Enter 를 누릅니다. 그럼 아래와 같이 옵션이 삭제되었다는 메시지가 나타납니다.

05 | 이제 새로 만든 사용자 옵션을 활용하여 이미지를 생성해 보겠습니다. 이미지 프롬프트 창에 다음과 같이 프롬프트를 입력합니다.

> **프롬프트** /imagine prompt a cute couple, birthday party ――pola

06 | 사용자 옵션값이 적용되어 폴라로이드 풍의 사진 이미지가 생성되는 것을 확인할 수 있습니다.

알아두기 명령어 옵션 없이 같은 프롬프트로 생성하면?

같은 내용의 프롬프트를 입력하고, 사용자 옵션값을 입력하지 않으면 오른쪽과 같은 스타일의 이미지가 생성됩니다.

설정한 옵션 목록을 확인하고 싶다면?

위의 과정을 통해 만들어진 옵션 단축어가 많아지면, 사용자는 모두 기억하고 관리하는 것이 점점 어려워집니다. 이럴 때 유용한 기능이 바로 **/prefer option list**입니다.

/prefer option list는 사용자가 설정한 모든 단축어 목록을 한눈에 확인할 수 있도록 보여주는 기능입니다. 단축 옵션은 최대 20개까지 저장이 가능하며, 이미 저장된 단축어를 다시 확인하고, 필요 없는 단축어를 정리할 수 있습니다. 특히, 여러 스타일을 저장해 놓고 자주 바꿔가며 사용하는 경우, 현재 어떤 설정이 적용되어 있는지 쉽게 확인할 수 있어 작업의 효율성을 높일 수 있습니다.

❶ 디스코드 프롬프트 창에 '/p'를 입력하고 [/prefer option list]를 선택합니다.

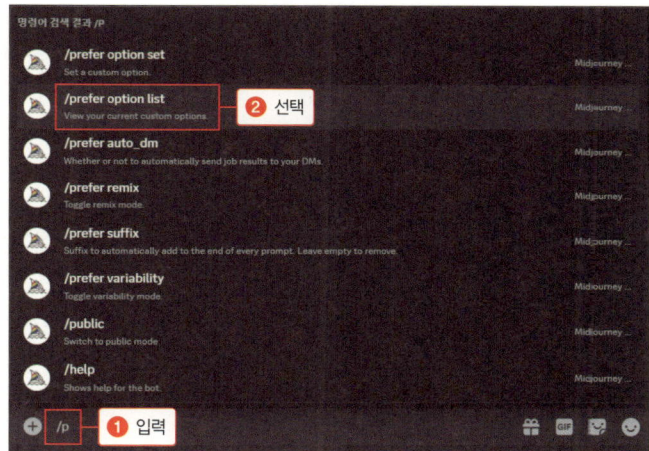

❷ 프롬프트 창에 /prefer option list가 표시되면, [Enter]를 누릅니다. 채팅 창에 옵션 리스트가 나타나며, 이를 통해 리스트 항목과 저장 내용을 확인할 수 있습니다.

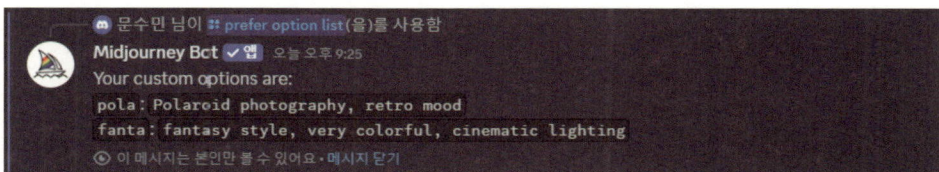

넘쳐나는 프롬프트, 효과적으로 줄이기

/shorten 기능

미드저니에서 이미지를 생성할 때, 보다 정교한 결과를 얻기 위해 프롬프트를 길고 상세하게 작성하는 경우가 많습니다. 하지만 프롬프트가 너무 길어지면 불필요한 단어나 중복된 표현이 포함될 수 있으며, AI가 핵심적인 요소를 정확히 반영하지 못할 수도 있습니다. 이럴 때 유용한 기능이 바로 /shorten입니다. 이 기능은 입력한 프롬프트를 분석하여 핵심적인 키워드를 중심으로 더 간결하고 효과적인 문장으로 정리합니다.

• **완성 파일**: 02\쇼튼1~4.png

미드저니는 프롬프트를 해석할 때 한 번에 최대 60단어까지만 인식할 수 있도록 제한되어 있습니다. 즉, 사용자가 60단어를 초과하는 긴 프롬프트를 입력하면, AI는 그 중 앞부분의 중요한 단어들만 분석하고 나머지 단어들은 무시할 수 있습니다. 이로 인해 의도했던 내용을 정확히 반영하지 못하는 경우가 발생할 수 있지만, **/shorten** 기능을 사용하면 미드저니가 프롬프트의 핵심적인 단어를 자동으로 추려 보다 정확하게 인식하고 반영할 수 있도록 돕습니다.

> **알아두기** /shorten 명령어 사용 시 유의해야 할 점
>
> 이 기능은 다중 프롬프트와 **--no** 매개변수와 함께 사용할 수 없습니다. 다중 프롬프트는 하나의 요청에서 여러 개의 서로 다른 이미지를 생성하도록 하는 방식이며, **--no** 매개 변수는 특정 요소를 배제하도록 지정하여 /shorten 기능을 사용할 경우, 미드저니가 프롬프트를 자동으로 축약하는 과정에서 이러한 추가 명령어를 올바르게 해석하지 못할 수 있기에 함께 사용할 수 없습니다. 사용자의 창의적인 의도나 특정한 스타일을 정확히 파악하지 못할 수 있어 최종적으로 어떤 프롬프트를 사용할지 사용자가 직접 검토하고 수정하는 과정이 반드시 필요합니다.

01 | 미드저니 웹사이트 'www.midjourney.com/'에 접속하고, [Explore] 메뉴에서 다양한 이미지를 탐색하다 이미지를 하나 선택합니다. 그리고 화면 오른쪽에 표시된 이미지 프롬프트를 드래그하고 Ctrl+C로 복사합니다.

02 | 디스코드 프롬프트 창에 '/s'를 입력하고 [/shorten]을 선택합니다.

03 | 복사한 프롬프트를 채팅창에 Ctrl+V하여 붙여넣고 Enter를 누릅니다.

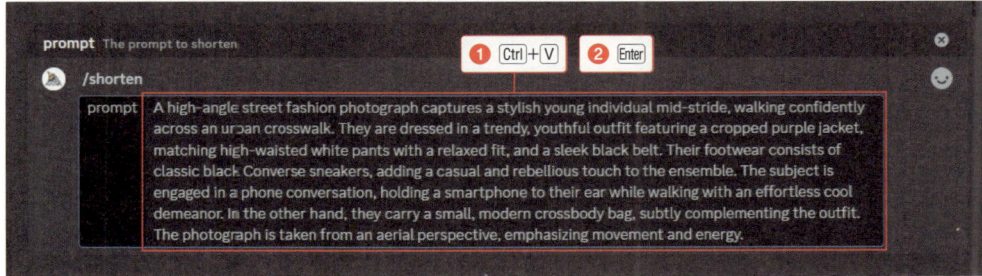

04 | 미드저니가 프롬프트를 분석하여 5개의 새로운 프롬프트를 제안합니다. 기존 프롬프트에서 확실히 내용과 길이가 짧아진 것을 확인할 수 있으며, 예제에서는 **1**번 버튼을 클릭하여 이미지를 생성하겠습니다.

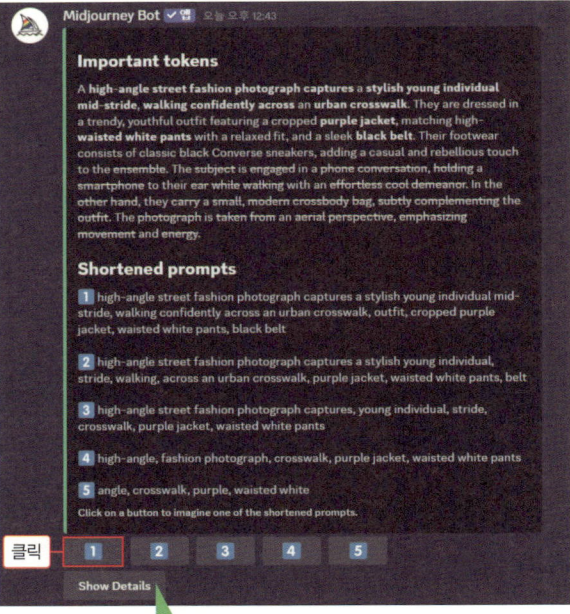

/shorten 분석 결과 하단의 [Show details] 버튼을 클릭하면, 다음과 같이 사용한 프롬프트 단어의 영향 비중이 수치로 나타납니다. 자세한 분석표를 통해 프롬프트 키워드 영향력을 한눈에 파악할 수 있어 프롬프트 작성에 도움을 받을 수 있습니다.

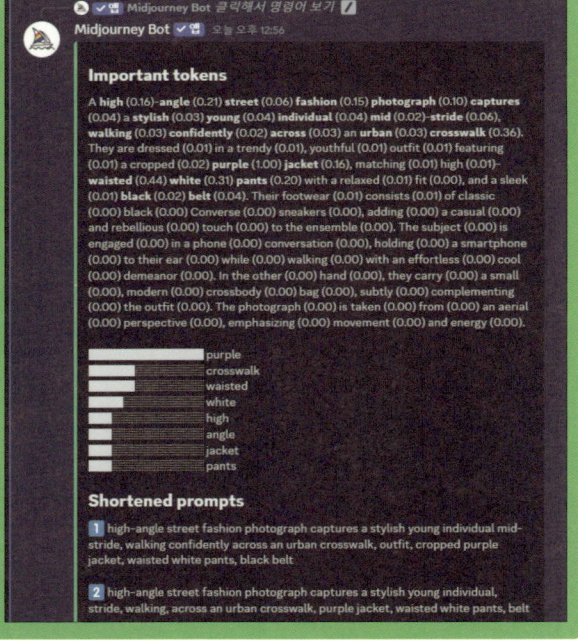

05 | 1번 프롬프트로 생성된 이미지가 나타납니다. 1번 외에 다른 생성 버튼을 클릭하면 비슷한 내용의 또 다른 컨셉의 이미지들을 얻을 수 있습니다.

2번 프롬프트

3번 프롬프트

4번 프롬프트

06 | 5번 프롬프트 'angle, crosswalk, purple, waisted white' 같은 경우에는 전혀 다른 사진이 나타났습니다. 따라서 /shorten 프롬프트를 사용할 때, 사용자의 의도에 따라 어떤 단어를 넣을지, 삭제해도 될지에 대한 정보를 얻을 수 있습니다.

명령어로 미드저니
세팅 값 조절하기

/settings 기능

06

미드저니에서 원하는 스타일의 이미지를 만들려면 단순히 프롬프트를 입력하는 것만으로는 부족할 때가 있습니다. 이미지 품질, 스타일 강도, 모델 버전 등을 조절하면 같은 프롬프트라도 완전히 다른 결과를 얻을 수 있기 때문입니다. 이러한 설정을 쉽게 조정할 수 있도록 미드저니는 /settings 기능을 제공합니다.

/settings 명령어는 사용자가 미드저니의 기본 세팅 값을 조절할 수 있는 메뉴를 불러오는 기능입니다. 이 명령어를 입력하면 한눈에 설정 가능한 옵션들이 나타나며, 원하는 값을 클릭하여 쉽게 변경할 수 있습니다.

예를 들어, 미드저니는 여러 버전의 모델을 제공하는데, 각 모델마다 이미지 스타일과 생성 방식이 다릅니다. 최신 버전을 사용하고 싶다면 /settings에서 최신 모델을 선택하면 됩니다. 또한, 스타일 강도를 조절하면 미드저니의 독창적인 필터를 강하게 적용할지, 사용자 입력을 더 충실하게 반영할지 결정할 수 있습니다.

이 기능을 활용하면 각각의 세팅 값을 조정하면서 최적의 결과를 얻을 수 있고, 설정을 변경한 후에는 새로운 이미지 생성에 즉시 반영되기 때문에 실험과 비교가 용이합니다. 특히, 미드저니를 자주 사용하는 경우라면 /settings 기능을 통해 자신에게 맞는 기본 설정을 미리 세팅해 두는 것이 작업 효율을 높이는 데 큰 도움이 됩니다.

결과적으로, /settings 기능은 미드저니의 주요 설정을 직관적으로 조절할 수 있는 도구로, 이를 잘 활용하면 자신만의 스타일에 최적화된 이미지 생성 환경을 만들 수 있습니다. 원하는 결과를 더 정교하게 조정하고 싶다면, 꼭 활용해 보는 것이 좋습니다.

01 | 디스코드 프롬프트 창에 '/s'를 입력하여 [/settings]를 선택하고 Enter 를 누릅니다.

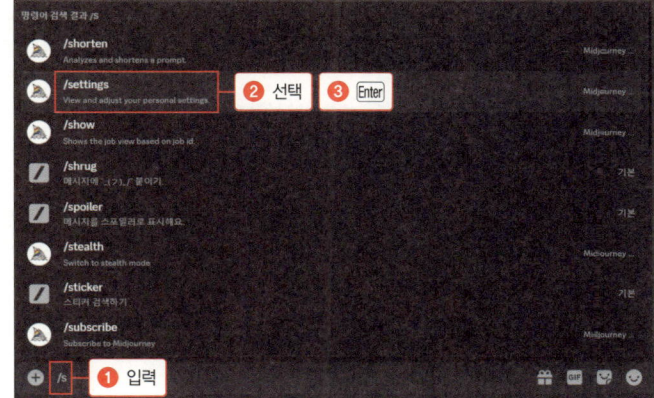

02 | /settings 기능을 실행하면 아래와 같은 설정 창을 확인할 수 있습니다.

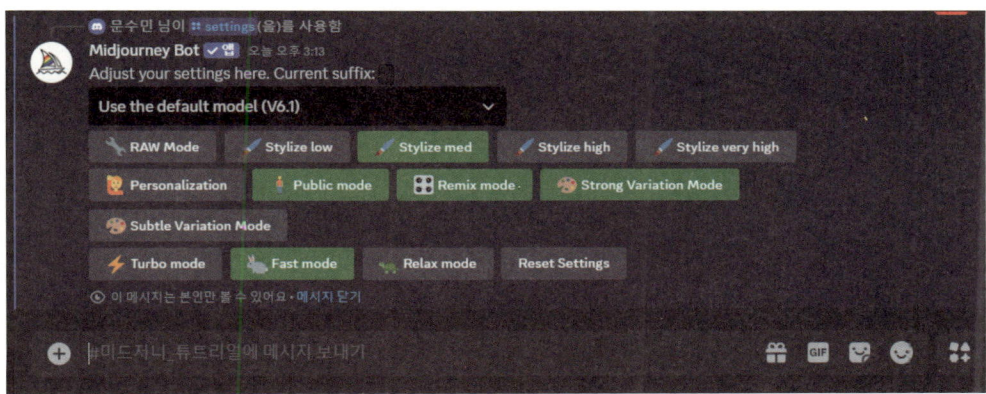

알아두기 / **/settings 기능 알아보기**

❶ **모델 버전 선택**

- Use the latest Model (V6.1): 기본 선택 값입니다.
- 항상 최신 미드저니 모델 버전을 사용합니다.
- 다양한 모델 버전 선택 가능: V6.1, V6.0, Niji V6[ALPHA], V5.2, V5.1, Niji V5, V5.0, Niji V4, V4, V3, V2, V1

❷ Style Raw 모드

- 미드저니 모델 버전 5.1, 5.2, 6, Niji 6에서 사용 가능합니다.
- 미드저니의 기본적인 생성보다 프롬프트에 더 충실한 이미지를 생성하게 합니다.

❸ Stylize 모드

- 미드저니의 예술적 표현 강도와 프롬프트 연관성 정도를 조절합니다.
- 스타일 값의 기본은 100이며, 이를 기준으로 스타일 파라미터 값을 조절합니다.

버튼 이름	모드 이름	파라미터
Stylize low	스타일 낮음	−−s 50, −−stylize 50
Stylize med	스타일 보통	−−s 100 −−stylize 100
Stylize high	스타일 높음	−−s 250 −−stylize 250
Stylize very high	스타일 매우 높음	−−s 750 −−stylize 750

❹ 기타 모드

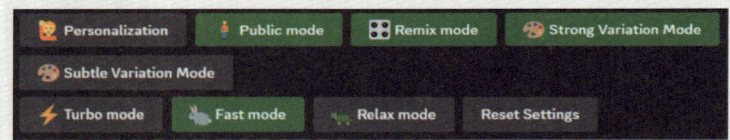

버튼 이름	모드 이름	명령어	비고
Personalization	퍼스널라이즈 모드	−−p	미드저니가 이전에 생성한 이미지의 스타일을 학습, 개인 맞춤화된 스타일의 이미지를 생성해줌
Public mode	공개 모드와 스텔스 모드 전환	/public, /stealth	공개 모드는 기본 설정 값으로, 생성 이미지가 공개적으로 공유/스텔스 모드(Pro 요금제 사용자 대상)는 생성 이미지가 다른 사람에게 표시되지 않음
Remix mode	리믹스 모드	/prefer remix	기존 생성 이미지를 수정할 때, 새로운 프롬프트로 리믹스 할 수 있는 기능
Strong variation Mode	강한 변형 모드	/variability	업스케일된 이미지에 높은 수준의 변형을 줌
Subtle variation mode	낮은 변형 모드	/prefer variability	업스케일된 이미지에 낮은 수준의 변형을 줌
Turbo mode	터보 모드	/turbo	약 2배에서 3배 더 빠른 모드
Fast mode	패스트 모드	/fast	빠른 생성 모드
Relax mode	릴렉스 모드	/relax	여유로운 생성 모드
Reset setting	리셋 모드	(단일 명령어 없음)	기본 설정으로 초기화

이미지의 결과를 바꾸는 파라미터 이해하기

파라미터 개념 이해

미드저니의 파라미터란 사용자가 텍스트 기반의 프롬프트를 통해 AI 이미지 생성 과정에서 보다 세밀한 조정과 제어를 할 수 있도록 해주는 도구입니다. 파라미터를 '매개변수'라고도 합니다. 소프트웨어나 시스템 상의 작동에 영향을 미치며, 외부로부터 투입되는 데이터 값이라는 뜻으로, 이미지 생성 조건을 변경하거나 추가하는 옵션입니다. 이러한 파라미터는 이미지의 비율, 품질, 스타일, 변형 정도 등 다양한 요소를 사용자 정의할 수 있게 하여, 더 정확하고 원하는 결과를 얻는 데 큰 도움을 줍니다. 한마디로, 파라미터는 프롬프트 입력값에 필수는 아니지만 사용하면 더 좋다는 뜻입니다. 동일한 프롬프트라고 하더라도 파라미터에 따라서 전혀 다른 이미지를 연출할 수 있기 때문입니다.

주요 파라미터

항목	파라미터[입력 값]	설명
Aspect ratios (종횡비)	--aspect, --ar	이미지의 가로 세로 비율의 변경 예 --ar 4:3
Chaos(혼돈)	--chaos, number [0-100]	결과의 다양성을 가져옴. 값이 높을수록 더 0 상하고 예측치 못한 결과 값 생성
Image weight (이미지 가중치)	--iw [0-2]	텍스트 가중치를 기준으로 이미지 프롬프트 가중치를 설정. 디폴트(기본)은 1
No(아니요)	--no	이미지에서 특정 부분을 지정하여 제거 가능 예 --no plants 입력 시, 식물을 제거
Quality(품질)	--quality [.25, .5, or 1], -q [.25, .5, or 1]	어느 정도의 품질 값을 소모하고 싶은지 지정. 높은 값일수록 품질이 좋지만 시간이 오래 걸리고 GPU를 사용하게 됨
Random(무작위)	--style random	프롬프트에 임의의 32개 기본 스타일 랜덤 코드가 주어짐
Repeat(반복)	--repeat [1-40] 또는 -r [1-40]	단일 프롬프트에 대한 반복 실행 횟수를 지정
Seed(씨앗)	--seed [0-4294967295]	동일한 시드 번호는 동일한 결과 값을 생성. 디폴트 값은 랜덤

Stop(중단)	--stop [10-100]	상세화가 진행되는 비율을 지정하여, 중간에 멈추어 추상화된 결과를 얻을 수 있음
Stylize (스타일화하다)	--s [0-1000]	기본 스타일을 미드저니 AI의 해석에 얼마나 강하게 적용할지 결정. 값이 높을수록 예술적이고 스타일리시한 결과, 낮을수록 프롬프트에 충실
Weird	--weird [0-3000]	기발하고 색다른 스타일을 생성함. 값이 높을수록 독창적인 결과가 나옴
Tile(타일)	--tile	주황 및 직물용 시너지를 사용할 수 있는 반복 패턴의 이미지 생성
Weird(기이한)	--weird [number 0-3000] 또는 -w [number 0-3000] --weird	특이하고 매혹적인 이미지를 생성해 낼 수 있음

미드저니의 파라미터는 사용자가 AI 이미지 생성 과정에서 세부 사항을 조절할 수 있도록 하여, 더 정확하고 품질 높은 결과를 제공하는 데 필수적인 도구입니다. 이를 통해 사용자는 자신의 비전과 목적에 맞는 이미지를 더 효과적으로 생성할 수 있습니다.

그렇다면, 파라미터는 어떻게 사용하나요?

파라미터 입력 방식은 항상 영어 소문자로 작성하며, 프롬프트 가장 끝에 추가합니다. 하이픈을 두 번 입력하여(--) 원하는 파라미터 명령어를 입력하는 형식으로 사용합니다. 각 프롬프트에 여러개의 파라미터를 동시에 입력 가능합니다.

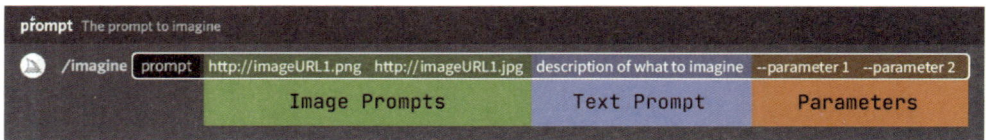

미드저니 공식 홈페이지의 Prompts 가이드

파라미터 명령어 입력에 주의해야 하는 점이 있습니다. 오타가 있거나 띄어쓰기가 제대로 되어있지 않으면 반영이 되지 않습니다. 프롬프트를 입력할 때 오타가 나도 미드저니가 잘 알아듣고 이해할 수 있지만, 파라미터는 오타가 있거나 띄어쓰기가 제대로 되어 있지 않으면 이미지를 생성하지 못합니다. 따라서 아래 예시처럼 따라서 프롬프트 뒤에 파라미터를 입력할 땐 명칭을 입력하고 반드시 한 칸을 띄고 값을 입력해야 한다. 복수의 파라미터를 입력하는 경우엔 파라미터 사이에도 한 칸씩 띄어 주어야 한다.

1. 항상 프롬프트 끝에 입력
파라미터는 일반적으로 텍스트 설명(프롬프트) 뒤에 붙여야 합니다. 중간에 넣으면 제대로 인식되지 않을 수 있어요.
`예` a cute cat --ar 16:9 --q 2

2. 띄어쓰기 정확히 지켜야 함
--ar 16:9 처럼 -- 뒤에 반드시 한 칸 띄우고 값을 적어야 합니다.
붙여 쓰거나 콤마 대신 다른 기호를 쓰면 오류가 납니다.
`예` --ar ✔ 4:5 ✔ --s ✔ 300 ✔ --c ✔ 10 ✔ --style raw

3. 중복 사용 불가
같은 파라미터를 여러 번 쓰면 충돌하거나 무시됩니다. 예시와 같이 입력할 경우, 앞의 값은 무시될 수 있습니다.
`예` --ar 1:1 --ar 16:9

4. 특정 값의 지원 범위 확인
--ar, --q, --seed 등은 특정 값의 범위를 벗어나면 작동하지 않습니다. 범위를 벗어난 수치를 넣으면 자동으로 기본 값으로 돌아가거나 에러 발생.
`예` --q 값은 0.25, 0.5, 1, 2, 3까지만 허용.

5. 파라미터 조합에 따른 결과 주의
--chaos + --seed를 같이 쓰면 예측 가능성과 무작위성이 동시에 작동하므로 원하는 결과와 다를 수 있습니다.
`예` --tile 같은 특수 파라미터는 일부 기능(예 업스케일)과 호환되지 않을 수 있음.

6. 모델 버전에 따라 차이 있음
미드저니 V5, V6에서 파라미터 적용 방식이 조금씩 달라집니다.
최신 버전에서는 --style, --weird 같은 실험적 파라미터가 추가되거나 개선됨.

7. 대소문자 구분 없음
--AR 이나 --ar 모두 작동하지만, 공식 문법은 소문자 사용을 권장합니다.

이미지 비율을 조정하려면?

파라미터 활용법 ──ar(aspect ratios)

미드저니에서 사용되는 ──ar 파라미터는 생성될 이미지의 가로와 세로 비율을 설정하는 데 사용됩니다. 미드저니에서의 이미지 생성 비율은 기본적으로 1:1 정사각형 형태입니다. ──ar 파라미터를 통해 사용자는 이미지의 전체적인 형상을 조절할 수 있으며, 특정 형식이나 용도에 맞는 이미지를 쉽게 생성할 수 있습니다.

• **예제 파일**: 02\비율1~5.png

미드저니에서 ──ar 파라미터를 사용하는 방법은 매우 간단합니다. 프롬프트 끝에 ──ar을 입력하고, 원하는 비율을 지정합니다. 비율은 일반적으로 '가로:세로' 형식으로 입력합니다. 예를 들어, 가로가 16이고 세로가 9인 비율을 원하면 ──ar 16:9라고 입력합니다.

이미지는 목적과 용도에 따라 다양한 형태의 비율을 요구합니다. ──ar 파라미터는 손쉽게 이미지 비율을 조절하여 원하는 형태의 결과물을 얻을 수 있도록 도와줍니다. 프레젠테이션 슬라이드, 소셜 미디어 포스트, 포스터 등 다양한 용도에 맞춰 이미지를 최적화할 수 있습니다. 적절한 비율을 설정하면 이미지가 사용하는 공간에 더 잘 어울리고, 시각적으로 한층 더 만족스러운 결과를 얻을 수 있습니다.

──ar 파라미터는 미드저니에서 생성되는 이미지의 가로:세로 비율을 조정하는 강력한 도구로, 미드저니 파라미터 중 가장 많이 활용되는 기능입니다. 사용자가 원하는 비율을 지정함으로써 이미지의 전체적인 형상과 용도에 맞게 조절할 수 있기 때문에, 이를 통해 목적에 맞는 시각적으로 완성도 높은 이미지를 생성할 수 있습니다.

01 이미지 프롬프트 창에 아래와 같이 프롬프트를 입력하고, 뒤에 --ar 2:3 값을 입력하여 이미지를 생성합니다.

> **프롬프트** /imagine prompt rabbit-faced personification character, Wear sunglasses and a pink blouse, deamy background, 3d render, --ar 2:3

> 미드저니의 이미지 생성 비율의 기본 값은 1:1입니다.

02 생성된 4개 이미지가 2:3 비율의 세로형 사진으로 생성된 것을 확인할 수 있습니다.

03 화면에 담고자 하는 이미지 내용에 따라 가로, 세로 비율을 조절할 수 있습니다. 이번에는 소파에 앉아있는 캐릭터를 표현하기 위해 아래와 같이 프롬프트를 입력하고, 가로:세로 비율을 --ar 16:9로 입력합니다.

> **프롬프트** /imagine prompt rabbit-faced personification character, Wear sunglasses and a pink blouse, **sitting on the sofa, deamy background**, 3d render, **--ar 16:9**

04 생성된 4개 이미지가
16:9 비율의 가로형 사진으로 생
성된 것을 확인할 수 있습니다.

알아두기 화면 비율은 반드시 정수 비율로 입력하기

미드저니에서 --ar 파라미터는 소수점 비율을 인식하지 않습니다. 반드시 16:9, 4:3처럼 정수 비율로 입력해야
올바르게 작동합니다.

1:1

4:5

7:4

이미지 스타일이
뭔가 밋밋하다면?

파라미터 활용법 --s(stylize)

--s(또는 --stylize)은 성성하는 이미지에 적용되는 스타일의 표현 정도를 조절하는 파라미터입니다. 이 옵션을 사용하면 기본적인 시각적 스타일을 더 강조하게 하거나 약하게 할 수 있습니다. 이에 따라 사용자는 이미지에 얼마나 창의적이고 독창적인 스타일을 부여할지를 결정할 수 있습니다. 기본적으로 미드저니는 텍스트 프롬프트를 바탕으로 이미지를 생성하지만, --s 파라미터를 사용하면 생성된 이미지에 더 많은 예술적 자유와 스타일을 부여할 수 있습니다. 높은 값일수록 AI가 더 창의적이고 예술적인 해석을 하게 됩니다.

• **완성 파일**: 02\스타일1~6.png

    미드저니에서 --s 파라미터를 사용하는 방법은 간단합니다. 프롬프트 끝에 --s를 입력하고, 원하는 스타일 강도를 지정합니다. --s 값은 0에서 1,000까지 설정할 수 있으며, 기본 값은 100입니다. 수치가 높을수록 디테일이 많아지고 장식 요소가 강조되며, 수치가 낮을수록 단순해지고 장식 요소가 적어집니다.

    --s 파라미터를 통해 스타일 강도를 조절하여 목적에 맞는 창의적이고 예술적인 이미지를 생성해 봅니다.

01 | 이미지 프롬프트 창에 아래와 같이 프롬프트를 입력하여 이미지를 생성합니다.

> **프롬프트** /imagine prompt cookie house, dreamy atmosphere, forest background

> 파라미터를 따로 입력하지 않으면, 미드저니의 stylize 기본 값인 --s 100이 적용되어 이미지가 생성됩니다.

02 | 기본적인 스타일 값이 적용되어 쿠키 하우스 이미지가 생성되었습니다.

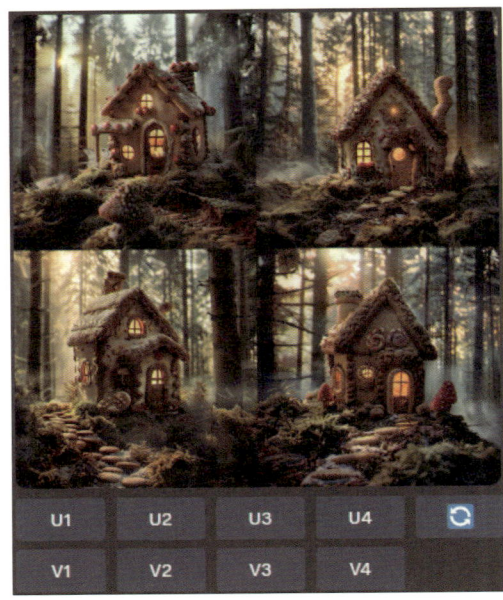

03 | 이번에는 같은 프롬프트 뒤로 **--s 10**을 입력하여 이미지를 생성합니다.

프롬프트 /imagine prompt cookie house, dreamy atmosphere, forest background, **--s 10**

04 | **--s 10** 스타일 값이 적용되어 쿠키 하우스 이미지가 생성되었습니다. 장식적 요소가 다소 줄어든 것을 확인할 수 있습니다.

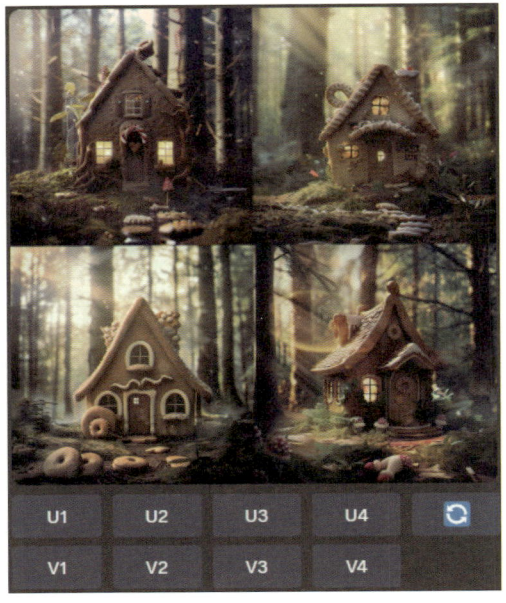

05 | 다시 프롬프트 뒤에 --s 700을 입력하여 이미지를 생성합니다.

> **프롬프트** /imagine prompt cookie house, dreamy atmosphere, forest background, --s 700

06 | 디테일이 많아지고, 장식적 표현이 보다 풍부해진 것을 확인할 수 있습니다.

알아두기 **스타일 값에 따른 결과물**

| **프롬프트** --s 10 | **프롬프트** --s 100 | **프롬프트** --s 700 |

직관적이고 사실적인
이미지를 생성하고 싶다면?

파라미터 활용법 ──style raw

미드저니에서 사용되는 ──style raw 파라미터는 AI가 이미지 생성 과정에서 텍스트 프롬프트를 가능한 한 직관적이고 정확하게 반영하도록 합니다. 이 파라미터는 AI의 예술적 해석을 최소화해, 사용자가 입력한 프롬프트에 대한 직접적이고 구체적인 결과를 얻는 데 사용됩니다.

• 완성 파일: 02\스타일최소화1~3.png

──style raw를 사용하면 미드저니의 예술적 스타일 적용을 줄이고 프롬프트에 더욱 충실한 이미지를 생성할 수 있습니다. 사용 방법은 간단히 프롬프트 끝에 ──style raw를 추가하는 것입니다. 예를 들어, 프롬프트가 "A cat sitting on a chair"인 경우, 이를 더욱 직관적으로 해석하고 싶다면 다음과 같이 입력합니다.

프롬프트 /imagine prompt A cat sitting on a chair ──style raw

이 파라미터를 사용하면 AI가 프롬프트의 세부 사항을 예술적 해석 없이 직접적으로 반영하여, 사용자는 프롬프트에 충실한 결과를 얻을 수 있습니다. 이는 특히 명확하고 구체적인 요구 사항이 있는 프로젝트나, 현실적이고 직관적인 이미지를 필요로 하는 경우에 유용하게 쓰입니다.

01 이미지 프롬프트 창에 아래와 같이 프롬프트를 입력하여 이미지를 생성합니다.

> **프롬프트** /imagine prompt Retro car, green volkswagen bus, beach with palm trees, windsurfing, pink glow at sunset

02 특별히 파라미터를 입력하지 않으면, 미드저니는 다음과 같이 미화 기능을 적용하여 4개 이미지를 생성합니다.

03 직관적인 표현을 추가하기 위해 같은 프롬프트 뒤로 --style raw 파라미터를 입력하여 이미지를 생성합니다.

> **프롬프트** /imagine prompt retro car, green volkswagen bus, beach with palm trees, windsurfing, pink glow at sunset, --style raw

04 | --style raw 파라미터의 영향으로 4개의 이미지가 특별한 기법 없이 사진 이미지로 생성되는 것을 확인할 수 있습니다.

파라미터 추가에 따른 결과물

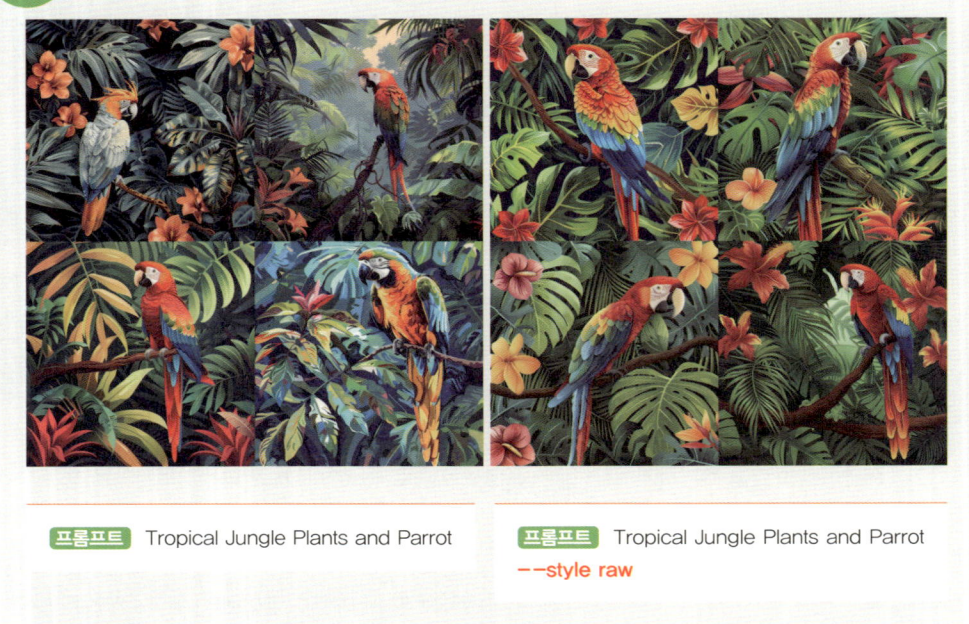

프롬프트 Tropical Jungle Plants and Parrot

프롬프트 Tropical Jungle Plants and Parrot
--style raw

이미지에서 제외하고 싶은 부분이 있다면?

미드저니에서 사용되는 --no 파라미터는 이미지 생성 과정에서 특정 요소를 배제하도록 하는 기능을 제공합니다. 이 파라미터를 통해 사용자는 생성된 이미지에서 원하지 않는 특정 요소나 개체를 제거할 수 있습니다.

• 완성 파일: 02\배제요소1~2.png

--no 파라미터는 사용자가 명시한 특정 요소를 이미지 생성 시 포함하지 않도록 AI에게 지시합니다. 이는 프롬프트에 포함된 불필요하거나 부적절한 요소를 배제하여, 원하는 이미지의 정확성과 품질을 높이는 데 도움을 줍니다. 특정 객체나 요소를 배제함으로써 이미지를 더 명확하고 집중되게 만들 수 있습니다.

미드저니에서 --no 파라미터를 사용하는 방법은 간단합니다. 프롬프트 끝에 --no를 입력하고, 배제하고자 하는 요소를 지정합니다. 이렇게 하면 AI는 이미지 생성 시 해당 요소를 제외하고 처리합니다.

--no 파라미터는 미드저니 파라미터 중에서도 매우 자주 사용되는 중요한 도구로서, 이미지 생성의 정밀도를 높이고 불필요한 요소를 제거하는 데 유용합니다. 이를 통해 사용자는 더 명확하고 집중된 결과를 얻을 수 있으며, 프로젝트의 요구 사항에 맞는 이미지를 생성할 수 있습니다. 특정 요소를 배제함으로써 이미지의 일관성을 유지하고, 주제에 더 충실한 결과를 도출할 수 있습니다.

01 | 이미지 프롬프트 창에 아래와 같이 프롬프트를 입력하여 이미지를 생성합니다.

> **프롬프트** /imagine prompt desert image, day time, several cacti, moon and clould

02 | 사막 뒤편으로 바위 이미지가 나타납니다. ––no 파라미터를 이용하여 바위 이미지를 삭제해 보 겠습니다.

03 | 같은 프롬프트 뒤로 아래와 같이 ––no rock을 입력하여 이미지를 생성합니다.

> **프롬프트** /imagine prompt desert image, day time, several cacti, moon and clould, ––no rock

04 | 바위 이미지는 사라지고, 전체적으로 부드러 운 모래사막 이미지 결과물이 나타납니다.

결과물을 각기 다른
스타일로 받아보고 싶다면?

파라미터 활용법 --c(chaos)

--c 또는 --chaos 파라미터는 이미지 생성 과정에서 결과물 간의 다양성을 조정하는 기능입니다. 즉, 이미지를 생성할 때 동일한 프롬프트로 각각의 이미지가 얼마나 서로 다르게 나타날지를 결정합니다. 이 파라미터를 통해 사용자는 이미지의 예측 불가능성과 다양성을 제어할 수 있습니다.

• 예제 파일: 02\창의성변형1~4.png

--chaos 파라미터는 AI가 이미지 생성 시 얼마나 많은 변형과 창의성을 적용할지를 설정합니다. 값이 높을수록 이미지가 더 창의적이고 예측 불가능하게 생성되며, 낮을수록 안정적이고 예측 가능한 결과를 제공합니다. 이는 사용자가 원하는 이미지의 창의성과 정교함을 조절할 수 있는 유용한 도구입니다.

--chaos 파라미터의 값은 0~100까지 설정할 수 있으며, 프롬프트 끝에 --c 또는 --chaos를 입력하고, 원하는 변형 정도를 숫자로 지정합니다. 0에 가까울수록 생성된 이미지 사이의 일관성이 높아지고, 100에 가까울수록 각 이미지 간의 다양성이 증가하여 서로 다른 결과물을 얻을 수 있습니다. 높은 --chaos 값은 더 독특하고 창의적인 이미지를 생성하는 데 적합하며, 낮은 값은 더 일관되고 안정적인 이미지를 생성하는 데 유용하다고 할 수 있습니다.

--chaos 파라미터는 미드저니에서 이미지 생성 시 변형과 창의성의 정도를 조절하는 중요한 도구입니다. 사용자가 원하는 변형 정도를 지정함으로써, 이미지의 예측 불가능성과 창의성을 높이거나 안정성을 유지할 수 있습니다. 이를 통해 다양한 스타일과 효과를 실험하며, 프로젝트의 목적에 맞는 이미지를 생성할 수 있습니다.

01 | 이미지 프롬프트 창에 아래와 같이 프롬프트를 입력하여 이미지를 생성합니다.

프롬프트 /imagine prompt Luxury store front entrance, large flower-shaped artistic sculpture in the center of the wall, front view, fantasy style

02 | --chaos 파라미터를 입력하지 않으면, 기본 값 0으로 설정되며 다음과 같이 4개 이미지는 서로 비슷하게 생성됩니다.

03 | 이번에는 같은 프롬프트 뒤로 아래와 같이 --c 100을 입력하여 이미지를 생성합니다.

프롬프트 /imagine prompt Luxury store front entrance, large flower-shaped artistic sculpture in the center of the wall, front view, fantasy style, **--c 100**

04 생성되는 4개의 이미지가 모두 다른 스타일로 생성되는 것을 확인할 수 있습니다.

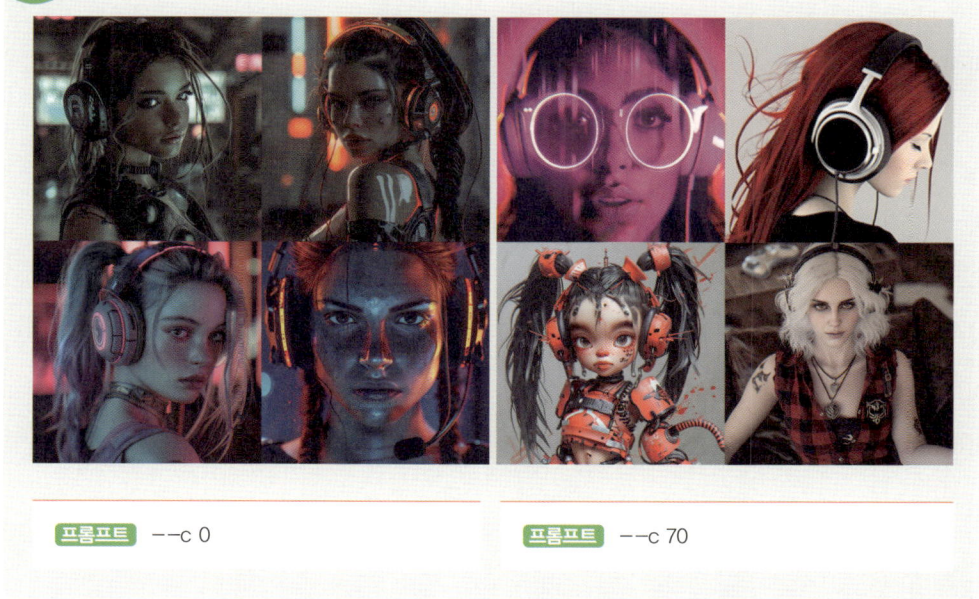

알아두기 파라미터 값에 따른 결과물

프롬프트 ––c 0   **프롬프트** ––c 70

독특한 콘셉트로
이미지를 생성하고 싶다면?

파라미터 활용법 --w(weird)

미드저니에서 사용되는 --w 파라미터는 이미지 생성 과정에서 기이함과 독특함의 정도를 조절하는 기능을 제공합니다. 이 파라미터를 통해 사용자는 생성된 이미지의 독창성과 예술적 특성을 제어할 수 있습니다.

• 완성 파일: 02\기이독창성1~5.png

--w 파라미터는 'weird'의 약자로, Weird의 사전적 의미는 '이상한'입니다. 미드저니에서 --w(--weird) 파라미터를 사용하면, AI가 이미지 생성 시 얼마나 기이하고 독특한 스타일을 적용할지를 설정할 수 있습니다.

프롬프트 끝에 --w를 입력하고, 원하는 기이함의 정도를 숫자로 지정하여 사용합니다. 적용 가능한 숫자의 범위는 0~3,000이며, 값이 높을수록 이미지는 더 기이하고 창의적인 특성을 가지게 되며, 낮을수록 일반적이고 예측 가능한 결과를 제공합니다.

--w 파라미터는 이처럼 이미지의 기이함과 독특함을 높이거나 낮출 수 있어, 다양한 예술적 효과를 실험할 수 있게 합니다. 이미지 생성에 있어, 혹은 새로운 영감이 떠오르지 않을 때 weird 파라미터를 사용해서 예상치 못한 이미지를 만들어 보면, 아이디어를 얻는데 도움이 되기도 합니다. 사용자가 원하는 기이함의 정도를 지정함으로써, 이미지의 창의성과 독창성을 높이거나 안정성을 유지할 수 있습니다. 이를 통해 다양한 예술적 스타일과 효과를 실험하며, 프로젝트의 목적에 맞는 이미지를 생성할 수 있습니다.

01 | 이미지 프롬프트 창에 아래와 같이 프롬프트를 입력하여 이미지를 생성합니다.

/imagine prompt cat, bell necklace, illustration

02 | --w 파라미터를 입력하지 않으면, 다음과 같이 4개 이미지는 일반적인 스타일의 이미지로 생성됩니다.

03 | 이번에는 같은 프롬프트 뒤로 --w 1500을 입력하여 이미지를 생성합니다.

/imagine prompt cat, bell necklace, illustration, --w 1500

04 | --w 파라미터의 영향으로 4개의 이미지가 독특한 기법의 일러스트 이미지로 생성되는 것을 확인할 수 있습니다.

05 다시 한번 같은 프롬프트 뒤로 **--w 3000**을 입력하여 이미지를 생성합니다.

프롬프트 /imagine prompt cat, bell necklace, illustration, **--w 3000**

06 이전보다 더욱 다양하고 색다른 기법의 일러스트 이미지를 제안해 줍니다.

알아두기 파라미터 값에 따른 결과물

프롬프트 --w 0

프롬프트 --w 100

반복적인 패턴 형태로 이미지를 만들고 싶다면?

파라미터 활용법 --tile

미드저니에서 사용되는 --tile 파라미터는 이미지 생성 시 반복 패턴을 만드는 기능을 제공합니다. 이 파라미터를 통해 사용자는 연속적인 타일 형식으로 이미지를 생성할 수 있어, 배경 패턴이나 텍스처와 같은 디자인 요소에 유용하게 활용할 수 있습니다.

• **완성 파일**: 02\패턴1~6.png

  --tile 파라미터는 AI가 이미지를 생성할 때, 이미지의 경계가 매끄럽게 이어지도록 하여 반복 가능한 패턴을 만듭니다. 이는 사용자가 생성한 이미지를 여러 번 반복하여도 이음새 없이 연결될 수 있게 합니다. 배경 디자인, 텍스처, 그래픽 요소 등 다양한 디자인 작업에서 반복 가능한 패턴이 필요할 때 매우 유용합니다. 이 파라미터는 별도의 값 설정이 필요하지 않습니다.

  --tile 파라미터는 기본적으로 한 조각의 패턴을 생성합니다. 이미지의 경계가 매끄럽게 이어지도록 하여, 반복 가능한 패턴을 만드는 데 중요한 역할을 합니다. 이를 통해 사용자는 이음새 없는 배경 이미지, 텍스처, 그래픽 패턴 등을 쉽게 생성할 수 있습니다. 디자인 프로젝트에서 반복 패턴이 필요한 경우, --tile 파라미터를 활용하면 효율적으로 원하는 결과를 얻을 수 있습니다.

01 | 패턴의 대표 양식인 아르누보 스타일의 타일 장식을 생성해 보겠습니다. 이미지 프롬프트 창에 아래와 같이 프롬프트를 입력하여 이미지를 생성합니다.

프롬프트 /imagine prompt art nouveau style, floral and leaves deco, flat design, --tile

02 | 프롬프트 뒤로 **--tile** 파라미터를 입력했더니, 다음과 같이 아르누보 스타일의 패턴 이미지가 생성되었습니다.

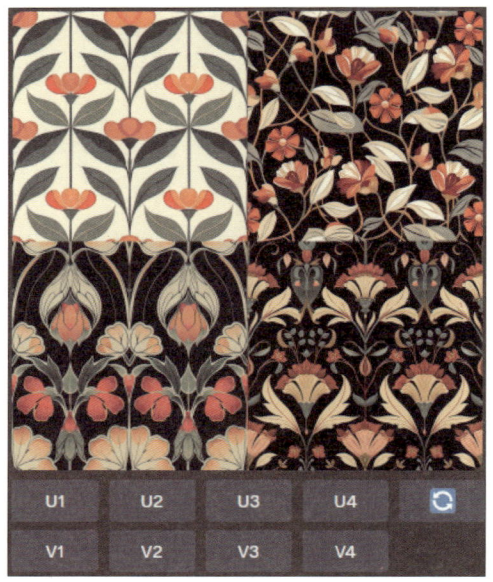

03 | 다음은 반대되는 기하학무늬의 패턴 이미지를 생성해 보겠습니다. 이미지 프롬프트 창에 아래와 같이 프롬프트를 입력하여 이미지를 생성합니다.

> **프롬프트** /imagine prompt colorful geometric shapes, line strokes, abstract compositions, **--tile**

04 | 다음과 같이 기하학무늬의 패턴 이미지가 생성되었습니다.

pink and blue floral, abstract graphics, funny illustration, minimalism, −−tile

in the style of matisse, varicus items from the mexico, minimalism illustration, blue background, −−tile

Halloween items, funny cute illustrations, mono−orange color, full and complex compositions, −−tile

Christmas, Nordic style snow crystals, green and red color, −−tile

예전 이미지와
비슷하게 만들고 싶다면?

--seed

미드저니에서 사용되는 --seed 파라미터는 이미지 생성 시 무작위성을 제어하는 기능을 제공합니다. 미드저니는 동일한 프롬프트를 입력하더라도, 랜덤 형식으로 매번 다른 스타일의 이미지를 제공합니다. 따라서 원하는 스타일을 특정하여 이미지를 생성하는 것이 어렵게 느껴질 수 있습니다. --seed 파라미터를 통해 사용자는 동일한 프롬프트에서의 일관된 이미지를 반복해서 생성할 수 있습니다.

• **완성 파일**: 02\시드1~2.png

seed는 말 그대로 '씨앗'이란 뜻입니다. 우리가 미드저니를 통해 생성하는 모든 이미지에는 AI가 이미지 생성 과정에서 사용하는 무작위 시드를 설정합니다. 즉, AI가 생성한 이미지에는 저마다 다른 씨앗이 심어져 있습니다. 따라서 동일한 시드 값을 사용하면 동일한 입력에 대해 항상 같은 결과를 생성하게 됩니다. 마음에 드는 이미지에 고유번호를 의미하는 시드 값을 지정하고, 새로운 이미지 생성할 때, seed 파라미터를 활용하여 시드 값을 입력해주면, 내가 특정한 이미지와 비슷한 스타일로 결과물을 생성할 수 있습니다. 이는 사용자가 원하는 이미지를 재현하거나, 동일한 조건 하에서 여러 변형을 시도할 때 매우 유용합니다.

미드저니에서 --seed 파라미터를 사용하려면, 프롬프트 끝에 --seed를 입력하고 원하는 시드 값을 숫자로 지정합니다. 예를 들어, '--seed 12345'와 같이 사용할 수 있습니다. 시드 값은 보통 정수로 설정하며, 이 값은 사용자가 임의로 선택할 수 있습니다.

seed 값은 초기 생성되는 이미지 그리드에만 영향을 미칩니다. 또한 시드 번호는 무작위로 생성이 되기 때문에 다른 세션에서는 같은 시드번호를 사용할 수 없습니다.

--seed 파라미터는 미드저니에서 무작위성을 제어하여 일관된 이미지를 생성하는 중요한 도구입니다. 사용자가 특정 시드 값을 지정함으로써, 동일한 프롬프트로도 항상 같은 결과를 얻을 수 있습니다. 이를 통해 이미지 생성의 일관성을 유지하고, 반복적이고 재현 가능한 이미지를 효율적으로 생성할 수 있습니다.

01 　파라미터를 활용하기에 앞서 먼저 시드 값을 확인하는 방법부터 알아봅니다. 이미지 프롬프트 창에 아래와 같이 프롬프트를 입력하여 이미지를 생성합니다.

> **프롬프트** 　/imagine prompt Man wearing a fedora, house on the prairie, blue sky and meadow background, surrealism style, by Rene Magritte

02 　생성된 이미지 오른쪽 상단에 위치에 있는 '반응 추가하기' 아이콘(😊)을 클릭합니다.

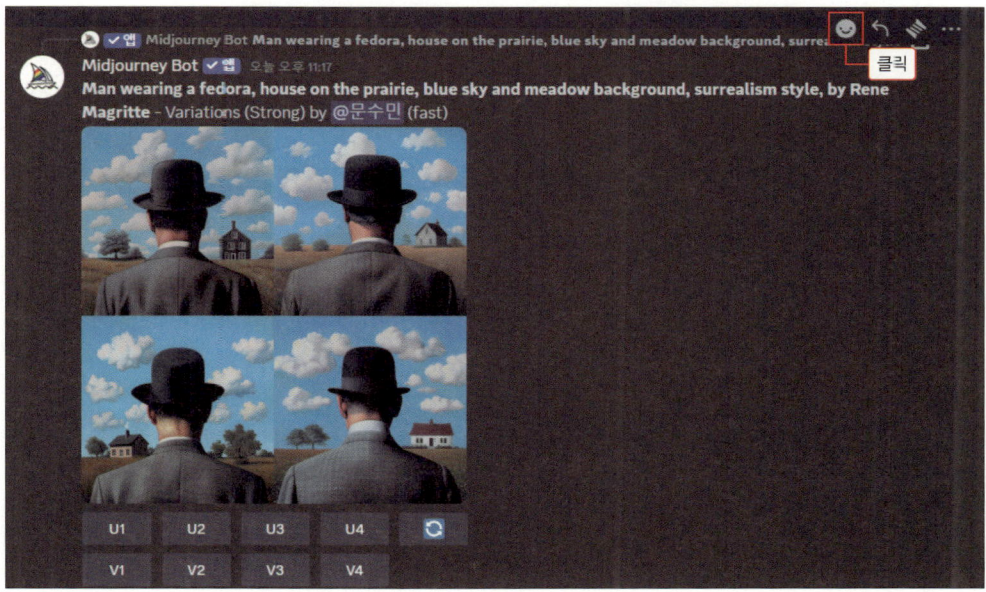

03 | 이모티콘 중 편지봉투 모양의 이모티콘을 찾아서 클릭합니다.

04 | 편지봉투 모양의 이모티콘을 클릭하게 되면, 생성 이미지 하단에 편지봉투 아이콘이 나타나고, 아이콘을 클릭하면 미드저니 봇으로부터 쪽지를 받게 됩니다

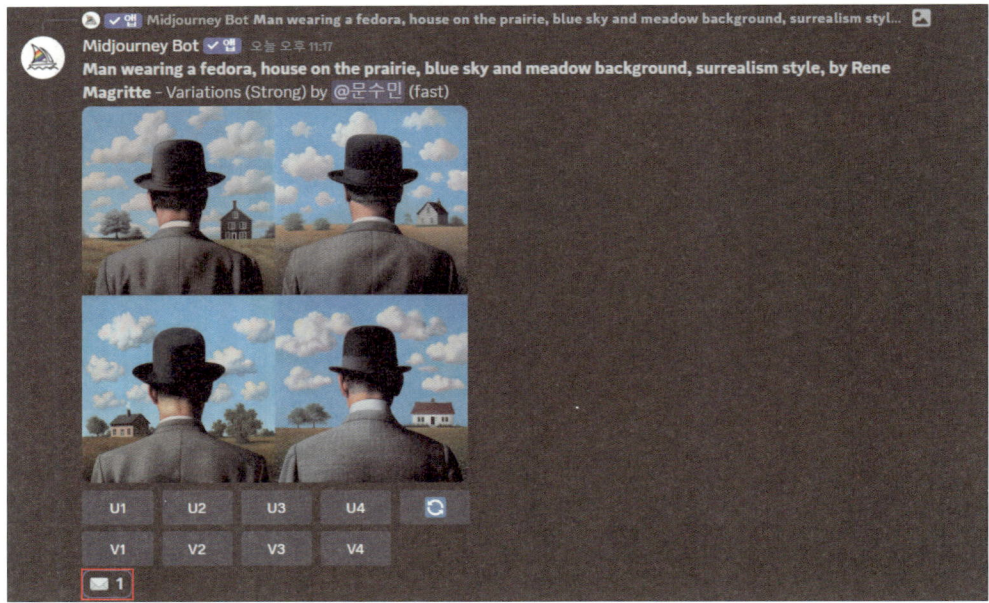

05 | 왼쪽 메뉴바 상단에 위치에 있는 Midjourney Bot을 클릭합니다. 다이렉트 메시지가 나타나고, 생성 이미지와 함께 시드 정보가 나타납니다. seed 1149031741 시드 숫자를 복사해 둡니다.

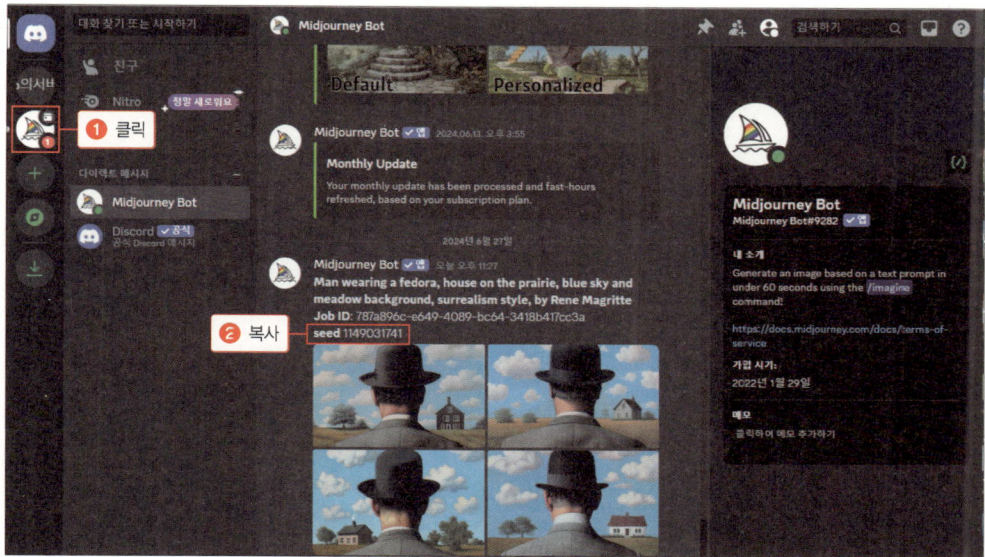

06 | 새로운 이미지 생성을 위해 아래와 같이 프롬프트를 입력하고, 앞에서 만든 이미지와 비슷한 느낌을 주기 위해 시드 정보를 파라미터로 추가해서 기록합니다.

프롬프트 /imagine prompt Farmer in checked shirt, tree-lined road background, surrealism style, by Rene Magritte, --seed 1149031741

07 | 시드 번호의 이미지와 비슷한 분위기의 이미지가 생성됩니다.

첨부 이미지와
합성하고 싶다면?

파라미터 활용법 --iw

미드저니에서 사용되는 --iw 파라미터는 이미지 입력 가중치(Image Weight)를 설정하는 기능을 제공합니다. 이 파라미터를 통해 사용자는 이미지 프롬프트와 텍스트 프롬프트 간의 영향을 조절할 수 있습니다. 생성될 이미지가 참조 이미지와 얼마나 유사하게 나타날지를 결정하는 가중치를 설정합니다.

· **예제 파일**: 02\레오파드.png   · **완성 파일**: 02\가중치조절1~2.png

--iw 파라미터는 사용자가 제공한 이미지 프롬프트가 최종 결과에 얼마나 큰 영향을 미칠지를 결정합니다. 이미지 프롬프트와 텍스트 프롬프트를 함께 사용할 때, 이 파라미터를 통해 AI가 두 입력 간의 균형을 어떻게 맞출지를 설정할 수 있습니다. 기본적으로 모든 프롬프트는 동일한 가중치를 가지지만, --iw 파라미터를 사용하면 이미지의 영향을 더 크게 또는 작게 조정할 수 있습니다.

미드저니에서 --iw 파라미터를 사용하는 방법은 프롬프트 끝에 --iw를 입력하고, 원하는 가중치 값을 숫자로 지정합니다. 예를 들어, --iw 0.5와 같이 사용할 수 있습니다. 값은 0 이상의 숫자로 설정되며, 값이 클수록 이미지 프롬프트의 영향이 커집니다. iw 명령어를 사용하지 않으면, 디폴트 값인 1이 적용됩니다.

> **가중치 값 안내**
> · 0: 참조 이미지의 영향을 받지 않습니다.
> · 1: 참조 이미지의 영향을 기본 값으로 받습니다.
> · 2~3: 참조 이미지의 영향을 많이 받습니다. 3은 이용 가능한 최대 가중치로, 참조 이미지의 스타일, 색상, 질감 등을 최대한 반영합니다.

01 | 오른쪽의 이미지를 이미지 프롬프트로 활용하여 이미지 가중치 값에 따른 결과를 비교해 보겠습니다.

해당 이미지와 같은 이미지를 사용하려면 02 폴더의 '레오파드.png' 파일을 활용하세요.

02 | 참조 이미지를 업로드하기 위해 프롬프트 입력 창 왼쪽 '⊕' 버튼을 클릭하고 파일 업로드 옵션을 선택합니다. 파일 탐색기에서 업로드할 이미지를 선택하고 Enter를 누릅니다.

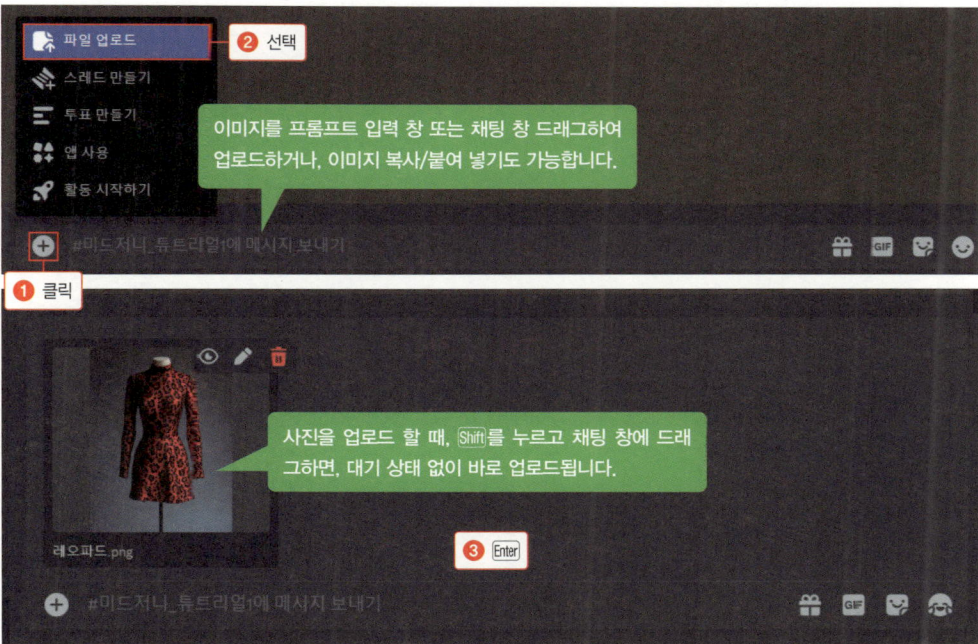

이미지를 프롬프트 입력 창 또는 채팅 창 드래그하여 업로드하거나, 이미지 복사/붙여 넣기도 가능합니다.

사진을 업로드 할 때, Shift를 누르고 채팅 창에 드래그하면, 대기 상태 없이 바로 업로드됩니다.

03 │ 프롬프트 입력 창에 '/'을 입력하고 [/imagine]을 선택합니다.

04 │ 업로드한 사진을 프롬프트 위치로 드래그하면 이미지의 URL이 프롬프트에 입력됩니다.

05 │ 이미지 URL 뒤로 한 칸 띄우고 다음과 같이 텍스트 프롬프트와 --iw 0 파라미터 값을 입력하여 이미지를 생성합니다.

프롬프트   https://s.mj.run/VojgSxGcdoo Stylish model, Gucci fashion pictorial, --ar 2:3 --iw 0

06 | 생성 이미지는 --iw 0이 적용되어, 이미지 프롬프트의 영향을 받지 않은 상태, 즉 텍스트 프롬프트에 가중치를 두고 생성되는 것을 확인할 수 있습니다.

07 | 다음은 이미지 프롬프트와 함께 다음과 같이 텍스트 프롬프트를 입력하여 이미지를 생성합니다.

프롬프트 ｜ https://s.mj.run/VojgSxGcdoo Stylish model, Gucci fashion pictorial, --ar 2:3 --iw 1.5

08 | 생성 이미지는 --iw 1.5가 적용되어, 텍스트 프롬프트 내용보다 이미지 프롬프트에 가중치를 둔 상태로 이미지가 생성되었습니다.

이미지 스타일을 복제하고 싶다면?

파라미터 활용법 ――sref

17

미드저니에서 사용되는 ――sref 파라미터는 스타일 참조(Style Reference) 이미지를 지정하는 기능을 제공합니다. 이 파라미터를 통해 사용자는 AI가 특정 스타일을 참조하여 이미지를 생성하도록 할 수 있습니다. 즉, 사용자가 원하는 참조 이미지의 그림체, 색감, 질감 등을 복제하여 새로운 이미지에 반영하여 생성합니다.

· **예제 파일**: 02\스타일참조.png   · **완성 파일**: 02\스타일참조_완성.png

――sref 파라미터는 스타일 참조 이미지를 통해 AI가 생성할 이미지의 스타일적 요소를 결정하는 데 사용됩니다. 사용자가 제공하는 스타일 참조 이미지는 AI가 이미지의 색상, 질감, 분위기 등을 조정할 때 참조하는 기준이 됩니다. 이를 통해 생성된 이미지가 특정 스타일이나 분위기를 더 잘 반영하도록 할 수 있습니다.

미드저니에서 ――sref 파라미터를 사용하는 방법은 프롬프트 끝에 ――sref를 입력하고, 스타일 참조 이미지의 URL을 지정합니다. 이를 통해 미드저니가 스타일 참조 이미지를 바탕으로 새로운 이미지를 생성하는 데 도움을 줍니다. 주의할 점은 다음 세 가지 요소를 순서대로 입력해야 하며, 각 요소 사이에는 반드시 띄어쓰기를 해주어야 합니다.

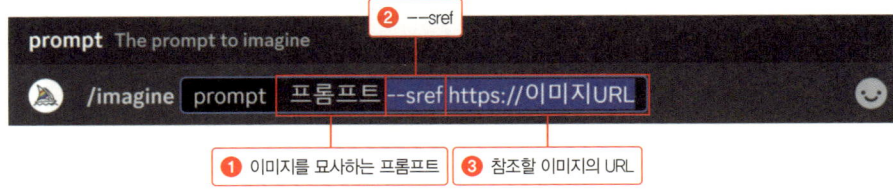

01 새로운 이미지 생성에 위와 같은 이미지 스타일을 적용하기 위해 우선 참조 이미지를 업로드합니다. 파일 탐색기에서 02 폴더의 '스타일참조.png' 파일을 Shift를 누른 채 채팅 창으로 드래그합니다.

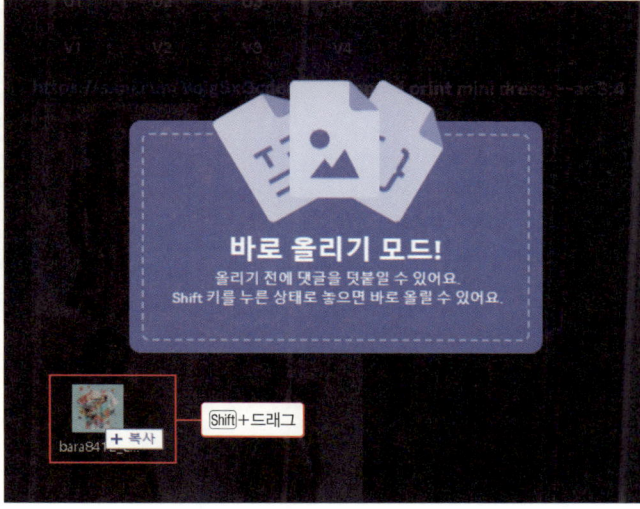

02 이미지 프롬프트 창에 아래와 같이 프롬프트를 입력합니다.

프롬프트 /imagine prompt nike basketball shoes

03 입력한 프롬프트 다음에 한 칸 띄우고 --sref를 입력한 후, 업로드된 참조 이미지를 프롬프트 위치까지 드래그하여 URL을 추가합니다.

04 │ 생성 이미지는 --sref의 영향으로 레퍼런스 이미지 스타일이 적용되어, 다음과 같이 나타나는 것을 확인할 수 있습니다.

알아두기 **디스코드 서버 이미지 URL를 복사하기**

외부 이미지뿐만 아니라, 미드저니 디스코드 서버에서 생성된 이미지도 참조할 수 있습니다.
디스코드 서버에서 이미지 URL을 복사하는 방법은 다음과 같습니다.

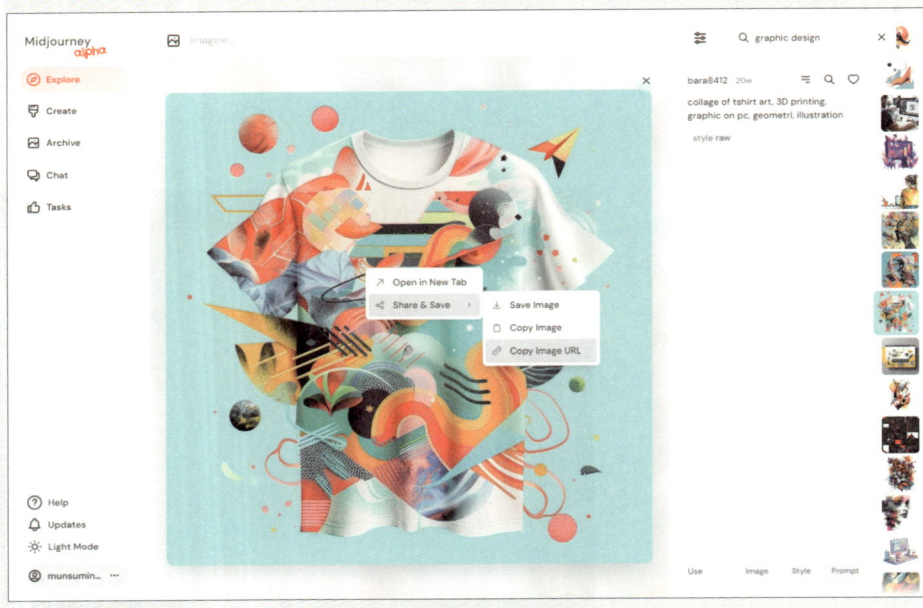

PC1 이미지 위에서 마우스 오른쪽 버튼 클릭 → '이미지 주소 복사' 옵션 선택
PC2 이미지를 명령어 입력 창으로 드래그하면 URL이 자동으로 입력
모바일 이미지를 길게 누르면 표시되는 '미디어 링크 복사' 옵션 선택

이미지 복제 수준을 조절할 수 있다고?

18

미드저니에서 사용되는 ––sw 파라미터는 스타일 가중치(Style Weight)를 설정하는 기능을 제공합니다. 주로 ––sref와 같이 사용되며, 이 파라미터를 통해 사용자는 스타일 참조 이미지의 영향을 조절할 수 있어, 생성되는 이미지의 스타일적 일관성을 강화하거나 약화시킬 수 있습니다.

· **예제 파일**: 02\가중치.png   · **완성 파일**: 02\가중치1~3.png

––sw 파라미터를 통해 스타일 래퍼런스 이미지와 유사한 정도를 세밀하게 설정할 수 있습니다. 스타일 가중치는 래퍼런스 이미지의 영향을 받는 정도를 수치로 표현하며, 값이 높을수록 참조 이미지 스타일에 더 가깝게 그려지고, 값이 낮을수록 참조 이미지보다는 텍스트 프롬프트 값에 치중하여 이미지가 생성됩니다.

스타일 가중치 파라미터의 경우 ––sref와 같이 사용합니다. 가중치 값은 **0~1,000**까지 적용 가능하며, 따로 설정하지 않으면 기본 값인 **100**으로 적용됩니다. 스타일을 참고할 수 있는 이미지를 먼저 생성하고 해당 이미지의 링크를 확보하는 작업이 필요합니다. 아래의 형식으로 프롬프트를 작성하여 사용합니다.

프롬프트 ––sref [참고 이미지 링크] ––sw [0~1000]

––sw 파라미터는 스타일 참조 이미지의 영향을 조절하여 생성되는 이미지의 스타일적 일관성을 제어하는 데 유용합니다. 이를 통해 사용자는 원하는 스타일의 강도를 조절할 수 있으며, 특정 예술적 비전이나 디자인 요구를 더 정확하게 반영할 수 있습니다. 이는 특히 특정 브랜드 스타일이나 예술적 표현을 유지하는 데 중요한 역할을 합니다.

01 │ 참조 이미지를 업로드하기 위해 파일 탐색기에서 02 폴더의 '가중치.png' 파일을 Shift를 누른 채 채팅 창으로 드래그합니다.

 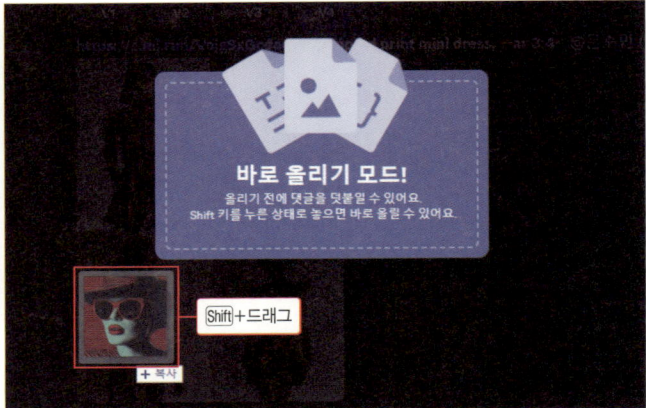

02 │ 입력한 프롬프트 다음에 한 칸 띄우고 −−sref를 입력한 후, 업로드된 참조 이미지를 프롬프트 위치까지 드래그하여 URL을 추가합니다.

03 │ 그리고 다시 한 칸 띄우고, 마지막에 −−sw 0 가중치 값을 입력하여 이미지를 생성합니다.

> **프롬프트** /imagine prompt Teddy bear −−sref https://s.mj.run/Mp4hF6Go−IM −−sw 0

04 | 생성 이미지는 **--sw 0**이 적용되어, 레퍼런스 이미지의 영향을 받지 않은 상태, 즉 텍스트 프롬프트에 가중치를 두고 생성되는 것을 확인할 수 있습니다.

05 | 이번에는 같은 프롬프트 뒤로 **--sw 500** 가중치 값을 입력하고 이미지를 생성합니다.

프롬프트 /imagine prompt Teddy bear --sref https://s.mj.run/Mp4hF6Go-IM **--sw 500**

06 | 레퍼런스 스타일이 가중치 **--sw 500** 만큼 적용된 상태로 이미지가 생성되었습니다. 구도는 레퍼런스와 다소 차이를 보이지만, 표현 방식이 레퍼런스와 많이 비슷해진 것을 확인할 수 있습니다.

07 | 이번에는 같은 프롬프트 뒤로 **--sw 1000** 가중치 값을 입력하고 이미지를 생성합니다.

프롬프트 /imagine prompt Teddy bear --sref https://s.mj.run/Mp4hF6Go-IM **--sw 1000**

08 | 레퍼런스 스타일이 최대 가중치 ––sw
1000만큼 적용된 상태로 이미지가 생성되었습
니다. 구도와 표현방식 모두 레퍼런스 스타일과
비슷해진 것을 확인할 수 있습니다.

알아두기 **파라미터 값에 따른 결과물**

프롬프트 three astronauts, "Astronauts" title text ––sref https://s.mj.run/KCiBCNtWVAM ––ar
2:3 ––sw 400

레퍼런스

생성

프롬프트 woman wearing sunglasses --sref https://s.mj.run/83edpffQWI˅ --ar 16:9 --sw 300

레퍼런스

생성

프롬프트 women's shoes --sref https://s.mj.run/-6RlKL54vt8 --sw 50 --v 6.0 --style raw

동일 인물을 반복해서 활용하고 싶다면?

파라미터 활용법 --cref, --cw

19

미드저니는 원본 이미지에 등장하는 특정 인물이나 캐릭터를 참조하여, 동일한 인물이나 캐릭터를 생성할 수 있는 캐릭터 레퍼런스 기능(--cref)과 그 가중치를 설정하는 기능(--cw)을 제공합니다. 인물 외형의 일관성을 유지하면서, 다른 이미지를 생성하고 싶을 때 유용한 파라미터입니다. 일관된 인물 이미지를 반복적으로 생성하고자 할 때 유용하게 활용할 수 있습니다.

· **예제 파일**: 02\레퍼런스.png   · **완성 파일**: 02\레퍼런스1~2.png

그동안 미드저니를 사용하면서 이미지를 생성할 때마다 새로운 인물이 생성되어, 동일한 인물이 다른 배경에 있는 이미지 등의 생성이 불가했습니다. 이에 **--cref** 캐릭터 레퍼런스 기능을 사용하면 어느 정도 극복할 수 있습니다. 이 기능을 활용하면 동일한 인물이나 캐릭터를 여러 장면에서 다양한 모습으로 구현할 수 있습니다. 또한 **--cw** 수치를 입력하여 생성된 캐릭터가 참조 이미지의 얼굴, 헤어스타일, 옷과 같은 측면을 얼마나 유사하게 표현해낼지 정할 수 있습니다. 단, **--cref**는 미드저니 V6이상에서만 동작합니다.

❶ 미드저니 --cref 명령어를 사용하려면, 이미지를 묘사하는 프롬프트 뒤에 한 칸을 띄우고 --cref를 입력합니다. 그리고 다시 한 칸을 띄운 뒤 참조할 이미지의 URL을 입력합니다.

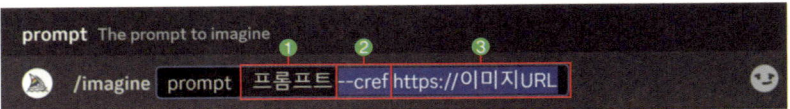

❷ 미드저니 Cref의 가중치, --cw 명령어 사용 방법은, 가중치는 참조할 이미지의 URL 뒤에 한 칸을 띄운 후 --cw 숫자 형태로 입력되며, 적용 가능한 숫자의 범위는 0~100입니다.

가중치가 **0**이면 인물이나 캐릭터의 얼굴을 유지하는데 집중하고, 가중치가 **100**이면 얼굴뿐만 아니라 헤어스타일, 의상 등 다른 요소까지 함께 유지합니다. 참고로 가중치를 설정하지 않는 경우 디폴트 값인 **100**이 적용됩니다.

01 | 우선 원본 캐릭터 이미지를 생성하겠습니다. 이미지 프롬프트 창에 아래와 같이 프롬프트를 입력하여 이미지를 생성합니다.

> **프롬프트** /imagine prompt 18-year-old beautiful girl, two braids, kpop style, wearing balenciaga, magazine cover style, looking at the camera, hyper realistic, minimalist beauty, light studio set, professional color grading

02 | 생성된 네 장의 이미지 중에서 마음에 드는 이미지를 업스케일합니다. 예제에서는 [U4] 버튼을 클릭했습니다.

03 | 생성된 이미지의 URL을 복사하기 위해 이미지를 클릭하고 마우스 오른쪽 클릭하여 [링크 복사하기]를 선택합니다.

04 프롬프트를 작성하여 새로운 이미지를 생성합니다. 이미지 프롬프트 창에 아래와 같이 프롬프트를 입력하고, 프롬프트 뒤로 **--cref** '이미지의 URL 붙이기'와 같은 형식으로 입력합니다.

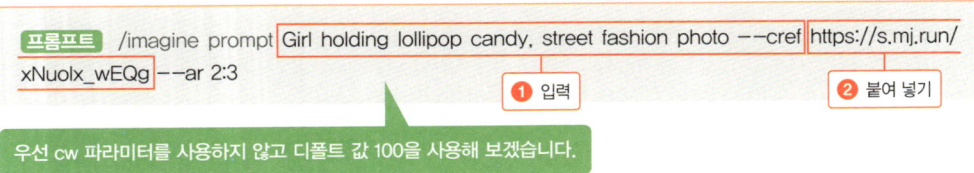

프롬프트 /imagine prompt Girl holding lollipop candy, street fashion photo --cref https://s.mj.run/ xNuolx_wEQg --ar 2:3

❶ 입력   ❷ 붙여 넣기

우선 cw 파라미터를 사용하지 않고 디폴트 값 100을 사용해 보겠습니다.

05 다음과 같은 이미지가 생성되었습니다. **--cref** 파라미터를 사용했기 때문에, 인물의 외형에 관한 별도의 프롬프트 작성 없이, 참조 캐릭터의 얼굴과 헤어스타일, 의상 등 모든 외형이 반영되었습니다.

06 이번에는 **--cw** 파라미터를 활용하여 가중치를 적용해 보겠습니다. 이미지 프롬프트 창에 아래와 같이 프롬프트를 입력하여 이미지를 생성합니다.

프롬프트 /imagine prompt Kpop girl on stage, colorful lights, ending pose, looking at the camera --cref https://s.mj.run/xNuolx_wEQg **--cw 20** --ar 2:3

07 가중치를 --cw 20으로 적용하여, 인물의 얼굴을 제외한 헤어, 의상, 구도 등이 프롬프트 상황에 맞게 변형되어 생성되는 것을 확인할 수 있습니다.

알아두기 미드저니의 sref와 cref 기능 비교

미드저니는 V6부터 sref(스타일 참조)와 cref(캐릭터 참조) 기능을 추가했습니다. 먼저 간단하게 용어 설명을 하자면 Sref = Style reference / Cref = Character reference를 말합니다. 즉, Sref는 스타일을 참조할 이미지를 뜻하는 것이고, Cref는 캐릭터의 이미지를 참조하는 기능입니다. 이 기능들을 사용하면 기존 이미지의 스타일이나 캐릭터를 참조하여 새로운 이미지를 생성할 수 있습니다.

sref 기능	cref 기능
• sref 기능을 사용하면 특정 이미지의 스타일을 참조하여 새로운 이미지를 생성할 수 있습니다.	• cref 기능을 사용하면 특정 인물 이미지를 참조하여 일관된 캐릭터로 새로운 이미지를 생성할 수 있습니다.
• 프롬프트 뒤에 --sref 명령어와 참조할 이미지의 URL을 입력하면 됩니다.	• 프롬프트 뒤에 --cref 명령어와 참조할 이미지의 URL을 입력하면 됩니다.
• 여러 개의 참조 이미지 URL을 입력할 수 있으며, 이 경우 각 이미지의 스타일이 혼합되어 적용됩니다.	• 참조 이미지의 인물 특징(얼굴, 의상 등)이 유지되어 일관성 있는 캐릭터 이미지를 생성할 수 있습니다.
• 참조 이미지의 스타일 영향력을 조절하기 위해 --sw 옵션으로 가중치를 설정할 수 있습니다.	• 캐릭터 참조 이미지와의 유사도를 조절하기 위해 --cw 옵션으로 가중치를 설정할 수 있습니다.
• 가중치 범위는 0~1000까지 적용 가능하며, 가중치를 설정하지 않는 경우 기본 값인 100으로 적용됩니다.	• 가중치 범위는 0~100입니다. 가중치를 설정하지 않는 경우 기본 값인 100으로 적용됩니다.

여러 개의 시안을 한꺼번에 받아보고 싶다면?

파라미터 활용법 --r(repeat)

미드저니에서 사용되는 파라미터는 특정 프롬프트를 반복하여 이미지를 생성하는 기능을 제공합니다. 이 파라미터를 통해 사용자는 동일한 설정으로 여러 이미지를 생성할 수 있어, 다양한 변형을 시도하거나 여러 버전을 비교하는 데 유용합니다.

• **완성 파일**: 02\리핏1~5.png

--r 파라미터는 'repeat'의 약자로, 지정된 프롬프트를 반복하여 여러 개의 이미지를 생성합니다. 이는 사용자가 한 번의 명령으로 여러 이미지를 생성하여 비교하거나, 동일한 조건 하에서 다양한 변형을 시도하고자 할 때 매우 유용합니다.

미드저니에서 --r 파라미터를 사용하는 방법은 간단합니다. 프롬프트 끝에 --r을 입력하고, 반복할 횟수를 숫자로 지정합니다. 예를 들어, --r 5와 같이 사용하면 동일한 프롬프트로 5개의 이미지를 생성합니다. 회수 입력은 1~40까지 입력 가능합니다.

--r 파라미터는 여러 이미지를 생성하여 다양한 결과를 비교하고 분석하는 데 중요한 역할을 합니다. 이를 통해 사용자는 특정 프롬프트가 어떻게 변형되는지 확인하고, 최상의 결과물을 선택할 수 있습니다. 또한, 여러 버전의 이미지를 필요로 하는 프로젝트에서 반복 작업을 자동화하여 효율성을 높일 수 있습니다.

01 이미지 프롬프트 창에 아래와 같이 프롬프트를 입력하여 이미지를 생성합니다.

프롬프트 /imagine prompt a 3d logo, bold letter 'R', palm trees and tropical plants and clouds, green and beige colors

02 | --r 파라미터를 입력하지 않으면, 다음과 같이 4개 이미지가 생성됩니다.

03 | 이번에는 같은 프롬프트 뒤로 --repeat 4를 입력하여 이미지를 생성합니다.

> **프롬프트** /imagine prompt a 3d logo, bold letter 'R', palm trees and tropical plants and clouds, green and beige colors **--repeat 4**

04 | --repeat 4를 실행하면 다음과 같이 진행 여부를 묻는 메시지가 나타납니다. [YES] 버튼을 클릭하여 이미지를 생성합니다.

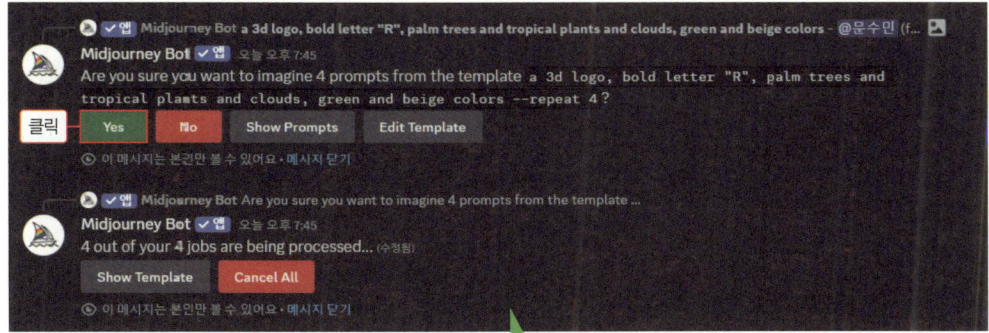

--repeat 명령어는 요금제 중 스탠다드모드 또는 프로모드에서만 사용 가능하며, 또한 패스트 모드를 모두 소진한 경우에도 --repeat 명령어를 실행할 수 없습니다.

05 | ––repeat 파라미터의 영향으로 4개의 샘플 이미지가 4번 반복해서 생성되는 것을 확인할 수 있습니다.

(알아두기) repeat 파라미터 효과적으로 사용하기

repeat 파라미터를 보다 효과적으로 사용하려면 **––sref random** 파라미터와 함께 사용하면 좋습니다. 동일한 프롬프트 값으로 다양한 스타일의 이미지를 동시에 받아볼 수 있습니다.

프롬프트 a sleeping baby on a moon, 3d render, warm color moodboard ––sref random **––r 3**

일본 애니메이션 스타일로 표현하려면?

파라미터 활용법 ──niji

미드저니에서 ──niji 파라미터는 애니메이션과 일러스트 스타일의 이미지 생성을 위한 기능입니다. 이 모델은 미드저니와 애니메이션 제작사 스펠브러시(Spellbrush)가 협업하여 개발한 것으로, 일본 애니메이션, 만화, 게임 아트 스타일을 보다 정교하게 표현할 수 있도록 설계되었습니다. 기본적으로 미드저니의 일반 모델은 사실적인 이미지 생성에 최적화되어 있지만, ──niji를 사용하면 보다 감성적이고 선명한 색감, 과장된 표정, 부드러운 명암 대비 등을 반영한 애니메이션 스타일의 결과물을 얻을 수 있습니다.

• **완성 파일**: 02\니지1~6, 니지일러1~3.png

    ──niji 파라미터는 애니메이션 스타일이 중요한 프로젝트나 창작 작업에서 특히 유용합니다. 미드저니의 일반 모델은 얼굴과 신체 비율을 현실적으로 표현하는 경향이 있습니다. 하지만 ──niji를 사용하면 보다 만화적인 얼굴 비율, 과장된 표정, 세밀한 의상 디자인이 강조된 캐릭터를 만들 수 있어, 애니메이션 스타일의 캐릭터를 만들고 싶을 때 효과적입니다. 또한 부드러운 색감과 빛의 표현이 강조된 애니메이션 배경을 만들고 싶다면, ──niji를 사용하여 보다 감성적인 분위기를 연출할 수 있습니다.

    감정을 강조하는 애니메이션 스타일의 특징을 살려, 극적인 표정 변화와 역동적인 포즈를 가진 캐릭터를 표현할 수도 있고, 일본식 판타지 아트, SF 세계관, 로봇 디자인과 같은 특정 스타일을 보다 자연스럽게 구현할 수 있습니다.

    미드저니에서 ──niji 파라미터를 사용하는 방법은 간단합니다. 프롬프트 입력 시 문장 끝에 ──niji를 추가하면 됩니다. 특히 ──niji V5 버전을 지정할 경우, ──style로 아래와 같이 명령어를 조합하여 입력하면 더욱 차별화된 이미지를 만들 수 있습니다.

/settings에서 Niji Model V5를 선택하면 기존에는 없던 4가지 스타일 옵션(Expressive, Cute, Scenic, Original)이 표시됩니다. 이를 추가로 지정할 수 있으며, 세팅을 마친 후 이미지를 생성할 때 프롬프트 뒤에 --Niji, 또는 --Cute 등 스타일 옵션에 해당되는 파라미터가 자동으로 추가됩니다.

❶ --style expressive: 3D 렌더링을 입힌 듯한 명암과 입체효과로, 보다 완성도 높고 세련된 일러스트 느낌을 줍니다.

❷ --style cute: 매력적이고 사랑스러운 캐릭터, 소품 및 배경을 만듭니다.

❸ --style scenic: 환상적인 배경을 배경으로 아름다운 배경과 영화 같은 캐릭터를 제작합니다.

❹ --style original: 오리지널 스타일은 미드저니의 기본 스타일에서 발전한 형태로 표현해 줍니다. 빛과 그림자의 표현 기술을 보다 업그레이드된 형태로 구현합니다.

프롬프트 --niji 6(Default)

프롬프트 --niji 5

−−niji 5 −−style cute

프롬프트 −−niji 5 −−style expressive

프롬프트 −−niji 5 −−style original

프롬프트 −−niji 5 −−style scenic

01 　이미지 프롬프트 창에 아래와 같이 프롬프트를 입력하고 Enter를 누릅니다.

프롬프트 /imagine prompt a small coffee shop, the front view, surrounded by trees and plants, autumn and glow sky −−niji

02 | 'illustration'이라는 프롬프트를 입력하지 않아도 일본 애니메이션 특유의 화풍으로 다음과 같이 4개 이미지가 생성되는 것을 확인할 수 있습니다.

--niji 파라미터의 디폴트 버전은 --niji 6이며, --niji 6에서는 기본적으로 --style raw가 적용되며, 나머지 스타일 옵션(Expressive, Cute, Scenic, Original 스타일)은 함께 사용할 수 없습니다.

03 | 이번에는 같은 프롬프트 뒤로 '--niji 5 --style expressive'를 입력하여 새로운 분위기의 이미지를 생성합니다.

프롬프트 /imagine prompt a small coffee shop, the front view, surrounded by trees and plants, autumn and glow sky --niji 5 --style expressive

04 | 명령어의 영향으로 4개의 이미지가 expressive style 특유의 기법으로 일러스트 이미지가 생성되는 것을 확인할 수 있습니다.

05 다시 한번 같은 프롬프트 뒤로 '--niji 5 --style scenic'을 입력하고 Enter 를 누릅니다.

프롬프트 /imagine prompt a small coffee shop, the front view, surrounded by trees and plants, autumn and glow sky --niji 5 --style scenic

06 이전과는 또 다른 스타일의 배경이 멋스러운 일러스트 이미지가 생성됩니다.

내 취향을 반영하여 이미지를 생성하고 싶다면?

파라미터 활용법 --p

22

미드저니를 사용하다 보면 단순히 프롬프트를 입력하는 것만으로는 원하는 스타일을 완벽하게 반영하기 어려운 경우가 많습니다. 특히, 창작 과정에서 일관된 색감이나 분위기를 유지하고 싶다면, 이를 조정할 수 있는 기능의 필요성을 느끼게 됩니다. 이런 경우 유용하게 활용할 수 있는 기능이 바로 --p 파라미터입니다.

> • **완성 파일**: 02\파라미터1~4.png

미드저니는 기본적으로 다양한 스타일의 이미지를 생성할 수 있는 강력한 AI 도구지만, 사용자의 개별적인 취향을 적극적으로 반영할 수 있도록 개인화 모델(Personalization) 기능을 제공하고 있습니다. 이는 단순한 이미지 생성 도구가 아니라, 사용자의 선호도를 학습하고, 이를 기반으로 맞춤형 결과물을 만들어 주는 시스템입니다.

--p 파라미터를 활용하면 AI가 자동으로 사용자의 취향을 반영하여 보다 개성 있는 스타일을 유지하는 이미지를 생성할 수 있습니다. 이를 통해 같은 주제의 이미지를 생성하더라도, 각기 다른 스타일의 결과물이 아니라 나만의 특성이 반영된 일관된 비주얼을 유지할 수 있게 됩니다.

개인화 기능을 활성화하기 위해서는 먼저 사용자의 선호도를 학습시키는 과정이 필요합니다. 이 과정은 미드저니가 사용자의 스타일을 분석하고, 이에 맞춰 AI가 자동으로 조정된 이미지를 생성할 수 있도록 돕는 역할을 합니다. 개인화 모델이 활성화되면, 사용자는 프롬프트를 입력할 때 --p 파라미터를 추가하여 더욱 정교한 나만의 스타일 이미지를 생성할 수 있게 됩니다.

01 | 개인화 P코드 사용을 위해, 사용자의 선호도를 학습시키겠습니다. 미드저니 웹 버전에 접속하여 왼쪽 메뉴 중 하단에 있는 [Tasks] 메뉴를 클릭합니다.

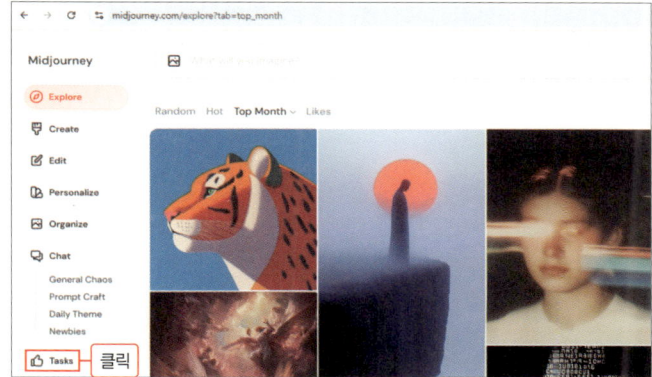

02 | 'Image Rankings'라는 제목 아래 옵션 메뉴가 나타납니다. 이 중 오른쪽에 있는 'Rank Image Aesthetics'를 선택합니다.

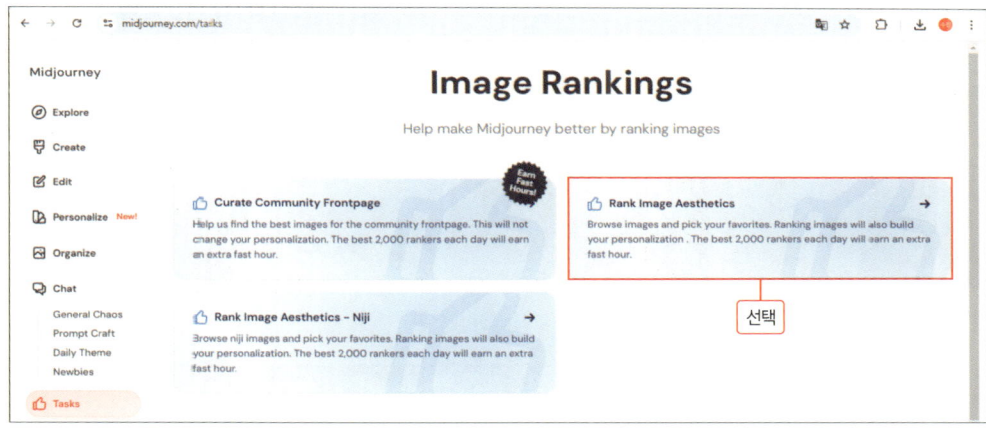

03 | 화면에 나타나는 두 이미지 중 선호하는 스타일의 이미지를 눌러 선택하는 작업을 진행합니다.

만약 두 이미지 모두 마음에 들지 않는 경우, 오른쪽 상단에 있는 SKIP을 눌러 선택을 건너뛸 수도 있습니다. 이 과정을 반복하면서 미드저니가 사용자의 스타일을 학습합니다.

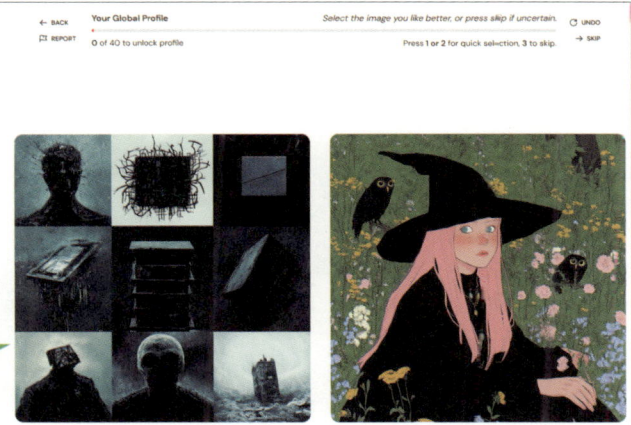

04 | 40개 이상의 이미지를 선택하면 개인화 P코드가 생성됩니다. 이후에도 계속해서 이미지 선택이 가능하며, 지속적으로 업데이트할 수 있습니다.

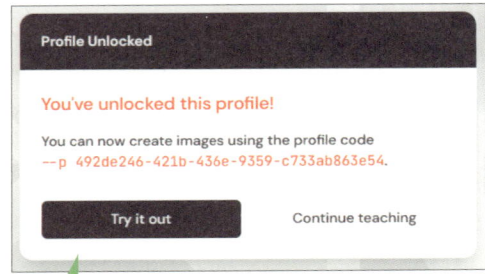

최근 업데이트된 미드저니에서는 40개의 이미지 평가만으로 기본적인 개인화 코드 설정이 가능합니다. 200개 이상의 이미지 평가시 더욱 안정적인 성능을 보여줄 수 있습니다.

05 | 개인화 코드를 사용하는 방법은 ❶ 프롬프트 입력 창 오른쪽에 'Personalize' 아이콘(P)을 클릭하여 모든 이미지 생성에 적용하는 방법과, ❷ --p 파라미터를 프롬프트 마지막에 입력하여 원하는 경우에만 선택적으로 적용하는 방법이 있습니다. 또는 ❸ 디스코드에서 /setting 창을 열고 [Personalization] 버튼을 클릭해 활성화하는 방법이 있습니다.

미드저니 웹 버전에서 개인화 적용 예시

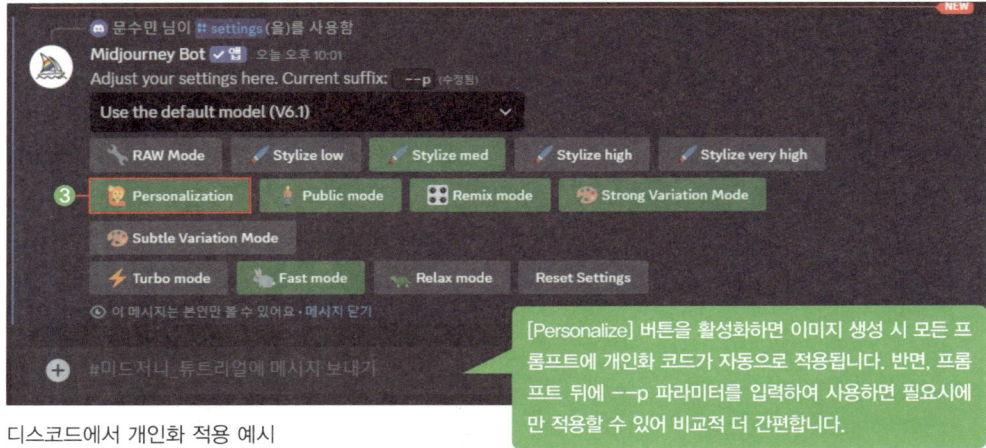

디스코드에서 개인화 적용 예시

[Personalize] 버튼을 활성화하면 이미지 생성 시 모든 프롬프트에 개인화 코드가 자동으로 적용됩니다. 반면, 프롬프트 뒤에 --p 파라미터를 입력하여 사용하면 필요시에만 적용할 수 있어 비교적 더 간편합니다.

06 | --p 파라미터를 활용하여 개인화 코드를 적용하고 이미지를 생성해 봅니다. 나의 취향이 반영되어 차별화 이미지가 나타나는 것을 확인할 수 있습니다.

프롬프트 a portrait of a high-fashion editor, short black hair, a profile view against background

프롬프트 a portrait of a high-fashion editor, short black hair, a profile view against background --p

프롬프트 Green-tea icecream in a pot, tea leaves on background

프롬프트 Green-tea icecream in a pot, tea leaves on background --p

이미지 생성 과정을 동영상으로 만들고 싶다면?

파라미터 활용법 --video

23

미드저니에서 이미지를 생성할 때, AI는 여러 단계를 거쳐 점진적으로 이미지를 완성해갑니다. 하지만 이 과정은 빠르게 진행되기 때문에 사용자는 최종 결과물만 확인할 수 있고, 실제로 이미지가 어떤 방식으로 형성되는지는 볼 수 없습니다. 만약, 이러한 이미지 생성 과정을 기록하고 싶다면 --video 파라미터를 사용하면 가능합니다.

· **완성 파일**: 02\비디오_완성.mp4

--video 파라미터는 이미지가 생성되는 과정을 자동으로 녹화하여 동영상 파일로 저장할 수 있도록 합니다. 이는 창작 과정 자체를 영상 콘텐츠로 활용할 수 있으니 크리에이터들에게 유용한 기능이 됩니다. 예를 들어, 디지털 아트 작업 과정 공유, 프롬프트 실험 및 비교 분석, AI 아트 관련 강의 및 교육 자료 활용 등 다양한 용도로 사용할 수 있습니다. 디지털 아티스트는 자신의 창작 과정을 기록하고 이를 포트폴리오에 포함할 수도 있으며, 프롬프트 변경에 따라 이미지가 어떻게 달라지는지를 비교하여 더욱 효과적인 명령어를 연구할 수도 있습니다. 또한, AI 이미지 생성 원리를 교육하거나 미드저니 활용법을 설명하는 강의 자료로도 활용할 수 있습니다.

미드저니에서 --video 파라미터를 사용하는 방법은 간단합니다. 프롬프트 입력 시 문장 끝에 --video를 추가하면 됩니다. 하지만 동영상은 자동으로 저장되지 않으며, 사용자가 직접 다운로드해야 합니다. 이미지 생성이 완료되면 업스케일된 이미지에서 [Download Video] 버튼이 나타나는데, 이를 클릭하면 생성 과정이 녹화된 MP4 파일을 다운로드할 수 있으며, 다운로드한 영상은 편집하거나 SNS에 공유할 수 있습니다.

하지만, --video 파라미터를 사용할 때 몇 가지 알아두어야 할 점이 있습니다. 먼저,

이 기능은 업스케일된 이미지에서만 활성화됩니다. 즉, 기본적으로 생성된 저해상도 샘플에서는 동영상이 기록되지 않으며, 고해상도 업스케일 과정을 거쳐야만 다운로드할 수 있습니다. 또한, 동영상 파일은 자동으로 저장되지 않으므로, 생성된 이미지를 삭제하면 다운로드 링크도 함께 사라질 수 있으니 필요한 경우 즉시 저장하는 것이 중요합니다. 마지막으로, 미드저니에서 생성한 콘텐츠를 외부에 공유할 때는 서비스 이용 약관을 확인하고, 저작권 문제를 방지하기 위해 적절한 출처를 표기하는 것이 좋습니다.

01 | 이미지 프롬프트 창에 아래와 같이 프롬프트를 입력하고, 프롬프트 마지막에 '--video' 파라미터를 입력하고 [Enter]를 누릅니다.

> **프롬프트** /imagine prompt poster graphic with an ancient greek statue, geometric shapes, purple and green color, pixel noise, post modern style **--video**

02 | 프롬프트에 따라 이미지가 만들어졌으나, 동영상을 바로 확인할 수는 없습니다. 생성된 이미지 오른쪽 상단에 위치에 있는 '반응 추가하기' 아이콘(◡)을 클릭합니다.

03 │ 편지봉투 이모티콘을 찾아 클릭합니다. 검색 창에 'envelope'을 입력하여 해당 이모티콘을 찾을 수도 있습니다.

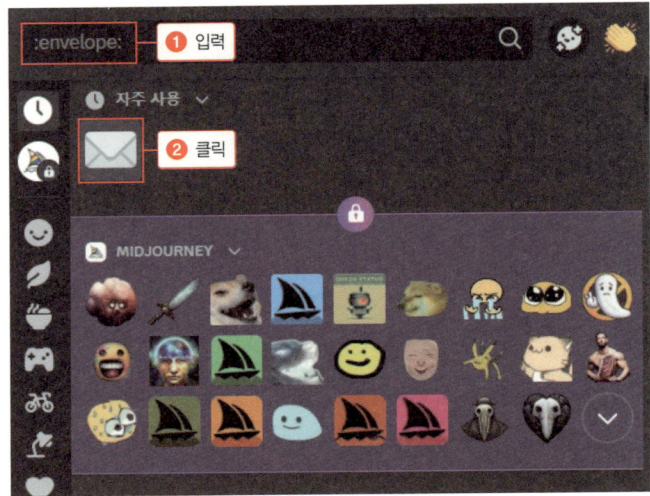

04 │ 생성 이미지 하단에 편지봉투 이모티콘이 나타나면, 왼쪽 메뉴바 상단에 있는 'Midjourney Bot'을 클릭합니다. Midjourney Bot이 다이렉트 메시지로 보낸 동영상 링크를 확인할 수 있습니다.

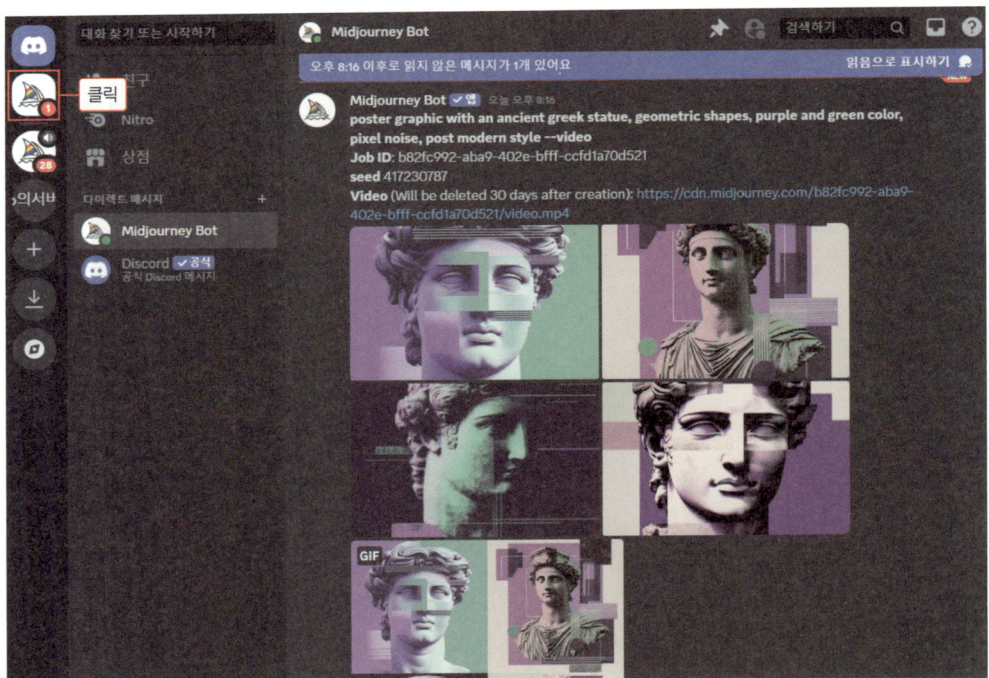

05 GIF 이미지를 클릭하고, 이미지가 크게 열리면 이미지 왼쪽 하단에 있는 [브라우저로 열기]를 클릭합니다.

06 새 창에서 동영상을 바로 재생되는 것을 확인할 수 있습니다. 다운로드하기 위해 **마우스 오른쪽 클릭 → [동영상을 다른 이름으로 저장]**을 선택하여 PC에 저장합니다.

사실적인 이미지보다 회화성이 가미된 스타일이 좋다면?

파라미터 활용법 --v(version)

24

미드저니에서 사용되는 --v 파라미터는 이미지 생성에 사용할 모델의 버전을 지정하는 기능을 제공합니다. 이 파라미터를 통해 사용자는 특정 버전의 모델을 선택하여 이미지 생성의 스타일과 품질을 조절할 수 있습니다.

• **완성 파일**: 02\버전1~6.png

--v 파라미터는 'version'의 약자로, 미드저니가 이미지 생성에 사용할 모델의 특정 버전을 선택할 수 있게 합니다. 미드저니는 지속적으로 업데이트되며, 각 버전은 고유한 특성과 스타일을 가지고 있습니다. 특정 버전을 지정하면 해당 버전의 알고리즘과 스타일을 사용하여 이미지를 생성합니다. 버전을 다양하게 바꿔 작업해 보며 나에게 맞는 스타일을 찾아 활용해 볼 수 있습니다.

미드저니에서 --v 파라미터 사용 방법은, 프롬프트 끝에 '--v'를 입력하고, 사용할 모델의 버전 번호를 지정하면 됩니다. 미드저니의 버전은 V1, 2, 3, 4, 5, 5.1, 5.2, 6 순으로 업그레이드 되면서, 현재는 보다 사실적인 이미지를 표현할 수 있게 되었고, 이미지 사이즈를 조정하는 기능이 추가 되는 등 이미지 생성에 있어 필요한 다양한 편의를 제공하고 있습니다.

미드저니의 버전별 특징이라고 하면, 최신 버전일수록 섬세하고 사실적인 이미지가 생성된다고 할 수 있습니다. 또한 사진의 색감이나 조명 등 버전별로 약간의 차이를 보입니다. 회화나 일러스트레이션 표현방식에도 차이를 보이며, 화풍 차이가 나타나기도 합니다. 추상적인 이미지를 생성하고 싶을 때는 낮은 버전을 설정하는 것이 좋을 수도 있다는 의견입니다. 의도적으로 투박하고 추상적인 이미지를 만들기에는 오히려 낮은 버전일수록 효과적이기도 합니다.

01 ┃ 이미지 프롬프트 창에 아래와 같이 프롬프트를 입력하여 이미지를 생성합니다.

> **프롬프트** /imagine prompt luxury yellow handbag, product advertising, surreal and dreamy mood, pond with a beautiful plant, --ar 16:9

02 ┃ --v 파라미터를 따로 입력하지 않으면, 기본 값은 최신 버전을 기준으로 다음과 같이 4개 이미지가 생성됩니다.

03 ┃ 이번에는 같은 프롬프트 뒤로 --v 5.2를 입력하고 이미지를 생성합니다.

> **프롬프트** /imagine prompt luxury yellow handbag, product advertising, surreal and dreamy mood, pond with a beautiful plant, --ar 16:9 --v 5.2

04 ┃ 사진의 전체적인 구도나 콘셉트, 사실적인 스타일 등은 비슷하나, --v 5.2 파라미터의 영향으로 새로 생성된 이미지의 색감이나 조명 등에서 다소 차이를 보이는 것을 확인할 수 있습니다.

프롬프트   --v 4

프롬프트   --v 3

프롬프트   --v 2

프롬프트   --v 1

특정 단계에서
이미지 생성을 중단하려면?

파라미터 활용법 --stop

--stop 파라미터는 이미지 생성 과정 중 특정 시점에서 생성을 중단할 수 있도록 하는 기능을 제공합니다. 프로세스 도중에 작업을 완료하여, 특정 단계의 결과물을 확인하고자 할 때 주로 사용합니다. 이 파라미터를 통해 사용자는 이미지 생성이 특정 단계에서 멈추도록 하여, 덜 완성된 상태의 이미지를 얻을 수 있습니다.

• **완성 파일**: 02\스톱1~3.png

미드저니에서 --stop 파라미터를 사용하는 방법은 간단합니다. 프롬프트 끝에 --stop을 입력하고, 멈추고자 하는 퍼센티지를 지정합니다. 예를 들어, --stop 50과 같이 사용하면 이미지 생성 과정의 50%에서 작업이 멈추게 됩니다. 퍼센티지는 1에서 100 사이의 값으로 설정할 수 있으며, 낮은 값일수록 더 초기 단계에서 멈춥니다.

--stop 파라미터는 이미지 생성 과정의 특정 지점에서 AI가 작업을 멈추도록 설정합니다. 미드저니는 이미지 생성 시 여러 단계를 거쳐 이미지를 점진적으로 개선해 나가는데, --stop 파라미터를 사용하면 원하는 단계에서 이 과정을 멈출 수 있습니다. 이는 이미지를 완성되지 않은 상태에서 멈추고 싶을 때, 예를 들어 스케치나 러프한 아이디어를 표현하고자 할 때 유용합니다. 이를 통해 사용자는 스케치, 개념 아트, 중간 단계의 디자인 등의 완성된 이미지가 아닌, 중간 단계의 이미지를 필요로 하는 프로젝트에서 유용하게 활용할 수 있습니다.

01 | 이미지 프롬프트 창에 아래와 같이 프롬프트를 입력하여 이미지를 생성합니다.

> **프롬프트** /imagine prompt young beautiful woman with a vintage phone, advertising image, pop color

02 | 다음과 같이 빈티지 스타일의 4개 이미지가 생성되었습니다. 같은 프롬프트로 새로운 이미지를 다시 생성하고자, [RE-ROLL] 버튼을 클릭합니다.

--stop을 입력하지 않으면, 기본 설정값은 100입니다.

03 | Remix Prompt 창이 열리면 프롬프트 뒤로 --stop 30을 추가로 입력하고 [전송] 버튼을 클릭합니다.

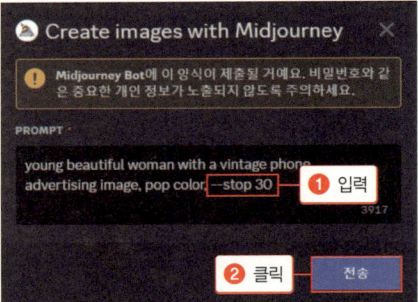

04 │ 프로세스 도중에 작업이 완료되어, 다음과 같이 4개 이미지가 생성되었습니다. 미완성된 상태로 독특한 이미지가 생성됩니다. 같은 프롬프트로 다시 이미지를 생성하고자, [RE-ROLL] 버튼을 클릭합니다.

05 │ Remix Prompt 창이 열리면 프롬프트 뒤로 이번에는 --stop 80을 추가로 입력하고 [전송] 버튼을 클릭합니다.

06 │ 80% 수준으로 진행이 완료되어, 다음과 같이 4개 이미지가 생성되었습니다. --stop 파라미터를 통해 미완성된 정도를 조절하여 독특한 이미지를 생성할 수 있습니다.

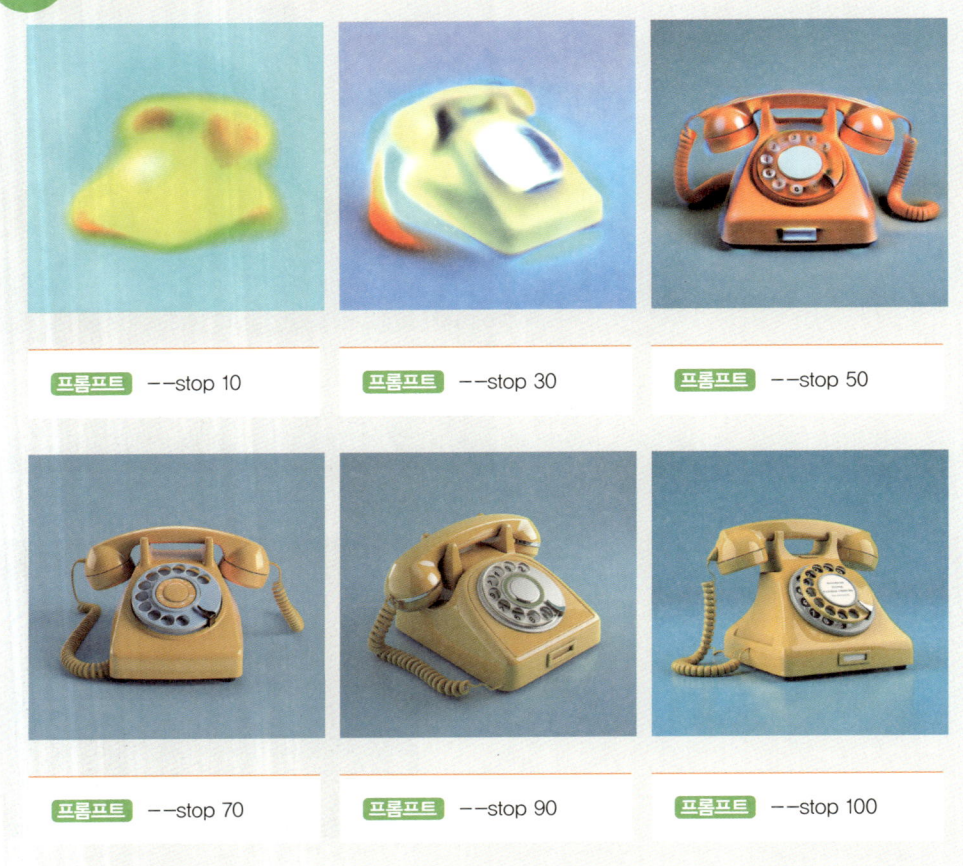

프롬프트　--stop 10

프롬프트　--stop 30

프롬프트　--stop 50

프롬프트　--stop 70

프롬프트　--stop 90

프롬프트　--stop 100

이미지 품질과 렌더링 시간을 조절하고 싶다면?

파라미터 활용법 --q(quality)

26

--q(또는 --quality) 파라미터는 이미지의 퀄리티를 조절합니다. 이 파라미터를 통해 사용자는 생성되는 이미지의 디테일 수준과 처리 속도를 조절할 수 있습니다.

• **완성 파일**: 02\퀄리티1~2.png

--q 파라미터는 'quality'의 약자로, 이미지 생성의 품질 수준을 결정합니다. 사용 가능한 값은 **0.25, 0.5, 1**입니다. 기본 값은 1로 설정되어 있으며, 값이 낮아질수록 품질이 떨어지고 처리 속도가 빨라집니다. 품질 수치가 높을수록 이미지의 디테일이 더 정교해지지만, 처리 시간이 더 오래 걸립니다. 반대로, 낮은 값은 속도를 높이고 자원 소비를 줄이지만 디테일이 감소합니다.

미드저니에서 --q 파라미터를 사용 방법, 프롬프트 끝에 --q 또는 --quality를 입력하고, 원하는 품질 수준을 숫자로 지정합니다. 예를 들어, --q 0.5와 같이 사용하면 품질을 50%로 설정하여 더 빠른 속도로 이미지를 생성합니다.

--q 파라미터는 이미지 생성의 품질과 속도를 조절하여 다양한 요구를 충족시키는 데 중요한 역할을 합니다. 예를 들어, --q 0.25는 품질을 25%로 낮추어 속도를 4배 빠르게 하며, --q 0.5는 품질을 50%로 낮추어 속도를 두 배 빠르게 합니다. 이는 테스트 목적으로 빠르게 이미지를 생성하거나 자원이 제한된 환경에서 유용합니다. 반면, 고품질의 세밀한 이미지가 필요한 경우 기본 값인 --q 1을 사용할 수 있습니다.

미드저니는 이미지 생성에 걸리는 시간으로 사용료를 계산하므로, 품질을 낮추고 속도를 높이면 결과적으로 사용료를 절감할 수 있습니다. 이 파라미터는 이미지의 디테일 정도를 조절하며, 해상도에는 영향을 끼치지 않습니다.

01 | 이미지 프롬프트 창에 아래와 같이 프롬프트를 입력하여 이미지를 생성합니다.

프롬프트 /imagine prompt Cartoon image of a girl wearing sunglasses, in the style of neon color palette, punk style, soft realism, 3d render, **--q 0.25**

02 | 이미지 결과물이 빠르게 생성되었습니다. 테스트 목적으로 이미지 퀄리티를 낮추어 생성하면 미드저니의 사용 시간을 아낄 수 있습니다.

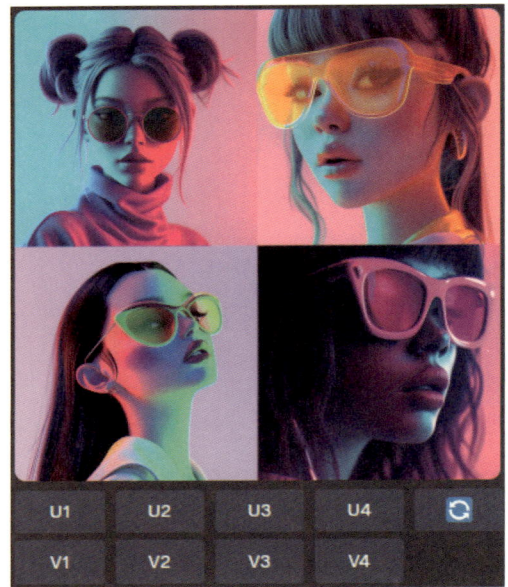

03 | 이미지 컨셉이 마음에 들었다면 이미지 프롬프트 창에 이전과 같은 프롬프트에 **--q** 파라미터를 삭제하거나, 또는 **--q** 1을 입력하여 이미지를 다시 생성합니다.

프롬프트 /imagine prompt Cartoon image of a girl wearing sunglasses, in the style of neon color palette, punk style, soft realism, 3d render, **--q 1**

04 기본 quality 설정 값대로 고품질의 이미지 결과물이 생성되었습니다.

알아두기 설정 값에 따른 결과물

프롬프트 --quality .25	프롬프트 --quality .5	프롬프트 --quality 1
가장 빠르고 단순한 결과물 4배 더 빠르고, GPU 시간은 1/4로 단축	덜 자세한 결과물 2배 더 빠르고, GPU 시간은 1/2로 단축	기본 설정값 고품질 이미지 생성

Mid Journey

PART

3

업무, 디자인을 위한
생성형 이미지 제작 활용

미드저니를 활용하면 디자이너 없이도 감각적인 목업, 패키지, 마스코트, 웹툰 스타일의 이미지까지 손쉽게 제작할 수 있습니다. 브랜드 엠블럼부터 캘리그래피, 시네마틱 이미지, 3D 아이콘 등 다양한 디자인 요소를 AI로 창의적으로 구현할 수 있습니다. 가상 인물 생성으로 광고 모델 비용을 절감하고, 제품 이미지나 마케팅 콘텐츠도 직접 제작이 가능합니다. 또한 챗GPT와 연계해 광고용 프롬프트를 만들거나 수정하며, 보다 효과적인 이미지 제작이 가능해집니다.

이 파트는 트렌디한 책표지부터 웹사이트 배경, 프레젠테이션까지 실무 전반의 디자인, 콘텐츠 기획 등 다양한 업무에 즉시 적용할 수 있는 실전형 생성형 이미지 활용법을 배워 보겠습니다.

목업 이미지 디자인하기

목업으로 활용하기

목업(Mock-up)은 제품 디자인을 시각화하거나 아이디어를 구체화하는 데 아주 유용한 도구입니다. 머그컵, 티셔츠, 에코백 같은 제품에 로고나 그래픽을 적용해 최종 결과물을 미리 확인할 수 있으니까요. 보통 이런 목업 이미지는 스톡 이미지(Stock image)를 구매하거나, 직접 제작하여 사용합니다. 그런데 목업 이미지를 직접 제작하려면 시간도 오래 걸리고, 그래픽 툴을 다룰 줄 알아야 하는 경우가 많습니다. 이런 경우에 미드저니를 활용하면 누구나 손쉽게 고품질의 목업 이미지를 만들어 활용할 수 있습니다.

• 예제 파일: 03\목업1~2.png   • 완성 파일: 03\목업3.png

목업 이미지는 주로 로고나 디자인을 특정 제품에 적용한 모습이기 때문에, 어떤 제품인지, 어떤 분위기인지 구체적으로 떠올리는 것이 중요합니다. 예를 들어, 로고가 새겨진 머그컵을 떠올린다면, 다음과 같은 프롬프트를 작성할 수 있습니다.

프롬프트 a white ceramic mug with a minimalist logo design, placed on a wooden table, natural lighting

이 프롬프트는 단순히 머그컵을 생성하는 것뿐 아니라, 목업 이미지의 배경과 조명까지 구체적으로 설정해 줍니다. 더 구체적인 텍스처나 스타일을 추가하고 싶다면 'shiny surface'(광택 있는 표면) 또는 'soft shadows'(부드러운 그림자) 같은 디테일도 포함해 보세요.

미드저니로 만든 목업 이미지는 다양한 상황에서 유용하게 활용됩니다. 예를 들어, 브랜딩 작업을 할 대 로고가 다양한 제품에 어떻게 보일지 시각화하는 데 활용할 수 있습니다. 머그컵, 에코백, 티셔츠 등에 로고를 적용한 목업 이미지를 만들어 보면, 디자인이 실제로 어떻게 보일지 미리 알 수 있죠.

또한, 아직 제작되지 않은 제품의 디자인 시안을 확인하거나 팀원들과 아이디어를 공유할 때도 목업 이미지는 큰 도움이 됩니다. "이 디자인이 실제로 이렇게 보일 텐데, 괜찮을까요?"라고 물으며 시각적으로 보여주는 것이 훨씬 설득력 있겠죠.

더 나아가, 마케팅 콘텐츠 제작에도 사용할 수 있습니다. 미드저니를 활용하면 'a skincare bottle with a minimalist label design, placed on a marble countertop' 같은 프롬프트로 고급스러운 스킨케어 제품 이미지를 생성할 수 있어요. 이런 이미지는 소셜 미디어나 광고에 활용하기에도 완벽합니다.

미드저니로 목업 이미지를 제작하면 디자인 과정을 크게 단축할 수 있습니다. 복잡한 디자인 프로그램을 다루지 못하더라도, 텍스트만으로 원하는 제품과 스타일을 구현할 수 있으니까요. 제품을 만들기 전에 미리 디자인을 검토하거나, 창의적인 아이디어를 시각화해 팀원들과 공유하는 데도 큰 도움을 줄 것입니다.

01 │ 기본적으로 가장 많이 활용되는 포스터 목업 이미지를 생성해 보겠습니다. 이미지 프롬프트 창에 아래와 같이 프롬프트를 입력하여 이미지를 생성합니다.

> **프롬프트** /imagine prompt mockup empty, black framed blank A2 poster, on a wooden floor, minimal style

02 │ 생성된 4가 이미지를 확인해 봅니다. 전체적인 컬러톤이 다소 산만하여, 컬러톤 정돈이 필요해 보입니다.

03 │ 컬러톤을 지정하는 키워드를 추가합니다. 예제에서는 'beige color mood'라고 프롬프트를 추가하여 이미지를 생성합니다.

> **프롬프트** /imagine prompt mockup empty, black framed blank A2 poster, on a wooden floor, minimal style, **beige color mood**

04 프롬프트에 대한 새로운 이미지 시안이 나타납니다. 컬러톤이 베이지 계열로 정돈되어 차분해진 것을 확인할 수 있습니다. 예제에서는 1번 이미지를 선택하여 [U1] 버튼을 클릭합니다.

05 다음은 브랜딩 가이드에 자주 활용되는 목업 이미지를 생성해 보겠습니다. 이미지 프롬프트 창에 아래와 같이 프롬프트를 입력하여 이미지를 생성합니다.

> **프롬프트** /imagine prompt Brand Identity design for a restaurant, mockup empty, natural lighting, caramel and beige, light tones, teal, sage green, high quality --ar 5:3

06 생성된 4개 이미지를 확인해 봅니다. 브랜딩 디자인 요소를 보여주기엔 레이아웃이 산만하고, 시각적으로 집중도가 떨어져 보입니다.

07 레이아웃 정돈을 위해 프롬프트에 'knolling image'이라는 키워드를 추가하여 이미지를 생성합니다.

> **프롬프트** /imagine prompt Brand Identity design for a restaurantl, mockup empty, **knolling image**, menu, business card, tag, cup, apron, cloth bag, natural lighting, caramel and beige, light tones, teal, sage green, high quality --ar 5:3

> 놀링(knolling) 이미지는 일정 각도와 간격을 두고 오브젝트를 배열한 후, 탑뷰로 촬영한 이미지를 말합니다. 놀링 스타일의 오브젝트 구성과 배열은 시각적으로 깔끔하고 정돈된 느낌을 표현할 수 있어 목업 이미지로 많이 사용됩니다.

08 놀링 스타일의 이미지 형태로 레이아웃이 정돈되어 나타난 것을 확인할 수 있습니다. 예제에서는 [V4] 버튼을 클릭해 4번 이미지와 비슷한 느낌의 이미지 결과물을 다시 제안받습니다.

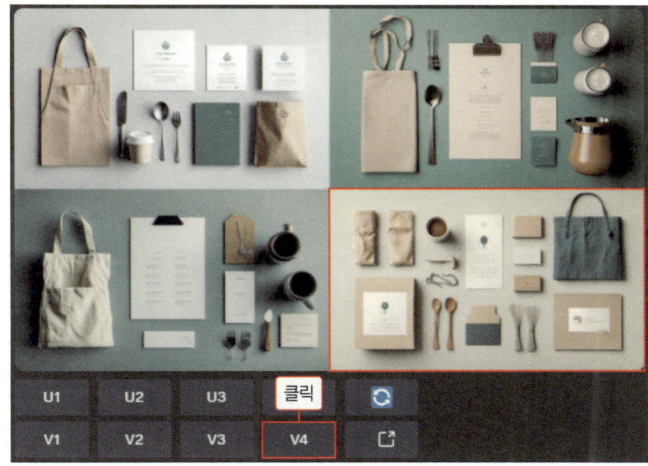

09 가장 마음에 드는 1번 이미지를 선정하여 업스케일합니다. 그리고 브랜드 로고를 합성하여 목업 이미지를 만들어 활용하도록 합니다.

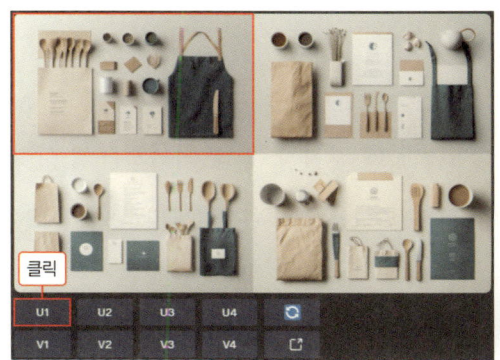

미드저니에서
캘리그래피도 가능하다고?

캘리그래피 생성하기

미드저니는 이미지 생성뿐만 아니라, 간단한 캘리그래피 스타일의 텍스트 디자인도 시도해볼 수 있습니다. 프롬프트에 따옴표 안에 원하는 텍스트를 입력하고 요청하면, 그 문자가 새겨진 이미지를 생성해 주는 기능이죠. 예를 들어, 브랜드 이름이나 짧은 슬로건을 입력하면, 그 텍스트가 특정 스타일로 장식된 그림에 포함되어 나올 수 있습니다.

• **예제 파일**: 03\브랜드로고.png   • **완성 파일**: 03\브랜드로고_완성.jpg

캘리그래피의 한계와 장점

미드저니는 V6부터 텍스트 생성이 이전보다 많이 정교해졌습니다. 그러나 아직도 텍스트에서 오타가 발생하거나, 알파벳 일부가 빠지는 경우가 종종 있어요. 그렇기 때문에 캘리그래피나 로고를 완벽하게 만들기에는 다소 어려움이 있을 수 있습니다.

하지만 이러한 한계를 감안하더라도, 미드저니는 간단한 로고 디자인이나 텍스트 기반 영감을 얻는 도구로 충분히 활용할 수 있습니다. 예를 들어, 미드저니에서 제안하는 여러 스타일의 텍스트 이미지를 보고, 최종 디자인 아이디어를 떠올릴 수 있죠.

텍스트 스타일링을 활용한 다양한 시도

미드저니는 단순히 텍스트를 이미지에 삽입하는 것에 그치지 않고, 프롬프트에 따라 다양한 스타일로 텍스트를 꾸며줍니다. 'elegant script', 'bold typography', 'vintage lettering' 등 원하는 스타일을 프롬프트에 추가하면, 텍스트가 해당 스타일로 표현된 이미지를 얻게 되는 것이죠. 이러한 기능을 활용해 캘리그래피 로고, 텍스트 포스터, 브랜드 슬로건 등 다양한 텍스트 디자인을 시도해보세요. 비록 완벽하지는 않더라도,

미드저니에서 제공하는 다양한 스타일의 변화를 통해 새로운 디자인 영감을 얻을 수 있습니다.

이처럼 미드저니에서 텍스트 캘리그래피를 활용하여 다양한 시도와 디자인을 할 수 있습니다. 완벽한 결과물을 얻기보다는, 영감을 주는 출발점으로 활용해보면 창의적인 디자인 아이디어를 얻는 데 큰 도움이 될 것입니다.

01 | 캘리그래피 스타일의 카페 로고를 만들기 위해, 이미지 프롬프트 창에 아래와 같이 프롬프트를 입력하여 이미지를 생성합니다.

> **프롬프트** /imagine prompt logo design, calligraphy "OhNeul" handwritten, black and white

특정 문자가 있는 그림을 생성하고자 할 때는 "따옴표"안에 원하는 텍스트를 입력하고 프롬프팅 합니다. 그러면 해당 문자가 새겨진 그림을 생성할 수 있습니다. 하지만 미드저니의 문자 인식 기능이 완벽하지 않기 때문에 긴 문장은 인식이 어렵고, 간단한 단어나, 알파벳 정도 생성이 가능합니다. 아직 오타나 생략 등 오류가 발생하기도 하니 참고하시기 바랍니다.

02 생성된 4개 이미지를 확인해 봅니다. 로고로 사용하기에 글자 형태가 너무 장식적이고, 문자 주변 붓 터치 요소와 같은 꾸밈 요소 또한 너무 많습니다.

03 더욱 간결한 로고 타입을 위해 '사인'을 의미하는 'signature style' 프롬프트를 추가합니다. 그리고 문자 주변의 장식 요소를 없애기 위해 **--no** 파라미터를 활용해 '**--no decoration**' 프롬프트를 추가합니다.

> **프롬프트** /imagine prompt logo design, simple calligraphy "OhNeul", **signature style**, black and white **--no decoration**

> **--no** 파라미터는 이미지에서 불필요한 부분을 삭제하거나 제외하고 싶을 때 사용하는 파라미터로, **--no** + '삭제하고 싶은 내용'을 입력합니다.

04 문자 주변의 장식적 요소가 많이 사라진 것을 확인할 수 있습니다. 그러나 여전히 문자 스타일이 로고로 사용하기엔 장식적인 느낌입니다.

05 이번에는 기존 프롬프트에 'clean background'라는 프롬프트를 추가합니다.

> **프롬프트** /imagine prompt logo design, simple calligraphy "OhNeul", signature style, **clean background**, --no cecoration

06 이제 간결한 캘리그래피 로고타입과 장식이 없는 깔끔한 배경처리의 생성 이미지들이 나타나기 시작했습니다. [V1] 버튼을 클릭해 1번 이미지를 베리에이션합니다.

07 베리에이션 이미지 중 3번 이미지가 로고로 활용하기에 적당해 보입니다. [U3] 버튼을 클릭해 이미지를 업스케일합니다.

08 | 앞에서 언급했듯이 미드저니의 문자 인식 기능이 완벽하지 않아 인식 오류나 오타 수정 작업이 필요합니다. 업스케일된 이미지를 다운받고, 로고로 활용할 수 있도록 오탈자 수정 작업을 진행합니다.

09 | 포토샵이나 일러스트레이터 그래픽 프로그램을 활용하여 메인 로고 하단에 오류로 나타난 부분을 삭제하고, 'BAKERY CAFE'라는 서브 문구를 입력하여 디자인을 완성합니다.

감각적인 브랜드 엠블럼을
디자인하고 싶다면?

브랜드 엠블럼 생성하기

브랜드를 론칭하거나 새로운 프로젝트를 시작할 때, 엠블럼이나 브랜드 아이덴티티(BI) 디자인은 필수 요소입니다. 하지만 전문 디자이너가 아니면, 이런 작업이 어렵게 느껴지는 건 당연한 일입니다. 하지만 미드저니를 활용하면 누구나 손쉽게 전문적이고, 창의적인 디자인 결과물을 빠르게 만들어낼 수 있습니다. 이 때문에 미드저니는 창업자나 개인 브랜드를 운영하는 사람들에게 이상적인 도구입니다.

• 완성 파일: 03\엠블럼_완성.png

미드저니를 사용하면 원하는 스타일의 브랜드 엠블럼을 빠르고 간편하게 시도할 수 있기 때문에, 무엇보다 다양한 시도를 해보길 권합니다. 브랜드가 지향하는 스타일에 대한 키워드를 프롬프트로 입력하면 엠블럼의 전체적인 비주얼 아이덴티티를 창의적으로 재해석해 줍니다.

예를 들어, 'minimalist logo' 또는 'luxury brand emblem'과 같은 프롬프트를 입력하면, 미드저니는 심플하면서도 고급스러운 느낌을 주는 엠블럼을 제안해 줍니다. 이처럼 다양한 스타일로 엠블럼을 실험해보며, 브랜드에 가장 잘 맞는 비주얼 디자인을 찾아볼 수 있습니다.

또한 브랜드 엠블럼은 회사의 가치나 메시지를 시각적으로 전달하는 중요한 매개체이기 때문에, 시각적인 콘셉트에 관해서도 원하는 스타일을 정확히 프롬프트로 지정하는 것이 중요합니다. 다음과 같은 스타일로 엠블럼 디자인을 요청할 수 있습니다.

- **모던하고 세련된 디자인**: modern emblem, sleek lines, minimal design
- **빈티지 스타일**: vintage emblem, rustic typography, classic badge style
- **고급스러운 느낌**: luxury emblem, gold accents, ornate design

프롬프트에 디자인 스타일에 관한 특정 키워드를 입력하면 미드저니는 다양한 아이디어를 제시하여 그에 맞는 엠블럼을 디자인해 줍니다. 이렇게 만들어진 엠블럼은 브랜드 고유의 스타일을 담고 감각적이고 독창적인 이미지를 전달할 수 있게 됩니다.

미드저니에서 생성한 엠블럼은 영감의 출발점으로 삼거나, 간단한 로고 디자인 프로젝트에 바로 사용할 수 있습니다. 그리고 이를 포장 디자인, 웹사이트, 명함 등 여러 곳에 활용할 수 있습니다. 이제 미드저니를 통해 감각적인 엠블럼을 디자인하고, 다양한 스타일을 실험해가며, 브랜드의 정체성을 시각적으로 나타낼 수 있는 멋진 디자인을 구현해 보세요.

01 아웃도어 관련 상품 브랜드의 엠블럼 디자인을 위해, 이미지 프롬프트 창에 아래와 같이 프롬프트를 입력하여 이미지를 생성합니다.

프롬프트 /imagine prompt Camping emblem logo, mountain illustration, modern vintage style

02 | 생성된 4개 이미지를 확인해 봅니다. 브랜드 엠블럼이 너무 그림처럼 묘사가 되어있습니다.

03 | 이번에는 색이 절제된 선 그림 스타일을 강조하기 위해 프롬프트를 'engraving mountain illustration'로 수정하고, 엠블럼 디자인을 부각할 수 있도록 'ribbon band for text, white background' 프롬프트도 추가합니다.

> `프롬프트` /imagine prompt Camping emblem logo, **engraving** mountain illustration, modern vintage style, **ribbon band for text, white background**

04 | 이전보다 엠블럼 스타일에 가까워진 시안을 생성합니다. 그러나 그림이 다소 장식적이고 올드한 느낌입니다.

05 젊은 층의 소비자들이 선호하는 간결하고 감각적인 브랜드 엠블럼을 만들기 위해, 프롬프트를 아래와 같이 수정하고 이미지를 다시 생성합니다.

프롬프트 /imagine prompt Camping emblem logo, simple line illustration, modern vintage style, vector graphic design, band for text, white background

06 보다 간결하고 세련된 느낌의 엠블럼을 생성합니다.

07 이번에는 정형화된 엠블럼 틀을 지우기 위해, 'band for text' 프롬프트를 빼고 다시 입력합니다.

프롬프트 /imagine prompt Camping emblem logo, simple line illustration, modern vintage style, vector graphic design, white background

08 | 요즘 트렌드에 어울릴 만한, 모던 빈티지 스타일의 간결하고 감각적인 일러스트 엠블럼 시안이 나타납니다. [V2] 버튼을 클릭해 2번 이미지를 베리에이션합니다.

09 | 베리에이션 이미지 중 2번 이미지가 로고로 활용하기에 적당해 보입니다. [U2] 버튼을 클릭해 이미지를 업스케일합니다.

10 | 아웃도어 캠핑 브랜드의 엠블럼으로 어울리는 이미지가 완성되었습니다. 업스케일된 최종 이미지를 다운받고, 다양한 제품에 활용될 수 있도록 정리합니다.

브랜드 개성을 살린 마스코트를 제작해 보고 싶다면?

마스코트 생성하기

마스코트나 캐릭터는 단순한 이미지에 그치지 않고, 브랜드의 개성과 이야기를 시각적으로 전달하는 역할을 합니다. 마스코트가 브랜드의 얼굴이 되어 친근함을 더하고, 고객과의 소통을 강화하기 때문입니다. 이처럼 브랜드 또는 제품 이미지에 어울리는 마스코트나 캐릭터는 고객의 눈길을 끌고, 브랜드를 친근하게 만들어 브랜드 인지도를 높이는 강력한 도구가 됩니다. 하지만 전문적인 캐릭터 디자인은 시간과 비용이 많이 들고, 디자인 경험이 없는 사람에게 마스코트 제작이란 시도조차 어려운 일이겠죠.

• **예제 파일**: 03\마스코트.png　　• **완성 파일**: 03\마스코트_완성.png

미드저니를 활용하면 누구나 쉽게 마스코트나 캐릭터를 만들어 활용할 수 있습니다. 미드저니는 디자인 경험이 전혀 없는 사람도 간단한 텍스트 입력만으로 캐릭터를 디자인할 수 있게 도와줍니다. 예를 들어 'friendly robot mascot' 또는 'playful animal character' 같은 키워드만 입력해도 미드저니는 그에 맞는 다양한 캐릭터를 제안해 줍니다. 이를 통해 쉽게 브랜드의 성격에 맞는 개성 있는 마스코트를 완성할 수 있습니다.

이렇게 미드저니를 활용하면 직장에서 디자인 작업에 소요되는 시간과 비용을 크게 절약할 수 있습니다. 외부 디자이너를 고용하지 않아도 되고, 여러 번의 시도와 실험을 통해 다양한 스타일로 캐릭터 개발을 시도할 수 있다는 점도 큰 장점이 됩니다. 또한 만화 스타일, 3D 스타일, 애니메이션 느낌 등 원하는 분위기와 테마에 맞게 여러 캐릭터 디자인을 시도하고 만들어볼 수 있기 때문에, 특히 예산이 제한된 스타트업이나 소규모 사업체에서 미드저니를 활용한다면 정말 큰 도움이 될 것입니다.

미드저니는 일반인도 쉽게 접근할 수 있는 강력한 디자인 도구입니다. 이제 더 이상 전문 디자이너가 아니어도, 브랜드에 딱 맞는 마스코트와 캐릭터를 빠르고 간편하게 만들어볼 수 있으니, 여러분만의 독창적인 캐릭터를 미드저니로 만들어 보세요!

01 토끼를 모티브로 햄버거 브랜드의 마스코트를 제작해 보겠습니다. 이미지 프롬프트 창에 아래와 같이 프롬프트를 입력하여 이미지를 생성합니다.

> **프롬프트** /imagine prompt Smiling rabbit, full body, cute mascot character

02 생성된 4개의 마스코트 이미지를 확인해 보니, 약간 개성이 없고 평범해 보입니다. 마스코트에 구체적인 캐릭터 설정이 필요해 보입니다.

03 | 햄버거 브랜드의 마스코트인 만큼, 패스트푸드 매장에서 일하는 아르바이트생의 캐릭터 설정으로 생성하겠습니다. 이미지 프롬프트 창에 아래와 같이 추가 프롬프트를 입력합니다.

> **프롬프트** /imagine prompt Smiling rabbit, full body, cute mascot character, **fast food restaurant part-timer**

04 | 패스트푸드 매장에서 근무하는 듯한 토끼 마스코트 이미지가 생성되었습니다. 2D 스타일과 3D 스타일 등 다양한 스타일로 마스코트 이미지를 제안해 주고 있지만, 아직까지 마음에 드는 시안은 보이지 않습니다.

05 | 이번에는 복장의 컬러와 아이템 등을 좀 더 구체화하고, 마스코트 표현방식을 3D 스타일로 설정하기 위해, 이미지 프롬프트 창에 아래와 같이 입력하여 이미지를 생성합니다.

> **프롬프트** /imagine prompt Smiling rabbit, full body, cute mascot character, fast food restaurant part-timer, **wearing red hat and apron, 3D render**

06 | 이제 어느 정도 원하는 방향의 이미지 시안이 나타나는 것 같습니다. 4번 이미지를 베리에이션하기 위해 [V4] 버튼을 클릭합니다.

07 | Remix Prompt 창이 열리면 브랜드 로고도 추가하고, 다양한 동작도 구현해 보기 위해, 기존 프롬프트 뒤로 다음과 같이 추가로 입력하고 [전송] 버튼을 클릭합니다.

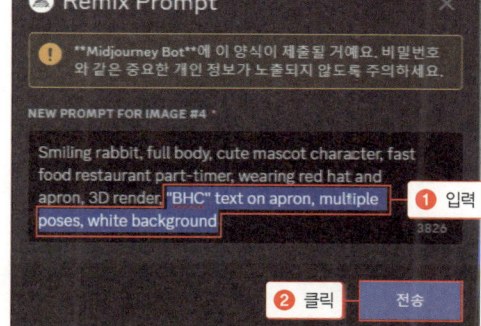

> **프롬프트** "BHC" text on apron, multiple poses, white background

---

알아두기 **리믹스 모드 확인하기**

프롬프트 창에 /settings를 입력하면 다음 화면을 확인할 수 있습니다. 여기서 [Remix mode] 버튼을 클릭하여 활성화할 수 있습니다.

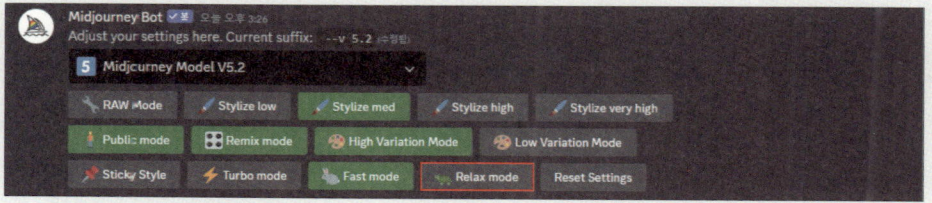

08 | 앞치마에 'BHC'라는 브랜드 로고가 나타나고, 다양한 동작의 마스코트 캐릭터가 활용하기 좋게 흰색 배경에 표현되었습니다. 예제에서는 3번 이미지를 선택해 [U3] 버튼을 클릭했습니다.

09 | 최종 선정된 이미지가 업스케일되면, 이번에는 이미지 하단에 있는 방향키 모양의 [Pan] 버튼을 클릭하여 오른쪽 방향으로 이미지를 확장시켜 봅니다.

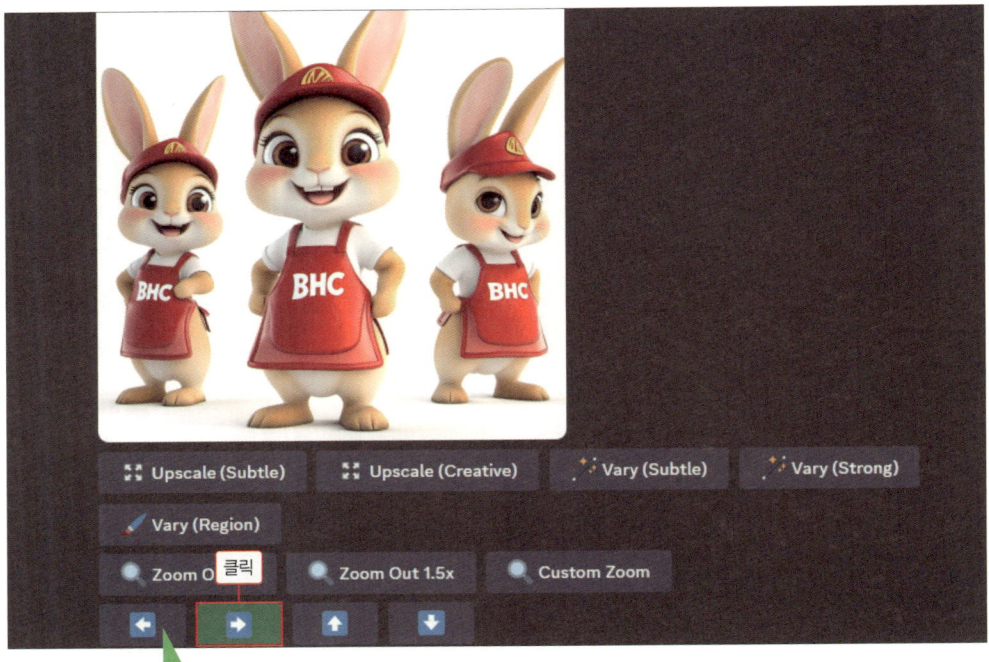

[Pan] 버튼은 배경을 확장하여 재생성하는 기능을 하며, 더 넓은 배경이나 추가 요소를 확인하고자 할 때 매우 유용합니다.

10 ┃ 마스코트의 응용 동작이 추가되어 생성된 것을 확인할 수 있습니다. 예제에서는 3번 이미지를 선택해 [U3] 버튼을 클릭했습니다.

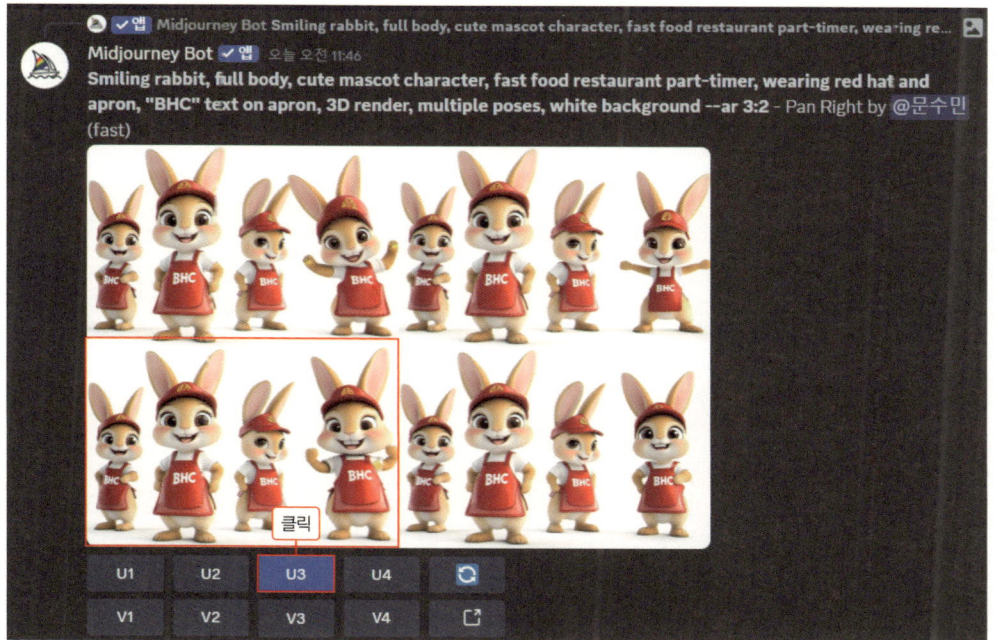

11 ┃ 위와 같은 방식을 반복하면 캐릭터의 응용컷을 계속해서 재생성할 수 있습니다. 이처럼 만들어진 마스코트 캐릭터는 여러 가지 디자인에 유용하게 활용할 수 있습니다.

유명 작가의 화풍을 이미지에 적용한다면?

작가의 화풍 참조하기

혹시 고흐의 〈별이 빛나는 밤〉처럼 강렬한 붓터치가 돋보이는 그림을 그려보고 싶으신가요? 아니면 모네의 수련 연못처럼 부드럽고 우아한 색감으로 나만의 작품을 만들어 보고 싶으신가요? 예전에는 이런 꿈을 실현하려면 직접 붓을 들고 그림을 배워야 했지만, 이제는 미드저니를 통해 텍스트만 입력하면 손쉽게 유명 작가의 화풍을 담은 작품을 만들어낼 수 있습니다. 미드저니는 예술적 감각이 부족하더라도, 몇 줄의 프롬프트로 누구나 멋진 예술 작품을 생성할 수 있도록 돕는 강력한 도구입니다.

• **예제 파일**: 03\화풍1~2.png   • **완성 파일**: 03\화풍3~4.jpg

미드저니에서 유명 화가나 일러스트 작가의 스타일을 재현하려면, 프롬프트에 작가의 이름을 포함하면 됩니다. AI는 작가의 독특한 스타일을 이해하고, 이를 바탕으로 결과물을 생성합니다. 먼저, 화풍을 적용하고 싶은 작가를 선택해야 합니다. 각 작가마다 고유의 스타일이 있기 때문에, 작품에 담고 싶은 분위기나 느낌을 기준으로 선택하면 됩니다.

- **고흐(Vincent van Gogh)**: 강렬한 붓터치, 대담한 색상, 에너지가 넘치는 표현.
- **모네(Claude Monet)**: 부드럽고 흐릿한 색조, 빛과 자연의 아름다움을 담은 풍경.
- **피카소(Pablo Picasso)**: 대담한 형태와 추상적인 구성, 초현실적인 표현.
- **에셔(M.C. Escher)**: 정교한 기하학적 패턴, 독특한 환상적인 구도.
- **살바도르 달리(Salvador Dalí)**: 초현실주의, 기괴한 상상, 왜곡된 공간과 시간.
- **앤디 워홀(Andy Warhol)**: 팝아트 스타일, 대중문화, 반복적인 패턴과 강렬한 색상.
- **르네상스 화풍(Renaissance art)**: 사실적인 인물 묘사, 섬세한 빛과 그림자, 웅장한 구도.

네덜란드의 인상주의 화가 빈센트 반 고흐(Vincent van Gogh)
〈사이프러스가 있는 밀밭(Wheat Field with Cypresses)〉(1889)

프랑스의 인상주의 화가 클로드 모네(Claude Monet)
〈수련이 있는 연못(Water Lily Pond)〉(1899)

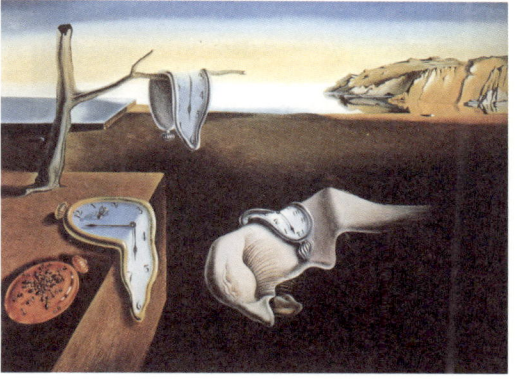

네덜란드 초현실주의 그래픽 아티스트 – 마우리츠 코르
넬리스 에셔(M.C. Escher)
〈상대성(Relativity)〉(1953)

스페인의 초현실주의 화가 살바도르 달리(Salvador Dalí)
〈기억의 지속 (The Persistence of Memory)〉(1931)

그리고 작가의 스타일을 반영하기 위해, 프롬프트에 "in the style of [작가 이름]"을 추가하거나 "inspired by [작가 이름]" 또는 "by [작가 이름]" 을 입력하면 됩니다. 예를 들어, "a beautiful garden in the style of Claude Monet"를 입력하거나 "a beautiful garden by Claude Monet"를 입력하면 모네의 화풍으로 그려진 정원이 생성됩니다. 작가 이름과 함께 장면의 요소를 상세히 설명하면 더 구체적인 결과를 얻을 수 있습니다. 이 외에도 좋아하는 현대 일러스트 작가나 만화가의 이름을 적용하여 다양한 화풍을 재현할 수 있으니, 자유롭게 선택해 적용해 보세요.

작가 이름 외에도 색감, 분위기, 텍스처 등을 추가로 설명하면 더 정교한 결과를 얻을 수 있습니다. 미드저니를 통해 유명 작가의 화풍을 담은 이미지는 단순히 감상용을 넘어, 다양한 실질적인 활용이 가능합니다. 예술적 프로젝트로서 고흐의 화풍으로 현대 도시를 그려보거나, 모네 스타일로 나만의 정원을 표현하는 등 창의적인 개인 프로젝트를 진행할 수 있습니다. 방에 걸어둘 포스터를 제작하거나 캔버스에 인쇄해 나만의 갤러리를 꾸밀 수도 있습니다. 또한, 소셜 미디어 콘텐츠로서 독창적인 이미지를 제작하여 사람들의 관심을 끌 수도 있습니다. 이처럼 미드저니는 단순히 이미지를 생성하는 도구를 넘어 창작의 문턱을 낮추고 누구나 예술가처럼 작업할 수 있도록 돕습니다.

하지만 일러스트레이터 등 관련 업계에서는 AI의 이런 모방 기능에 대해 창작권 침해가 우려된다는 우려의 목소리가 높습니다. 현행법상 '화풍'은 저작권 보호 대상이 아니라고 하지만 원작자의 고유한 '화풍'은 작가가 오랜 시간 고민과 연구 끝에 얻어낸 창작권 또는 지적자산이라고 할 수 있으니, 무분별한 상업적 사용은 하지 않도록 주의해야 합니다.

01 | 르네상스 스타일의 이미지를 만들기 위해 대표적인 화가 보티첼리의 화풍을 적용해 보겠습니다. 이미지 프롬프트 창에 아래와 같이 프롬프트를 입력하여 이미지를 생성합니다.

> **프롬프트** /imagine prompt Office workers standing in line in front of a Starbucks cafe, wearing modern clothing, by Sandro Botticelli in Renaissance

02 | 보티첼리의 화풍이 적용된 4개 이미지가 생성되었습니다. 하지만 프롬프트 내용이 잘 반영되었다기보다, 보티첼리 화풍에만 너무 충실한 결과물이 만들어진 것 같습니다.

> 미드저니 V6은 세부 묘사와 사실성이 강점이며, V5.2는 창의적인 표현력과 독창성이 뛰어납니다. 즉, V6은 현실감에, V5.2는 예술적 감각에 더 초점을 맞추고 있다고 볼 수 있습니다.

03 | 아트웍이나 그림 스타일을 생성할 때 좀 더 감각적이고 실험적인 결과물을 얻을 수 있는 미드저니 V5.2에서 이미지를 생성해 보겠습니다. --V 5.2 파라미터를 적용해 아래와 같이 프롬프트를 입력하여 이미지를 생성합니다.

프롬프트 /imagine prompt Office workers standing in line in front of a Starbucks cafe, wearing modern clothing, by Sandro Botticelli in Renaissance --v 5.2

04 | 현대적인 복장의 카페 앞 직장인들을 보티첼리 화풍으로 표현되어 이미지가 생성되었습니다. 생성된 이미지 중, 마음에 드는 이미지를 베리에이션합니다. 예제에서는 [V1], [V3] 버튼을 클릭해 해당 이미지를 모두 베리에이션해 보겠습니다.

05 │ Remix Prompt 창이 열리면, 이미지 비율 조정을 위해 프롬프트 끝에 '――ar 3:2'를 입력하고 [전송] 버튼을 클릭합니다.

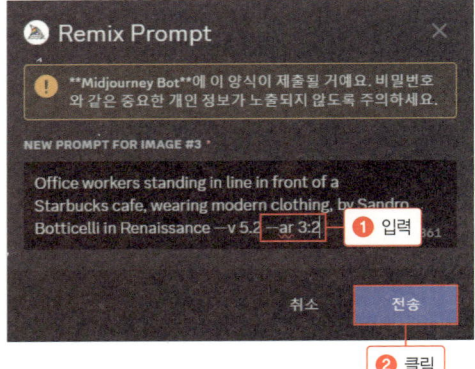

06 │ 이미지 비율이 조정되면서 구도 또한 이에 맞게 조정되었습니다. 스타벅스 카페 앞에 줄을 서있는 직장인들의 모습이 보티첼리 화풍으로 표현되어 매우 이색적이고 매력적인 일러스트 작품으로 생성되었습니다. 마음에 드는 3번째 이미지를 선택해 [U3] 버튼을 클릭합니다.

07 │ 완성된 이미지를 활용해 멋진 작품을 완성할 수 있습니다.

다양한 일러스트 생성해서 상품 디자인하고 싶다면?

상품 패키지 디자인하기

"나만의 독창적인 일러스트를 활용해 상품을 디자인하고 싶지만, 디자이너를 고용하거나 직접 그릴 자신이 없어요." 혹시 이런 고민을 한 적이 있으신가요? 상품 디자인은 고객의 눈길을 사로잡고 브랜드의 개성을 보여줄 수 있는 중요한 작업이지만, 전문적인 디자인 작업은 시간과 비용이 많이 들기 마련입니다. 하지만 미드저니를 활용하면 텍스트 입력만으로 독창적이고 아름다운 일러스트를 생성할 수 있습니다. 초보자도 부담 없이 시작할 수 있는 이 도구는, 특히 상품 디자인에서 새로운 가능성을 열어줍니다.

• **완성 파일**: 03\보타니컬1~3.png

미드저니로 어떻게 상품 디자인을 할 수 있을까요? 먼저, 여러분이 원하는 디자인의 스타일을 구체적으로 상상해 보세요. 예를 들어, 자연에서 영감을 받은 패턴, 귀여운 캐릭터, 추상적인 예술 작품 등 무엇이든 가능합니다. 미드저니는 여러분의 아이디어를 시각적으로 표현해 줄 준비가 되어 있죠. 텍스트로 "a whimsical floral pattern in pastel tones" 또는 "a futuristic abstract design with metallic textures" 같은 설명을 입력하면, 그에 맞는 일러스트를 생성해 줍니다. 이렇게 생성된 이미지는 상품 디자인에 바로 적용할 수 있습니다. 가장 대표적인 활용 사례로는 브랜드 굿즈 제작이 있습니다. 미드저니에서 생성된 일러스트를 활용해 머그컵, 에코백, 티셔츠 등 다양한 상품을 디자인할 수 있습니다. 특히 브랜드의 스토리와 감성을 담은 굿즈는 고객들에게 특별한 가치를 전달할 수 있죠.

또 다른 활용 사례로는 패키지 디자인을 들 수 있습니다. 미드저니는 단순한 패턴부터 정교한 그림까지 다양한 스타일의 일러스트를 생성할 수 있기 때문에, 포장지나 상자의 디자인에 큰 변화를 줄 수 있습니다. 제품 포장을 통해 고객들에게 브랜드의 메시지를 전달하고, 구매 순간부터 특별한 경험을 선사할 수 있습니다.

디지털 상품 제작도 미드저니를 활용하기 좋은 분야입니다. 예를 들어, 독특한 배경 화면이나 소셜 미디어용 스티커 팩을 제작할 수 있습니다. 디지털 플래너에 삽입할 일러스트를 제작해 판매하거나, 다운로드 가능한 디지털 아트로 활용할 수도 있습니다. 물리적인 생산 과정이 필요 없는 디지털 상품은 특히 소규모 창작자나 온라인 기반 사업자들에게 적합합니다.

일러스트 패턴 이미지 생성으로 핸드폰 케이스 제작하기

01 | 프롬프트 창을 클릭한 후 'i'를 입력하여, 메뉴에서 [/imagine prompt]를 선택합니다.

02 이미지 프롬프트 창에 프롬프트를 입력하고 Enter 를 누릅니다.

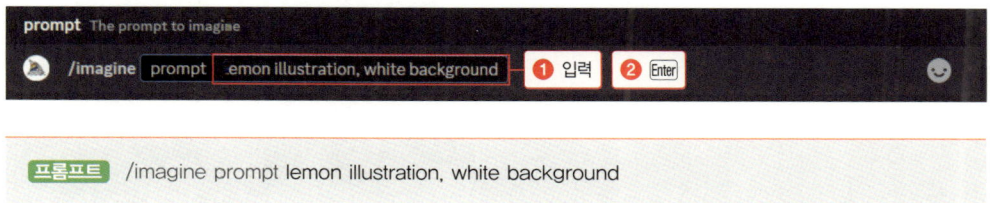

프롬프트 /imagine prompt lemon illustration, white background

03 진행이 완료되어 레몬 일러스트 결과물 4개가
나타납니다.

04 이번에는 원하는 일러스트 스타일을 추가해서 프롬프트를 입력합니다. 예제에서는 세밀화를
결과물로 얻어내기 위해 수정하여 이미지를 생성합니다.

프롬프트 /imagine prompt lemon **botanical** illustration, white background

알아두기 일러스트 기법에 따른 결과물

일러스트 기법을 프롬프트로 입력하면, 다양한 스타일의 일러스트 이미지를 생성할 수 있습니다.

lemon watercolor illustration   lemon flat illustration   lemon pen drawing

05 | 진행이 완료되어 레몬 일러스트 결과물이
보타니컬 스타일로 4개가 나타납니다.

06 | 이번에는 일러스트의 묘사 정도를 조정하기 위해 파라미터 --s 값을 조정하여 이미지를 생성합니다. 예제에서는 프롬프트에 '--s 300'을 추가 입력하여 이미지를 생성합니다.

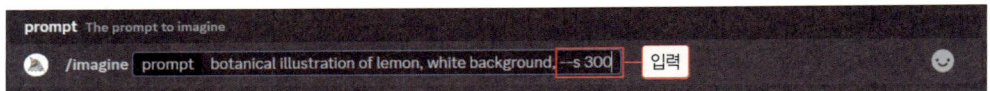

07 | 다음과 같이 이미지가 생성되었습니다. 예제에서는 4번 이미지를 선택하여 〈U4〉 버튼을 클릭해 업스케일합니다.

08 │ 같은 스타일의 다른 과일 일러스트도 생성해 봅니다. 프롬프트 값에 레몬 대신 석류의 영문인 'Pomegranate'로 교체 입력합니다.

> **프롬프트** /imagine prompt **Pomegranate**, botanical illustration, white background ――s 300

09 │ 이미지에서 표현되는 석류 개수가 일관되지 않고, 그림체가 수채화에 가깝게 표현되었습니다. 열매의 개수를 두 개로 조정하고, 좀 더 고전적인 느낌을 더하기 위해 'vintage style'이란 프롬프트를 추가하여 생성하겠습니다.

> **프롬프트** /imagine prompt **2** Pomegranates **and leaves, vintage** botanical illustration **style**, white background ――s 300

10 │ 생성된 결과물 중 가장 마음에 드는 이미지를 선정하여 업스케일합니다. 예제에서는 [U4] 버튼을 클릭해 업스커일합니다.

11 | 같은 방식으로 보타니컬 스타일의 키위 일러스트도 생성하여 라벨 디자인을 제품 라인업에 따라 제작하여 사용합니다.

미드저니로 웹툰 형식의 이미지 생성하기

일러스트 이미지 생성하기

웹툰 제작, 한 번쯤 도전해 보고 싶지 않으셨나요? 머릿속에 떠오르는 스토리와 캐릭터를 웹툰으로 구현하는 일은 생각만으로도 설레는 작업입니다. 하지만 막상 시작하려고 하면, 캐릭터 디자인, 배경 설정, 그리고 그림 실력까지…. 모든 게 막막하게 느껴질 수 있죠. 미드저니는 이런 고민을 해결할 수 있는 도구입니다. 텍스트 프롬프트를 입력하면 AI가 이를 바탕으로 이미지를 생성해 주기 때문에, 캐릭터 디자인, 배경 일러스트, 그리고 특정 장면의 연출까지, 웹툰 제작에 필요한 거의 모든 시각적 요소를 만들어낼 수 있습니다.

• **예제 파일**: 03\웹툰1~5.png   • **완성 파일**: 03\웹툰_완성.jpg

미드저니로 웹툰 캐릭터 디자인하기

웹툰에서 가장 중요한 요소 중 하나는 매력적인 캐릭터 디자인으로, 주인공과 조연 캐릭터의 외모, 의상, 표정 등이 스토리의 몰입감을 좌우합니다. 미드저니를 활용하면 캐릭터를 구체적으로 묘사한 프롬프트를 입력해 다양한 스타일의 캐릭터를 생성할 수 있습니다.

이처럼 성격, 외모, 의상 등을 구체적으로 설명하면 원하는 캐릭터를 손쉽게 만들어 낼 수 있습니다. 다양한 버전을 생성해 보며 최적의 디자인을 선택할 수 있습니다.

손쉬운 웹툰 배경 일러스트 생성

웹툰 제작에서 배경은 이야기를 생동감 있게 만드는 중요한 요소입니다. 도시, 자연, 판타지 세계 등 다양한 배경이 필요할 때, 미드저니는 훌륭한 배경 일러스트를 생성해 줍니다. 특히, 복잡한 도시 풍경이나 디테일한 판타지 세계를 직접 그리는 데 시간이 오래 걸릴 수 있지만, 미드저니를 활용하면 몇 초 만에 완성된 배경을 얻을 수 있습니다.

웹툰의 각 에피소드에 맞는 배경을 빠르게 제작하고, 필요한 부분만 수정하거나 다듬으면 시간과 노력을 크게 절약할 수 있습니다.

웹툰 장면 연출과 감정 표현

웹툰은 단순히 그림으로 이야기를 전달하는 것이 아니라, 감정과 분위기를 생생하게 표현해야 합니다. 특정 장면에서 캐릭터의 감정이나 상황을 강조하고 싶을 때, 미드저니의 조명, 색감, 구도를 활용하면 훌륭한 결과를 얻을 수 있습니다.

미드저니는 감정적인 장면이나 극적인 연출을 시각적으로 표현하는 데 뛰어난 도구이기 때문에, 이를 통해 독자들에게 더 깊은 몰입감을 제공할 수 있습니다.

누구든 미드저니를 활용하여 웹툰 제작에 도전한다면, 위의 세 가지 항목을 고려하여 프롬프트를 작성해 보세요! 누구나 쉽게 웹툰을 제작할 수 있습니다. 텍스트만으로도 캐릭터 디자인, 배경 설정, 장면 연출까지 모두 가능하며, 복잡한 제작 과정에서 시간을 아끼고 창작의 즐거움을 더해줍니다. 또한, 그림 실력이 없어도 다양한 스타일과 표현을 실험하며 나만의 독창적인 웹툰을 만들어낼 수 있습니다. 중요한 것은 상상력과 스토리입니다. 미드저니는 그 상상을 시각적으로 펼칠 수 있는 최고의 도구가 될 것입니다.

01 | 가장 먼저 주인공 캐릭터를 설정하여 생성하기 위해 이미지 프롬프트 창에 아래와 같이 프롬프트를 입력합니다.

> **프롬프트** /imagine prompt a beautiful couple for webtoon character, Korean webtoon style illustration, romance novel cover, smiling and looking straight ahead, wearing suit, cute and romantic mood, office background, high quality 8k image --ar 3:5 --niji 6

02 | 생성된 캐릭터 이미지 중, 마음에 드는 이미지를 선택하여 베리에이션합니다. 예제에서는 [V2] 버튼을 클릭해 해당 캐릭터 이미지를 베리에이션합니다.

03 | 2번 캐릭터를 베리에이션하여 이미지를 다시 제안받고, 그중 가장 마음에 드는 이미지를 최종 선택하여 업스케일합니다. 예제에서는 2번 이미지를 선택하였습니다.

04 | 최종 선택한 이미지가 큰 이미지로 나타나면 이미지를 클릭합니다.

05 | 이미지가 크게 열리면 이미지 왼쪽 하단에 있는 [브라우저로 열기]를 클릭하고, 새 창에서 이미지가 크게 열리면, 마우스 오른쪽을 클릭하고 [이미지 주소 복사]를 클릭합니다.

이 과정을 통해 캐릭터 설정을 완료하고, 위 이미지를 기반으로 캐릭터 일관성(--cref) 기능을 활용하여 웹툰 제작을 하게 됩니다.

06 이제부터는 챗GPT를 활용하여 웹툰 장면과 연출을 구성해 보겠습니다. 챗GPT 채팅 창에 다음과 같이 입력하여 도움을 요청합니다.

 미드저니로 직장 내 로맨스를 그린 웹툰을 제작하려고 해. 잘생기고 능력 있는 남자 팀장님과 예쁘고 순수한 여자 신입 사원의 풋풋한 로맨스가 시작되는 장면을 4컷으로 그릴거야. 4컷에 대한 간단한 시나리오 부탁해.

 아래는 '직장인 로맨스' 웹툰 4컷 시나리오입니다. 풋풋한 로맨스가 시작되는 장면을 중심으로 구성해 보았습니다.

––

컷 1: 첫 만남 – 사소한 실수

- 배경: 사무실, 회의실 앞 복도
- 내용: 여자 신입 사원이 급하게 서류를 들고 회의실로 달려가다가 남자 팀장님과 부딪힌다.

  신입 사원: (당황하며) "죄, 죄송합니다! 제가 서류를…"

  팀장: (미소를 지으며) "괜찮아요. 서류는 제가 도와드릴게요."

  서류를 주워주는 팀장님의 따뜻한 미소가 강조된다.

컷 2: 우연한 배려

- 배경: 사무실 내 자리
- 내용: 신입 사원이 컴퓨터 앞에서 열심히 업무를 하고 있다가 팀장님이 커피 한 잔을 건넨다.

  팀장: "초보 시절엔 커피가 필수입니다. 힘내요."

  신입 사원: (깜짝 놀라며) "아, 감사합니다…!"

  팀장님이 돌아서며 미소를 짓는 모습이 뒷모습으로 잡힌다.

컷 3: 작지만 특별한 순간

- 배경: 엘리베이터
- 내용: 퇴근 시간이 되어 신입 사원이 엘리베이터를 타려고 하는데, 팀장님이 기다렸다가 엘리베이터 문을 열어준다.

  팀장: "같이 타요. 오늘은 많이 힘들었죠?"

  신입 사원: (미소 지으며) "네, 팀장님 덕분에 많이 배웠습니다."

  엘리베이터 내부에서 두 사람이 나란히 서 있는 모습이 포착된다.

컷 4: 설레는 마무리

- 배경: 사무실 밖 야경

- 내용: 팀장님과 신입 사원이 같이 퇴근길에 걷고 있다.

  팀장: (조심스럽게) "오늘 저녁은 뭐 먹을 거예요?"

  신입 사원: (수줍게 웃으며) "아직 생각 안 했어요…"

  둘 사이에 묘한 분위기가 흐르며 화면에 두 사람의 실루엣이 클로즈업된다.

> 초보자의 경우, 웹툰 제작 방법에 익숙하지 않더라도, 웹툰 기획과 시나리오, 프롬프트 도출까지 챗GPT를 활용하면 수월하게 웹툰 제작을 할 수 있습니다.

07 챗GPT를 통해 4컷 웹툰에 대한 시나리오 구성을 마쳤으면, 이에 따른 적절한 프롬프트까지 요청해 보겠습니다. 챗GPT 채팅 창에 다음과 같이 입력합니다.

 위 4컷을 표현할 수 있는 미드저니 프롬프트 부탁해.

 컷 1: 첫 만남 – 사소한 실수

"Office hallway scene, a young, beautiful female office worker in her early 20s, accidentally bumping into a tall, handsome male team leader in his 30s. Papers are scattered on the floor as she nervously apologizes, and he bends down with a warm smile to help pick them up. Bright, professional office lighting, clean and detailed background, romantic tension in the air, anime–inspired style."

———

컷 2: 우연한 배려

"Inside a modern office, the same male team leader offers a cup of coffee to the young female office worker sitting at her desk. She looks surprised and grateful, while he smiles kindly. Natural office lighting, desks and computers in the background, warm and friendly atmosphere, detailed anime–style illustration."

———

컷 3: 작지만 특별한 순간

"An elevator interior with the male team leader holding the door open for the female office worker. She smiles shyly while stepping in, and he gestures politely. Subtle, soft lighting with reflections from the elevator walls, professional office aesthetic, a sense of growing connection, anime–inspired style."

– – –

컷 4: 설레는 마무리

"Evening scene outside a modern office building, the male team leader and the young female office worker walking side by side under the streetlights. The city skyline glows softly in the background, and their silhouettes are subtly romantic. Warm, moody lighting, slightly blurred background for focus, anime-inspired illustration with emotional depth."

08 | 이제 위 프롬프트를 기반으로 4컷 웹툰 이미지를 생성합니다. 챗GPT에서 첫 번째 프롬프트로 복사하고, 미드저니로 돌아와 이미지 프롬프트 창에 붙이기 합니다. 그리고 이어 **--cref + 이미지 URL --ar 4:3**을 추가합니다.

> **프롬프트** Office hallway scene, a young, beautiful female office worker in her early 20s, accidentally bumping into a tall, handsome male team leader in his 30s. Papers are scattered on the floor as she nervously apologizes, and he bends down with a warm smile to help pick them up. Bright, professional office lighting, clean and detailed background, romantic tension in the air, anime-inspired style. **--cref https://s.mj.run/kGEsmtA-_CQ --ar 4:3**

09 | '컷 1: 첫 만남 – 사소한 실수'에 대한 웹툰 시안이 만들어졌습니다. 마음에 드는 이미지를 선택하여 업스케일합니다.

10 | 위와 같은 과정을 통해 **'컷 2: 우연한 배려'**에 대한 웹툰 시안도 만들어졌습니다. 마음에 드는 이미지를 선택하여 업스케일합니다.

11 | **'컷 3: 작지만 특별한 순간'**에 대한 웹툰 시안입니다. 마음에 드는 이미지를 선택하여 업스케일합니다.

12 | **'컷 4: 설레는 마무리'**에
대한 웹툰 시안입니다. 마음에 드
는 이미지를 선택하여 업스케일
합니다.

13 | 각 시나리오의 시안 이미지에서 최종 선정한 이미지들을 편집하여 웹툰을 연재합니다.

스튜디오 가지 않고도
제품 촬영 사진 만들고 싶다면?

제품 이미지 대체하기

미드저니는 기존 제품 사진을 활용해 스튜디오에서 촬영한 것 같은 고품질 이미지를 생성할 수 있습니다. 디스코드에서 제품 사진을 업로드하고 이를 텍스트 프롬프트와 결합하면, 기존 사진을 바탕으로 다양한 배경과 스타일을 연출한 이미지를 만들어 낼 수 있습니다. 이같은 활용법은 시간과 비용을 절약하면서도 창의적인 비주얼 콘텐츠를 제작할 수 있는 주요한 팁이 됩니다.

• **예제 파일**: 03\향수.png　• **완성 파일**: 03\향수_완성.png

다양한 배경과 스타일 연출 기능

미드저니를 사용하면 스튜디오 촬영에서 얻을 수 있는 조명, 배경, 디테일 등을 손쉽게 재현할 수 있습니다. 예를 들어, 'white background', 'soft lighting', 'professional product photography'와 같은 프롬프트를 사용하면, 깔끔한 흰색 배경 위에 조명이 잘 맞춰진 제품 사진 같은 이미지를 생성할 수 있습니다. 이와 같이 간단한 프롬프트 입력만으로, 실제 스튜디오를 예약하고 촬영 장비를 사용할 필요 없이도 제품 홍보에 적합한 이미지를 빠르게 만들 수 있습니다.

또한 미드저니는 스튜디오 촬영의 한계를 넘어서, 제품을 다양한 환경에서 연출할 수 있습니다. 예를 들어, 한 제품을 다음과 같은 배경에 자유롭게 펼쳐낼 수 있습니다.

> • **자연 배경**: on a wooden table near a sunny window
> • **도시적 배경**: placed on a modern marble countertop
> • **특별한 분위기**: with golden hour lighting and bokeh effect

이처럼 원하는 스타일과 배경을 프롬프트로 지정할 수 있기 때문에, 스튜디오 촬영처럼 제한된 공간에서만 작업할 필요가 없습니다. 이는 제품 마케팅 시 다양한 콘셉트를 테스트하거나, 여러 시각적 스타일을 한 번에 시도하고 싶을 때 특히 유용합니다.

시간과 비용 절약

기존에는 스튜디오 촬영을 위해 전문 장비, 사진사, 장소를 준비해야 했지만, 미드저니를 활용하면 이 모든 과정을 생략할 수 있습니다. 미드저니에서는 제품 사진을 업로드한 후 그 사진을 기반으로 새로운 이미지를 생성할 수 있습니다. 업로드된 사진은 미드저니가 분석하여 제품의 형태, 색상, 텍스처 등을 반영하기도 하고, 기존 사진의 특성을 유지하면서도 새로운 스타일과 배경에 제품 이미지를 더할 수도 있습니다. 따라서 기존 제품 사진만 준비되면 텍스트 입력만으로 원하는 결과물을 얻을 수 있어, 시간과 비용을 크게 절약할 수 있습니다. 온라인 쇼핑몰이나 SNS 마케팅 캠페인에서 광고 촬영을 대체할 스 있으므로 다양한 영역에서 시간과 비용 절약 면에서 매우 유용하게 활용될 수 있습니다.

미드저니는 기존 제품 사진만으로도 스튜디오 촬영과 같은 고품질 이미지를 손쉽게 만들어주는 강력한 도구입니다. 텍스트 프롬프트와 업로드된 이미지를 활용해 다양한 스타일과 배경을 적용할 수 있으므로, 시간과 비용을 절약하면서도 창의적인 결과물을 얻을 수 있습니다. 스튜디오 촬영이 어려운 상황에서도, 미드저니를 활용하던 전문적인 퀄리티의 제품 이미지를 제작할 수 있으니, 한 번 시도해 보세요!

01 | 스튜디오에서 촬영한 듯한 제품 촬영 사진을 생성하기 위해, 이미지 프롬프트 창에 아래와 같이 프롬프트를 입력하여 이미지를 생성합니다.

프롬프트 /imagine prompt Advertising perfume, professional product photography, a podium to place the product, woody and herbal scent, geometric and modern background, studio lighting, front view --v 6.1

제품 광고 촬영 이미지 연출을 위해 원하는 분위기, 콘셉트, 조명 등을 고려하고, 스튜디오 전문 촬영을 뜻하는 키워드 등을 입력합니다.

02 | 생성된 4개 이미지를 확인해 봅니다. 좀 더 다양한 콘셉트의 이미지를 받아보기 위해 [RE-ROLL] 버튼을 클릭하여 다시 한번 이미지 생성을 요청합니다.

03 | 새로 제안받은 이미지가 나타나면, 마음에 드는 이미지를 베리에이션합니다. 예제에서는 [V3] 버튼을 클릭합니다.

04 다시 생성된 결과물 중 가장 마음에 드는 이미지를 선정하여 업스케일합니다. 예제에서는 1번 이미지 선정을 위해 [U1] 버튼을 클릭해 해당 이미지를 업스케일합니다.

05 1번 이미지가 업스케일되어 나타나면, 최종 이미지에서 제품 사진을 실제 제품 사진으로 대체하겠습니다.

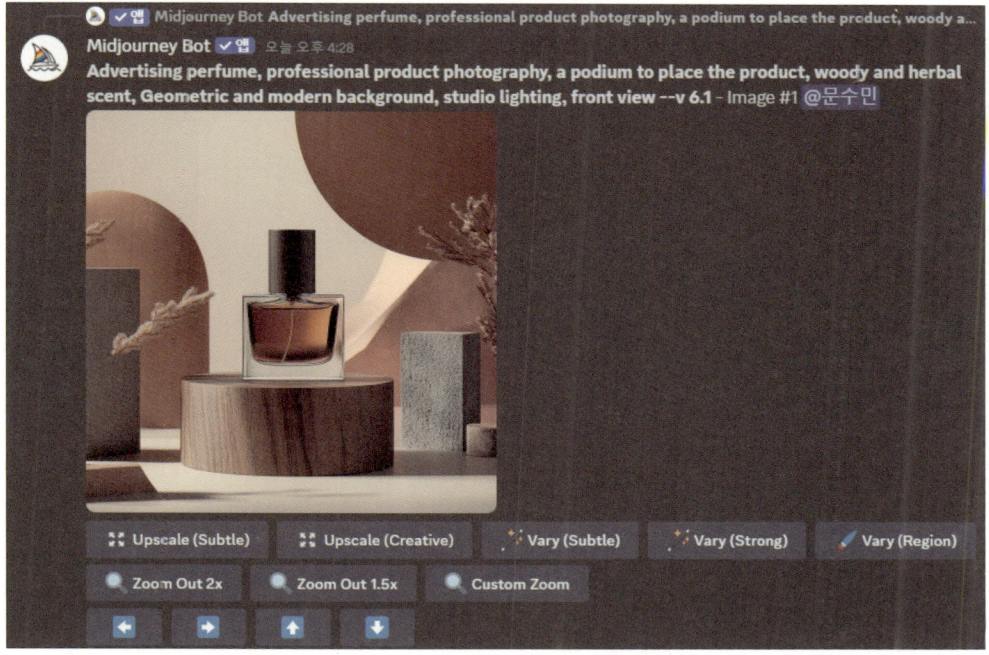

06 | 실제 제품 사진으로 대체하기 위해 Shift 를 누르고 디스코드 창에 제품 사진을 드래그합니다. 그러면 대기 상태 없이 바로 업로드됩니다.

07 | 업로드된 이미지를 클릭 후, 마우스 오른쪽 버튼을 클릭해 [이미지 주소 복사]를 선택합니다.

08 │ 다시 최종 생성 이미지로 돌아가, 이미지 결과물 하단 오른쪽에 있는 [Vary (Region)] 버튼을 클릭합니다.

09 │ Editor 팝업 창 하단에 나타나는 도구 중 [올가미 도구]를 선택하고, 수정하고자 하는 부분을 드래그하여 영역을 설정합니다. 프롬프트 창에 다음의 프롬프트를 입력하고 오른쪽 화살표 버튼을 클릭합니다.

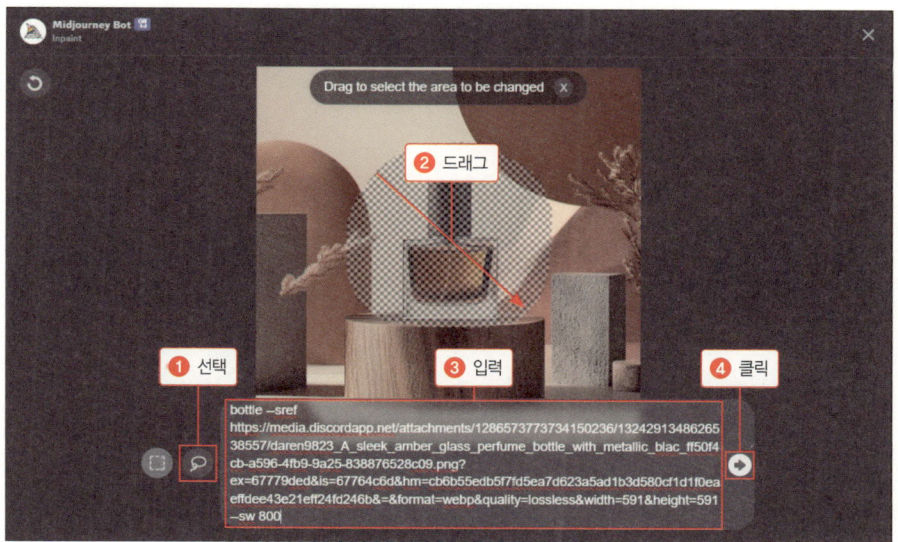

프롬프트 bottle --sref **복사한 이미지 주소** --sw 800

10 | 선택한 영역의 이미지가 새로 업로드한 제품 이미지가 반영되어 수정된 것을 확인할 수 있습니다. 예제에서는 [U3] 버튼을 클릭해 이미지를 업스케일했습니다.

미드저니의 --sref 기능을 활용하여 실제 제품 이미지를 합성할 수 있으나, 더욱 완벽한 합성 결과물을 원한다면 포토샵을 활용하기를 추천합니다.

11 | 마지막으로 브랜드 로고를 표시하기 위해 다시 한번 [Vary (Region)] 버튼을 클릭합니다.

12 | Editor 팝업 창이 뜨면, 사각형 선택 도구를 클릭하고 향수 용기 중앙을 드래그하여 선택합니다. 다음의 프롬프트를 입력한 뒤 오른쪽 화살표 버튼을 클릭합니다.

프롬프트 "Dior" logo

13 | 향수 용기 중앙에 브랜드 로고가 표시되어 나타난 것을 확인할 수 있습니다. 예제에서는 1번 이미지를 선택해 [U1] 버튼을 클릭합니다.

미드저니를 활용하면 광고 모델료가 무료?

가상 인물 생성하기

광고를 제작할 때, 가장 고민되는 부분 중 하나는 모델 섭외와 촬영 비용입니다. 촬영 장소와 장비를 준비하고, 전문 모델을 섭외하는 데 들어가는 비용은 적지 않죠. 그런데, 만약 모델료 없이도 고퀄리티의 광고 이미지를 제작할 수 있다면 어떨까요? 바로 미드저니를 활용하면 가능합니다! 초보자도 재미있게 접근할 수 있도록, 미드저니를 통해 광고 모델 이미지를 만드는 방법과 그 장점을 알아보겠습니다.

• **예제 파일**: 03\모델.png   • **완성 파일**: 03\모델1~3.png

미드저니는 텍스트 프롬프트만으로 광고에 사용할 수 있는 가상 모델 이미지를 생성할 수 있는 인공지능 기반 도구입니다. 게다가 원하는 외모, 스타일, 배경, 분위기를 자유롭게 설정할 수 있습니다. 특히, 가장 큰 장점은 모델 섭외나 촬영이 필요 없다는 것입니다. 광고 제작에서 가장 큰 비용과 시간을 차지하는 모델 관련 작업을 완전히 생략할 수 있다는 점과 단순히 텍스트 몇 줄만으로 광고 이미지를 제작할 수 있다는 점이 미드저니의 강력한 장점입니다.

시간 절약, 비용 걱정 끝!

모델 섭외, 촬영 준비, 리터칭 작업 등 일반적인 광고 제작 과정은 몇 주가 걸릴 수 있습니다. 하지만 미드저니는 몇 분 안에 광고 시안이나 최종 이미지를 만듭니다. 빠른 작업이 필요한 캠페인에서 특히 유용합니다.

전문 모델을 고용하고 촬영 장소를 대여하는 비용이 들지 않아요. 특히 예산이 한정적인 스타트업이나 소규모 브랜드라면, 미드저니는 큰 비용 없이도 고품질의 광고 이미지를 만들 수 있는 완벽한 대안이 됩니다.

맞춤형 모델 설정과 창의적인 연출

현실에서는 특정 외모나 스타일의 모델을 찾기가 쉽지 않을 때가 많습니다. 하지만 미드저니에서는 텍스트 프롬프트로 완벽하게 내가 원하는 모습의 모델을 만들 수 있습니다. 외모, 나이, 표정, 의상, 배경까지 모두 맞춤형으로 설정 가능합니다.

또한, 구현하기 어려운 연출도 손쉽게 만들어 줍니다. 예를 들어, '한 여성이 우주 공간에서 커피를 마시는 모습' 같은 비현실적인 콘셉트도 간단히 구현할 수 있습니다. 창의적인 연출로 소비자의 시선을 사로잡을 수 있습니다.

초상권 문제 해결

실제 모델 사진을 사용할 경우 초상권이나 저작권 문제가 발생할 수 있습니다. 하지만 미드저니로 생성된 이미지는 AI가 만든 독창적인 결과물이기 때문에, 광고에 자유롭게 사용할 수 있어 법적 리스크도 없습니다.

이제 모델 섭외와 촬영이라는 어려운 과정을 잊고, 미드저니와 함께 가상 모델로 창의적이고 비용 효율적인 광고를 제작해 보세요! 미드저니는 여러분의 상상력을 현실로 만들어 줄 최고의 도구입니다.

01 | 기본형이 되는 모델 설정을 위해, 이미지 프롬프트 창에 아래와 같이 프롬프트를 입력하여 이미지를 생성합니다.

> **프롬프트** /imagine prompt A beautiful Korean teenage girl with clean and clear skin, oriental eyes without double eyelids, long brown hair, k-pop idol style, wearing a white tank top, grey background, studio photography, high resolution(8K), high detail

02 | 생성된 모델 이미지 중, 마음에 드는 이미지를 베리에이션합니다. 예제에서는 [V4] 버튼을 클릭해 해당 모델 이미지를 베리에이션합니다.

03 | 4번 모델과 비슷한 느낌의 이미지를 다시 제안받고, 그중 가장 마음에 드는 이미지를 최종 선택하여 업스케일합니다. 예제에서는 [U4] 버튼을 클릭합니다.

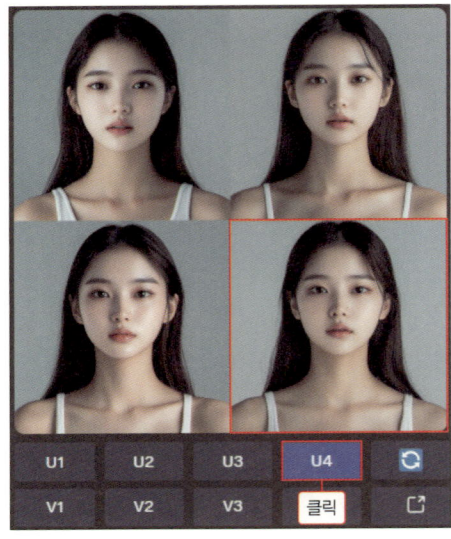

04 | 최종 선택한 이미지가 큰 이미지로 나타나면 이미지를 클릭합니다.

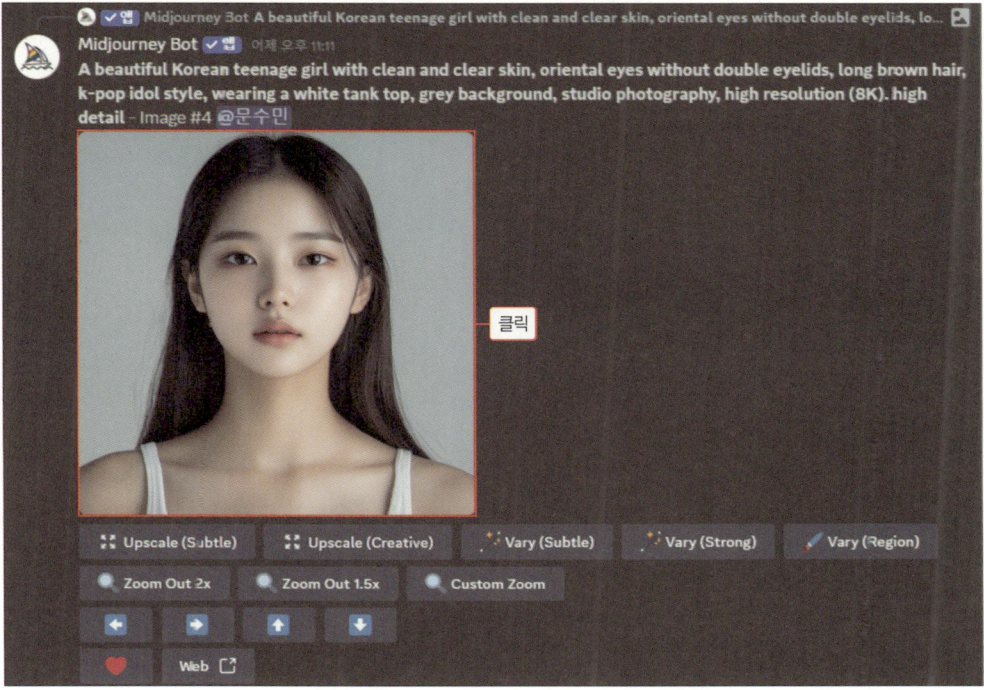

05 | 이미지가 크게 열리면 이미지 왼쪽 하단에 있는 [브라우저로 열기]를 클릭합니다

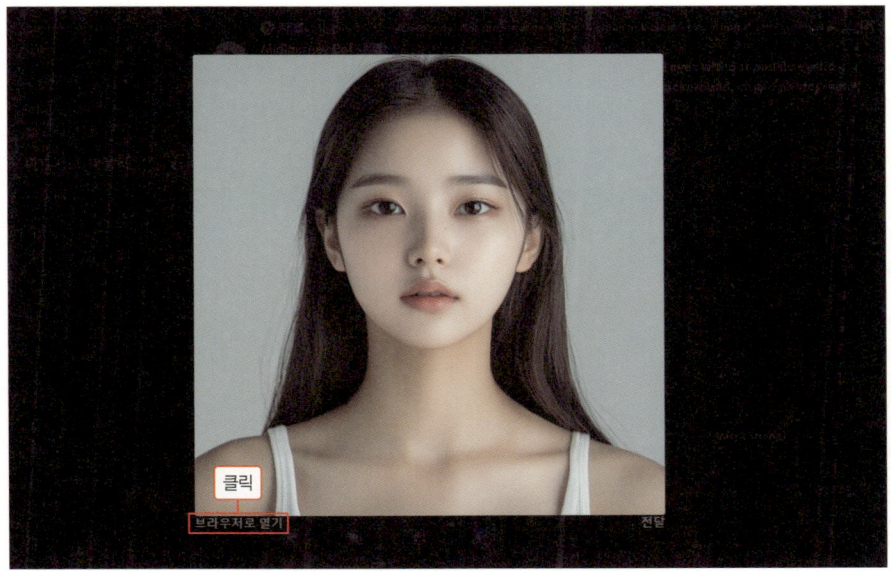

06 새 창에서 이미지가 크게 열리면, 마우스 오른쪽을 클릭하고 [이미지 주소 복사]를 선택합니다.

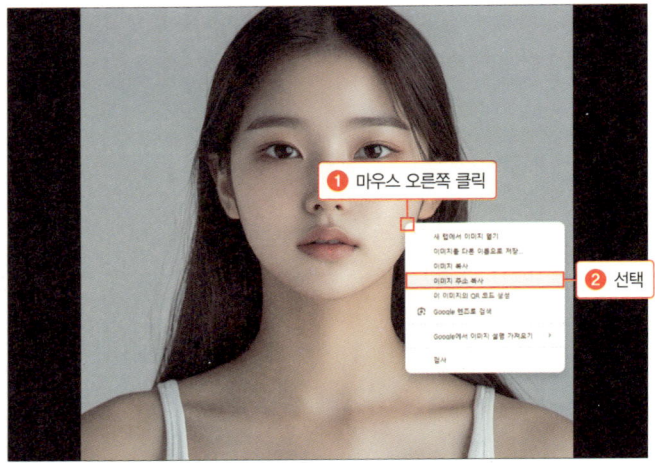

① 마우스 오른쪽 클릭

② 선택

07 이제 위 모델 이미지를 기반으로 프롬프트를 작성하여 여름 광고 이미지를 생성합니다. 이미지 프롬프트 창에 아래와 같이 광고 콘셉트를 프롬프트로 입력하고, 프롬프트 뒤로 **--cref + 이미지 URL**을 붙입니다.

프롬프트 /imagine prompt Vacation outfit, palm leaves, mint blue sky background, advertising shot --cref https://s.mj.run/r5WrCCgw4Qs --ar 2:3

우선 cw 파라미터를 사용하지 않고 디폴트 값(cw 100)을 사용해 보겠습니다.

08 다음과 같은 이미지가 생성되었습니다. **--cref** 파라미터를 사용했기 때문에, 인물의 외형에 관한 별도의 프롬프트 작성 없이, 참조 캐릭터의 얼굴과 헤어스타일, 의상 등 모든 외형이 반영되었습니다.

09 이번에는 패션 광고 제작을 위해 아래와 같이 프롬프트를 입력하여 이미지를 생성합니다. 이 번에는 --cw 파라미터를 활용하여 가중치를 적용해 보겠습니다.

프롬프트 /imagine prompt A fashion photo, y2k style, colourful outfit, orange background --cref https://s.mj.run/r5WrCCgw4Qs **--cw 20** --ar 2:3

cw 가중치가 100(기본 값)이면 얼굴뿐만 아니라 의상, 헤어스타일 등이 기본형 이미지와 유사하게 나타납니다. 반면 cw 가 중치가 0에 가까울수록 캐릭터의 얼굴을 제외한 의상과 헤어스타일 등이 상황에 맞게 변형되어 나타납니다.

10 가중치를 --cw 20으로 적용하여, 인물의 얼굴을 제외한 헤어, 의상, 구도 등이 프롬프트 상황에 맞게 변형되어 생성되는 것을 확인할 수 있습니다.

11 마지막으로 핫초코 광고 제작을 위해 아래와 같이 프롬프트를 입력하여 이미지를 생성합니다. 이번에도 --cw 파라미터를 활용하여 가중치를 적용해 보겠습니다.

프롬프트 /imagine prompt Drinking hot choco in a white mug, warm sweater outfit, brown background, advertising shot --cref https://s.mj.run/r5WrCCgw4Qs **--cw 20** --ar 2:3

12 설정한 광고 콘셉트에 맞게 동일한 모델의 헤어, 의상, 구도 등이 변형되어 생성되는 것을 확인할 수 있습니다.

챗GPT를 활용한 광고 이미지 만들기

챗GPT 활용하기

미드저니를 처음 시작하면, 텍스트를 입력해 이미지를 생성하는 방식이 흥미롭기도 하지만 막막하게 느껴질 수 있습니다. "어떤 단어를 써야 내가 원하는 이미지를 정확히 만들 수 있을까?"라는 고민이 들기 마련이죠. 게다가 영어단어만을 사용해야만 하는 제약 조건에서 막막함은 더할 수 있습니다. 이런 상황에서 챗GPT를 활용하면 훌륭한 도움을 받을 수 있습니다. 챗GPT는 단순히 질문에 답해주는 것 이상의 역할을 합니다. 사용자가 상상하는 이미지를 구체화하고, 효과적인 프롬프트를 작성하도록 돕는 유용한 도구가 될 수 있습니다.

• **완성 파일**: 03\광고컷1~2.png

챗GPT로 시작하는 프롬프트

챗GPT와 함께라면 여러분의 머릿속 이미지를 차근차근 구체화할 수 있습니다. 먼저, 어떤 이미지를 만들고 싶은지 간단히 이야기해 보세요. 예를 들어, **"따뜻한 분위기의 카페를 표현하고 싶어요"**라고 입력하면 챗GPT는 이를 바탕으로 추천 단어와 스타일을 추가해 프롬프트를 구체적으로 만들어 줍니다.

> `단순한 아이디어` 따뜻한 카페 이미지를 만들고 싶어요.
> `챗GPT가 생성한 프롬프트` a cozy coffee shop interior with warm lighting, wooden furniture, and soft shadows, steam rising from a cup of coffee, inviting atmosphere

이처럼 챗GPT는 단순한 아이디어를 상세한 묘사로 바꿔줍니다. 조명, 분위기, 배경 요소 같은 세부 사항을 추가해 미드저니가 더 정확한 이미지를 생성할 수 있도록 돕습니다.

챗GPT로 프롬프트 수정하는 과정

한 번 작성한 프롬프트가 완벽하지 않을 수도 있습니다. 이때도 챗GPT는 유용합니다. 생성된 이미지가 원하는 느낌과 조금 다르다면, 이를 설명하면서 프롬프트를 조정하도록 요청할 수 있습니다.

> **수정사항 지시** 생성된 카페 이미지가 너무 어두워요. 좀 더 밝고 현대적인 느낌으로 바꾸고 싶어요.
> **챗GPT의 수정된 프롬프트** a modern coffee shop with large glass windows, natural sunlight streaming in, clean and minimalistic design, fresh green plants as decoration

이처럼 챗GPT는 여러분의 피드백을 반영해 프롬프트를 계속 다듬고 개선해 줍니다. 마치 대화를 나누며 아이디어를 발전시키는 느낌이죠.

미드저니와 챗GPT의 활용

챗GPT는 단순히 프롬프트 작성에만 국한되지 않고, 다양한 상황에서 활용될 수 있습니다. 머릿속에 막연한 아이디어만 있을 때, 챗GPT에게 구체화를 요청해 보세요. 예를 들어, **"환상적인 분위기의 숲 이미지를 만들고 싶어요."**라고 말하면, 챗GPT는 **"magical forest with glowing mushrooms, soft mist, and ethereal lighting."** 같은 상세한 묘사를 제안해 줄 것입니다. 또한 어떤 스타일이 이미지에 어울릴지 모르겠다면, 챗GPT에게 추천을 요청하세요. 예를 들어, **"빈티지 느낌의 포스터를 만들고 싶어요."**라고 하면, 챗GPT는 **"inspired by retro 80s posters with bold typography, faded colors, and grainy texture."**와 같은 스타일 제안을 제공할 수 있습니다.

a modern coffee shop with large glass windows, natural sunlight streaming in, clean and minimalistic design, fresh green plants as decoration

프롬프트 작성은 연습할수록 더 나아집니다. 챗GPT와 함께라면 처음부터 너무 잘하려고 하지 않아도 괜찮아요. 여러분이 상상하는 것을 간단히 설명하면 챗GPT가 이를 발전시켜 주니까요. 챗GPT와 미드저니는 환상적인 콤비입니다. 챗GPT는 여러분의 아이디어를 구체화하고, 필요한 세부 사항을 보완해 주며, 미드저니는 그 아이디어를 이미지로 구현해 줍니다. 두 도구를 함께 사용하면, 단순한 상상에서 시작해 실제로 손에 잡힐 듯한 비주얼을 만들어낼 수 있습니다.

01 │ 챗GPT로 미드저니 프롬프트를 받아보기 위해, 우선 어떤 이미지를 생성하고 싶은지 간단히 이야기해 봅니다.

 계절별 커피 광고 이미지로, 가을 콘셉트 광고 이미지를 만들고 싶어. 거대한 카푸치노 커피 잔 위로, 커피를 마시는 사람들과 테이블이 미니어처로 있고, 커피잔에는 'Coffee' 로고가 흰색으로 적혀 있으면 좋겠어. 배경은 가을 분위기로 사람들과 주변이 미니어처로 꾸며져 있고, 전체적인 색감은 따뜻한 느낌의 색감과 조명으로 생성되도록 프롬프트로 작성해 줘.

 A giant cappuccino cup with frothy foam on top, where miniature people are sitting at tiny tables, enjoying their coffee. In the center of the coffee cup, the 'Coffee' logo is written in white, standing out against the rich coffee background. The entire scene is set in an autumn theme, with miniature autumn trees, fallen leaves, and warm-colored decorations surrounding the cup. People and the environment are crafted in a charming miniature style. The lighting is soft and warm, creating a cozy, inviting atmosphere. The overall color palette consists of warm oranges, browns, and soft yellows, evoking the feel of a crisp autumn day, with a focus on the gentle warmth of the coffee experience.

02 | 챗GPT가 제안한 프롬프트를 복사하여 미드저니 프롬프트 창에 입력합니다. 초안으로 작성된 프롬프트이기 때문에 이미지 표현이 원하는 만큼 만족스럽지 않을 수 있습니다.

03 | 생성된 이미지가 원하는 느낌과 조금 다르다면, 챗GPT에 이를 설명하면서 프롬프트를 조정하도록 다시 요청합니다.

 이건 가을 분위기가 좀 과해. 가을 이미지는 포인트로만 적용되면 좋겠어. 카푸치노 거품은 좀 더 부드러운 느낌이면 좋겠고, 커피잔이 카페 건물 형상이면 더 재미있을 것 같아. 프롬프트 내용을 다시 수정해 줄래?

 A cappuccino cup designed like a cozy café building, with soft, fluffy foam resembling gentle clouds on top. Miniature people sit at small tables on the foam, sipping coffee and enjoying the view. The center of the cup features the 'Coffee' logo in white, blending harmoniously into the overall design. The autumn theme is subtle, with small details like scattered golden leaves, warm-colored scarves, and light touches of orange and brown tones, giving just a hint of the season. The atmosphere is inviting and warm, with soft lighting and a cozy ambiance. The cappuccino foam has a silky, smooth texture, while the coffee cup itself feels like a welcoming, miniaturized café. The overall mood is playful and charming, with the warm color palette subtly evoking the essence of fall.

04 │ 수정된 프롬프트를 미드 저니 프롬프트 창에 입력하여 4개의 이미지를 다시 생성합니다. 추가 수정할 부분이 있는지 확인해 봅니다.

05 │ 추가 수정할 부분을 설명하면서 프롬프트를 조정하도록 챗GPT에 다시 요청합니다.

 좋아지긴 했는데, 좀 더 사실적인 커피 이미지면 좋겠어. 그리고 카메라 앵글이 좀 더 정면 샷이면 좋겠고, 메인 이미지를 중심으로 포커싱되어서 뒤로 살짝 핀 아웃 되면 좋을 것 같아. 배경 색은 커피 스타일을 고려해 부드러운 톤이어야 할 것 같아.

 A realistic cappuccino cup at the center of the image, designed to look like a café building. The 'Coffee' logo is clearly visible in white on the front of the cup. On top of the cup or around its base, miniature people sit at tiny tables, enjoying their coffee, giving a playful yet realistic feel. The cup is the central focus, with the background softly fading out(bokeh effect) to emphasize the main scene. Subtle autumn elements, like a few scattered golden leaves or warm-toned accessories, provide a gentle seasonal touch without overwhelming the composition. The overall color palette is warm and soothing, with soft browns, creams, and muted oranges, conveying a sense of relaxation and comfort. The lighting is natural, soft, and inviting, enhancing the realistic texture of the coffee and creating a cozy, peaceful atmosphere.

06 | 같은 방법으로 미드저니 프롬프트 창에 입력하여 새로 제안받은 4개 이미지를 확인합니다. 원하는 스타일에 근접한 이미지 결과물이 나타나면, 마음에 드는 이미지를 베리에이션합니다. 예제에서는 [V2] 버튼을 클릭해 이미지를 다시 제안 요청합니다.

07 | Remix Prompt 창이 열리면, 이미지 비율 조정을 위해 프롬프트 끝에 '--ar 3:2'를 추가하고 [전송] 버튼을 클릭합니다.

08 | 이미지 비율이 조정되면서 베리에이션 되는 이미지들이 나타납니다. 이 중 마음에 드는 이미지를 최종 선택하여 업스케일합니다. 예제에서는 [U3] 버튼을 클릭했습니다.

09 | 가을 분위기가 물씬 풍기는, 감각적인 콘셉트의 커피 광고 이미지가 완성되었습니다.

10 │ 같은 방식으로 챗GPT를 활용해 시리즈 광고 이미지를 하나 더 생성해 봅니다.

 위의 이미지와 시리즈 커피 광고를 만들거야. 이번에는 여름을 테마로 한 광고 이미지야. 시원한 아이스 커피를 중심으로 수영도 하고, 휴식도 취하면서 여름휴가를 즐기는 미니어처들로 꾸며 줘. 전체적인 색감은 시원하고 청량감이 드는 색감이면 좋겠어.

 A realistic iced coffee cup at the center of the image, filled with ice cubes and refreshing cold brew. The 'Bona's Coffee' logo is clearly visible in white on the front of the cup. Surrounding the cup and on top of the ice, miniature people are swimming, lounging, and enjoying a summer vacation scene, giving a playful and vibrant atmosphere. Some are on inflatable pool floats, while others are sunbathing on miniature lounge chairs. The entire scene exudes a feeling of coolness and relaxation. The color palette is refreshing and bright, with cool blues, crisp whites, and touches of aqua, evoking a sense of a perfect summer day. The lighting is bright and sunny, enhancing the transparency of the ice cubes and the crisp, refreshing look of the iced coffee, while the background softly fades out to focus on the main elements.

11 │ 챗GPT가 작성해 준 프롬프트를 미드저니 프롬프트 창에 입력하여 이미지를 생성합니다. 초안으로 작성된 프롬프트이기 때문에 이미지 표현에 수정 보완이 필요해 보입니다.

12 수정 보완할 부분을 설명하면서 프롬프트를 조정하도록 챗GPT에 다시 요청합니다.

 여기에 미니어처 입간판도 좀 달려있고, 주변 미니어처 중 튜브나 야자수 같은 여름을 상징하는 포인트들도 좀 더 있으면 좋겠어.

 A realistic iced coffee served in a transparent glass cup at the center of the image, designed to look like a café building. The 'Bona's Coffee' logo is clearly visible in white on the front of the glass. Miniature people are sitting on the ice cubes, lounging on inflatable pool tubes, or swimming, giving a playful and refreshing feel. A small café-style signpost stands near the base of the glass, and other miniature summer elements, such as tiny palm trees, beach towels, and sunglasses, are scattered around. The cup is the central focus, with the background softly fading out(bokeh effect) to emphasize the main scene. The overall color palette is cool and refreshing, with clear blues, crisp whites, and bright aqua tones, evoking a sense of summer vacation and relaxation. The lighting is bright, highlighting the transparency of the ice cubes and glass, and creating a clean, crisp, and vibrant atmosphere. --ar 2:3 --style raw

13 미드저니 프롬프트 창에 입력 후 새로 생성된 4개 이미지 중 원하는 이미지를 베리에이션합니다. 예제에서는 [V3] 버튼을 클릭합니다.

14 | 베리에이션된 이미지 중, 마음에 드는 이미지를 최종 선택하여 업스케일합니다. 예제에서는 [U1] 버튼을 클릭했습니다.

15 | 가을 편과 일관된 콘셉트의 여름 시리즈 커피 광고 이미지가 완성되었습니다. 챗GPT를 활용하여 대화하듯 너무도 간편하게 프롬프트를 작성하고, 완성도 높은 광고 이미지를 빠르게 제작할 수 있었습니다.

사실적인 영화 이미지 표현하기

시네마틱 이미지 생성하기

미드저니를 처음 사용해 보는 초보자들은 종종 자신이 원하는 이미지가 실제처럼 보이지 않거나, 너무 만화 같고 인위적으로 느껴져서 실망하는 경우가 있습니다. 특히, 영화의 한 장면처럼 생생하고 사실적인 이미지를 만들고 싶을 때, 어떻게 프롬프트를 작성해야 할지 막막해하는 경우가 많죠. 미드저니는 텍스트만으로 이미지를 생성하는 AI 도구이기 때문에, 원하는 이미지를 얻으려면 특정 단어나 표현을 사용해 현실감과 디테일을 강조하는 방법을 알아야 합니다.

사실적인 영화 이미지를 잘 만들 수 있다면 시각적인 스토리텔링이 훨씬 더 강화됩니다. 예를 들어, 광고나 프레젠테이션 자료에서 진짜 영화 속 장면 같은 이미지를 사용하면 몰입감을 높일 수 있고, 메시지를 더 효과적으로 전달할 수 있습니다. 또, 인물의 감정이나 장면의 분위기를 섬세하게 표현하여 보는 사람들에게 강렬한 인상을 남길 수도 있죠. 이런 이미지는 일반적인 사진이나 그래픽 이미지와 비교할 때 훨씬 더 주목받을 가능성이 큽니다.

또한, 사실적인 영화 이미지는 다양한 분야에서 활용도가 높습니다. 프레젠테이션 자료, 브랜드 광고, SNS 콘텐츠, 유튜브 썸네일에 사용하면 마치 실제 영화나 영상의 한 장면처럼 보이기 때문에 콘텐츠의 완성도를 높이는 데 큰 도움이 됩니다. 디자인 초보자라 해도 미드저니에서 약간의 팁만 알면 누구나 이런 사실적인 이미지를 쉽게 만들 수 있으니, 이제부터 몇 가지 기본적인 방법을 알아보도록 합니다.

텍스트 프롬프트에 사실적인 표현 요소 추가하기

사실적인 이미지를 만들 때 가장 기본이 되는 방법은 프롬프트에 **realistic**(사실적인)

또는 photo-realistic(사실적인 사진), cinematic(영화적인) 같은 단어를 포함하는 것입니다. ultra-realistic 또는 hyper-realistic 같은 단어를 추가하면, 이미지의 디테일과 깊이감이 더 강하게 표현됩니다. 이 단어들은 미드저니가 세밀한 질감과 색감을 더 신경 쓰도록 만들어 주므로, 텍스트만으로도 매우 사실적인 결과를 얻을 수 있습니다.

프롬프트 A street dancing b-boy, trendy outfit, graffiti wall background --ar 16:9

프롬프트 A street dancing b-boy, trendy outfit, graffiti wall background, hyper-realistic, cinematic lighting --ar 16:9

조명과 분위기 설명하기

사실적인 영화 이미지를 만들기 위해서는 조명과 분위기 설정이 매우 중요합니다. 영화 속 장면은 조명을 통해 특정 분위기를 전달하곤 하죠. 예를 들어, **soft lighting**(부드러운 조명), **dramatic shadows**(극적인 그림자), **warm lighting**(따뜻한 조명) 같은 표현을 추가하면, 조명의 특징에 따라 분위기가 크게 달라집니다. 이 외에도 **natural lighting**(자연광)이나 **golden hour**(해질녘의 따뜻한 색감) 같은 표현을 사용하면 햇빛이 자연스럽게 비치는 장면을 만들 수 있습니다. 또한 **dramatic lighting**이나 **moody shadows**를 사용하면 어둡고 긴장감 있는 분위기를, **studio lighting**는 실내에서 조명을 받는 느낌을 표현할 수 있습니다.

프롬프트 diffused glow with natural shadows

cinematic lighting, warm golden and amber lighting

카메라 앵글과 구도 표현하기

영화 이미지를 더욱 사실적으로 만들려면 카메라 앵글과 거리를 표현하는 것도 도움이 됩니다. close-up(클로즈업), wide angle(와이드 앵글), over-the-shoulder shot(어깨 너머 시점) 같은 표현을 추가해 장면의 구도를 설정할 수 있습니다. 영화 장면처럼 특정 시점이나 거리에서 본 것처럼 설정하면, 훨씬 몰입감 있는 결과를 얻을 수 있어요.

- Extreme Long Shot: 규모와 지리적 위치 제공, 피사체의 주변 환경을 강조
- Long Shot(Wide Shot): 주변 환경과 피사체를 보여줌
- Close-up Shot: 전체 프레임을 차지하며 사람 얼굴에 초점을 맞춤
- Extreme Closeup: 사람의 일부 또는 사람의 눈과 같은 신체 또는 세부 항목에 집중
- Point of View: 캐릭터의 관점에서 이미지를 표현
- Low angle: 피사체를 아래에서 올려다보는 뷰, 웅장하고 힘 있는 느낌
- High angle: 피사체를 위에서 내려다보는 뷰, 작은 느낌이나 넓은 배경 강조
- Bird's eye view: 높은 곳에서 전체 장면을 내려다보는 뷰, 탑다운 시점
- Worm's eye view: 아주 낮은 위치에서 위를 바라보는 뷰, 강렬한 느낌
- Over-the-shoulder shot: 인물 뒤에서 바라보는 뷰, 시선의 방향을 따르는 효과

Extreme Long Shot

Long Shot(Wide Shot)

Close-up Shot

Low angle

Bird's eye view

이처럼 미드저니에서 사실적인 이미지를 잘 만들기 위해서는 **realistic**이나 **cine matic, ultra-realistic** 같은 표현을 기본으로 사용하고, 조명, 디테일, 장르, 카메라 구도를 추가로 설정하는 것이 중요합니다. 초보자도 이 기본적인 설정들만 잘 기억하면, 마치 영화의 한 장면처럼 생생하고 몰입감 있는 이미지를 손쉽게 만들 수 있습니다.

01 패션 화보용으로 사용할 이미지를 생성하기 위해, 기본적인 콘셉트를 중심으로 프롬프트를 작성합니다. 그리고 이미지 프롬프트 창에 아래와 같이 프롬프트를 입력하여 이미지를 생성합니다.

> **프롬프트** /imagine prompt Cinematic, Portrait photography, She is blonde hair wearing elegant beige dress --ar 2:3

02 초안 작성한 프롬프트에 따라 4개 이미지가 생성되었습니다. 구도에 입체감이 부족하고 이미지 콘셉트가 부족하게 느껴집니다.

03 따라서 카데라 앵글을 구체적으로 제시하고, 패션 화보 콘셉트를 추가적으로 묘사해주는 프롬프트를 추가합니다. 그리고 이미지 프롬프트 창에 아래와 같이 프롬프트를 입력하여 이미지를 생성합니다.

> **프롬프트** /imagine prompt Cinematic, Low angle shot, Dynamic angle, Portrait photography, She is blonde hair wearing elegant beige dress, wearing White sunglasses, The background is Venezia water and sky, Vogue aesthetic --ar 2:3

04 | 수정된 프롬프트에 따라 4개 이미지가 다시 생성되었습니다. 처음 생성된 이미지보다 구도나 콘셉트 면에서 나아진 것을 확인할 수 있습니다. 여기에 피사체의 표현이 조금 더 입체적이면 좋을 것 같습니다.

05 | 피사체를 좀 더 입체적으로 표현하기 위해, 프롬프트에 카메라 타입과 조명 스타일 등을 좀 더 구체적으로 제시해 보겠습니다.

프롬프트 /imagine prompt Cinematic, Low angle shot, Dynamic angle, Portrait photography, She is blonde hair wearing elegant beige dress, wearing White sunglasses, The background is Venezia water and sky, Vogue aesthetic, warm and diffused glow with natural shadows, reflections and mirroring, UHD image, ARRIFLEX 35 BL Camera, Canon K35 Prime Lenses --ar 2:3 --style raw

06 | 카메라 타입과 조명 스타일 등이 적용되어 모델이 이전보다 입체적이고, 분위기 있게 표현되었습니다. 이 중 마음에 드는 이미지를 베리에이션합니다.

07 | 베리에이션된 이 미지들이 나타납니다. 예제에서는 [U1] 버튼을 클릭해 첫 번째 이미지를 업스케일합니다.

08 | 미드저니를 활용하면 패션 화보와 같은 고퀄리티의 시네마틱 이미지도 쉽게 제작할 수 있습니다.

디자이너 없이 마케팅 콘텐츠 이미지를 만들 수 있다고?

마케팅 이미지 활용하기

회사에서 업무를 하다 보면 자주 겪게 되는 고민 중 하나가 바로 디자인 작업입니다. 광고 배너, SNS 홍보 이미지, 프레젠테이션 슬라이드, 이메일 캠페인 썸네일 등 디자인이 필요한 순간은 많지만, 항상 디자이너가 있는 것은 아니니까요. 이럴 때, 미드저니를 활용해 디자이너 없이도 손쉽게 마케팅 콘텐츠 이미지를 만들 수 있다면 어떨까요?

• **완성 파일**: 03\마케팅1~2.png

소셜 미디어 광고 & 홍보 이미지

SNS 마케팅에서는 눈길을 끄는 비주얼이 필수입니다. 글로만 작성된 게시물보다 감각적인 이미지가 있는 콘텐츠가 훨씬 더 높은 반응을 얻을 수 있기 때문이죠. 예를 들어, 신제품을 출시했는데, 인스타그램과 페이스북에 업로드할 광고 이미지를 만들어야 한다면 미드저니를 통해 다양한 컨셉으로 이미지를 만들어 볼 수 있습니다.

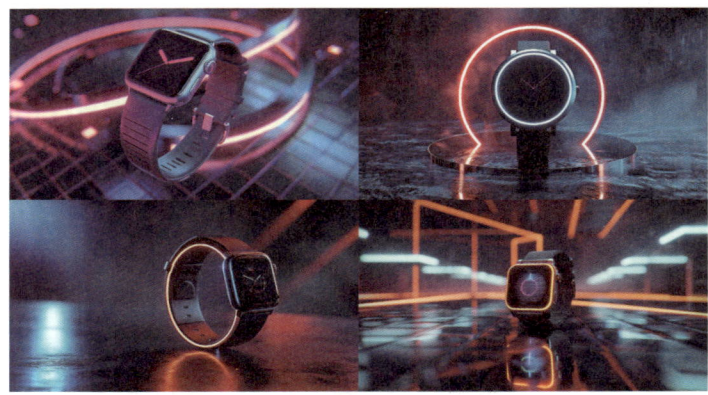

프롬프트 /imagine prompt a sleek, modern smartwatch floating in mid-air with a glowing neon ring around it, high-tech futuristic background, premium product photography, cinematic lighting --v 6 --ar 16:9

이메일 캠페인 및 뉴스레터 비주얼

이메일 마케팅에서는 깔끔하고 직관적인 배너 이미지가 핵심입니다. 텍스트만 가득한 이메일은 읽기도 전에 지루해질 수 있으니, 새로운 이벤트를 알리는 이메일에 감각적인 이미지를 더해 전송한다면 마케팅 효과를 볼 수도 있습니다.

프롬프트 /imagine prompt
a stylish summer sale banner with a refreshing ocean wave,
bold typography saying 'BIG SUMMER DEALS',
vibrant tropical colors,
clean and modern design,
minimalistic yet eye-catching --v 6 --ar 16:9

웹사이트 및 랜딩 페이지 배경 이미지

웹사이트에서 첫인상을 결정하는 요소는 배경 이미지입니다. 배경만 잘 설정해도 브랜드의 분위기가 한층 고급스러워질 수 있습니다. 미드저니를 활용하여 회사 홈페이지의 첫 화면을 고급스럽고 신뢰감 있는 이미지로 꾸며볼 수 있습니다.

프롬프트 /imagine prompt
modern and stylish design concept for a random brand, landing page for e-commerce website,
clean layout and luxury color --ar 16:9

프레젠테이션 및 보고서 디자인

비즈니스 미팅에서 발표 자료의 시각적인 완성도는 신뢰도와 직결됩니다. 하지만 모든 슬라이드를 직접 디자인하기엔 시간이 부족하죠. 미드저니를 활용하면 깔끔하고 전문적인 비주얼을 만들 수 있습니다. 아래 이미지와 같이 기업 브리핑 발표 자료의 첫 페이지(커버)를 멋지게 꾸며 보시기 바랍니다.

프롬프트 /imagine prompt an artistic corporate branding cover, bold abstract shapes elegantly aligned to the side, balanced layout with negative space for clean title placement, subtle depth effects, sleek editorial typography, contemporary high-end business aesthetic --v 6 --ar 16:9

프롬프트 /imagine prompt a modern business presentation cover, bold architectural-inspired structural elements framing the top and bottom, spacious blank area in the center for clean text placement, ultra-thin modern typography, neutral color scheme with subtle accent tones, professional and innovative look --v 6 --ar 16:9

01 마케팅 콘텐츠 디자인을 위한 이미지 생성을 위해, 다음과 같이 프롬프트를 입력하고 Enter 를 누릅니다.

프롬프트 /imagine prompt promotion poster for the "GRAND SALE" featuring various home appliances and gifts, elegant gradient of green, white and golden decorations, minimalist and modern design, professional studio photography, washing machine, stove, coffee machine, etc, front view

02 전체적인 이미지 콘셉트가 마음에 든다면 [RE-ROLL] 버튼을 클릭하고, 새로운 색상을 적용하여 이미지를 다양하게 베리에이션하겠습니다.

03 | Remix Prompt 팝업 창이 나타나면, 색상이 다양한 콘셉트를 보여주는 퍼뮤테이션 프롬프트를 활용하겠습니다. {grey, red, beige}로 수정 입력하고 [전송] 버튼을 클릭합니다.

마케팅 콘텐츠 디자인은 디바이스 또는 채널 성격에 따라 다양한 콘셉트로 이미지를 베리에이션하여 사용합니다. 이때, 설정 옵션에 따라 이미지를 동시에 생성할 수 있는 '퍼뮤테이션 프롬프트'를 사용하면 편리합니다.

04 | 세 개의 프롬프트 이미지를 동시에 생성할 것인지 묻는 메시지가 나타나면 [Yes] 버튼을 클릭합니다.

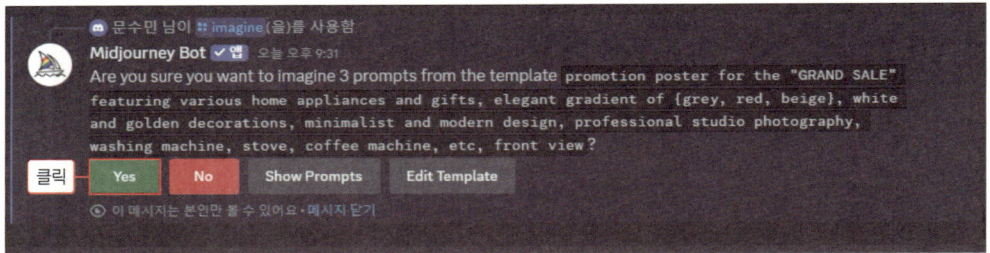

05 | 기존 콘셉트에 메인 테마 색상이 각각 그레이, 레드, 베이지가 적용된 새로운 프롬프트 이미지가 동시에 생성됩니다.

06 지금까지 생성된 시안들 중, 마음에 드는 이미지를 골라 베리에이션합니다. 예제에서는 '그린' 테마에서 두 번째 이미지를 선택하여 [V2] 버튼을 클릭합니다.

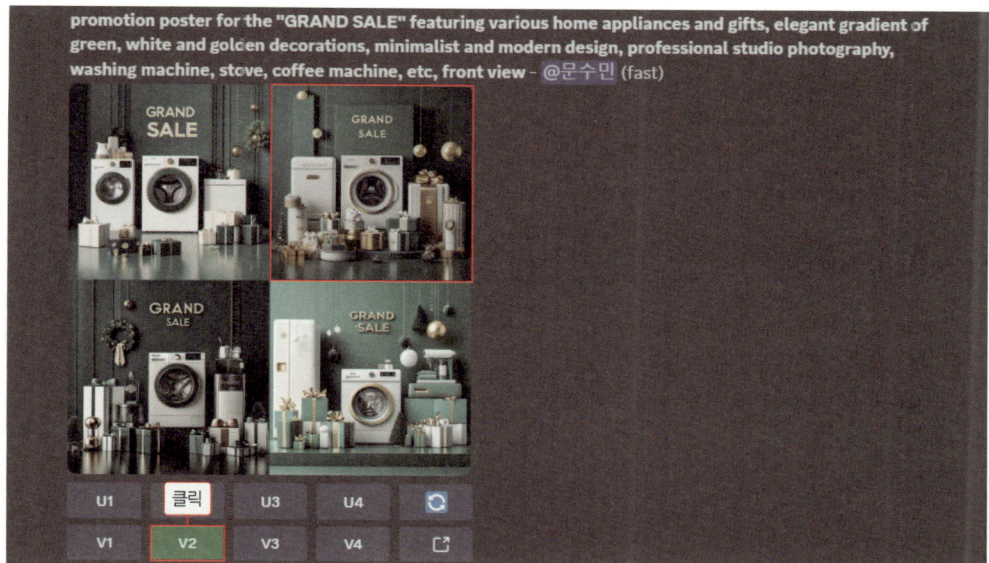

07 Remix Prompt 팝업 창이 나타나면, 기존 프롬프트 끝에 '--ar 16:9'를 추가 입력하고 [전송] 버튼을 클릭합니다.

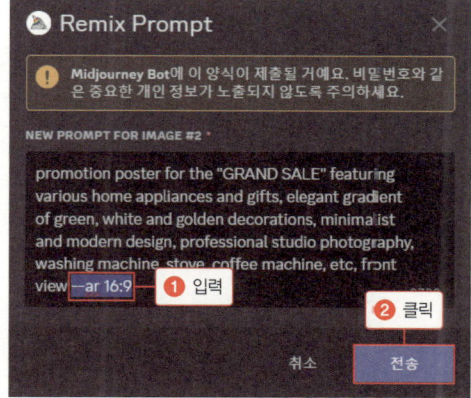

08 생성된 4개 결과물이 16:9 비율의 가로형 이미지로 생성된 것을 확인할 수 있습니다. 예제에서는 첫 번째 이미지를 선택하여 업스케일하기 위해 [U1] 버튼을 클릭합니다.

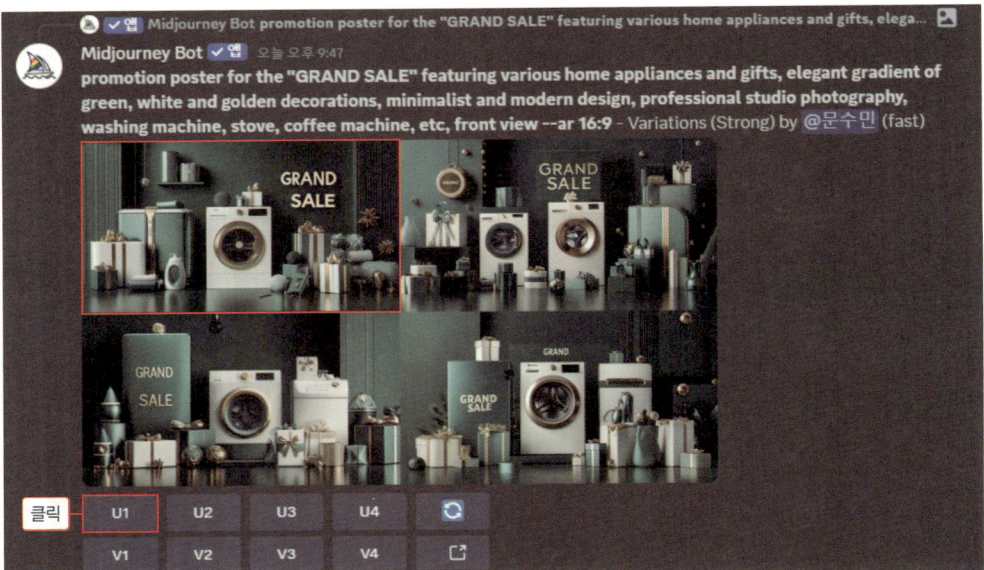

09 최종 이미지가 나타나면 저장하여 마케팅 광고에 활용할 수 있습니다.

10 | '베이지' 테마도 같은 방법으로 원하는 이미지를 선택해 베리에이션 하고 Remix Prompt 팝업 창이 나타나면, 기존 프롬프트 끝에 '--ar 2:3'을 추가 입력하고 [전송] 버튼을 클릭합니다.

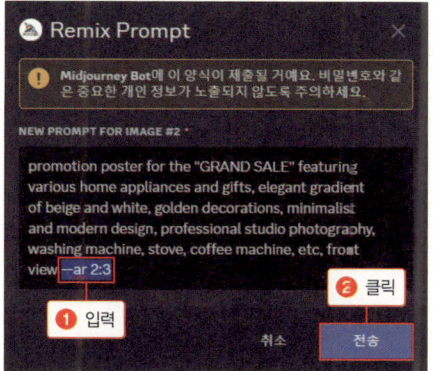

11 | 생성된 4개 결과물이 2:3 비율의 세로형 이미지로 생성된 것을 확인할 수 있습니다. 예제에서는 세 번째 이미지를 선택하여 업스케일하기 위해 [U3] 버튼을 클릭합니다.

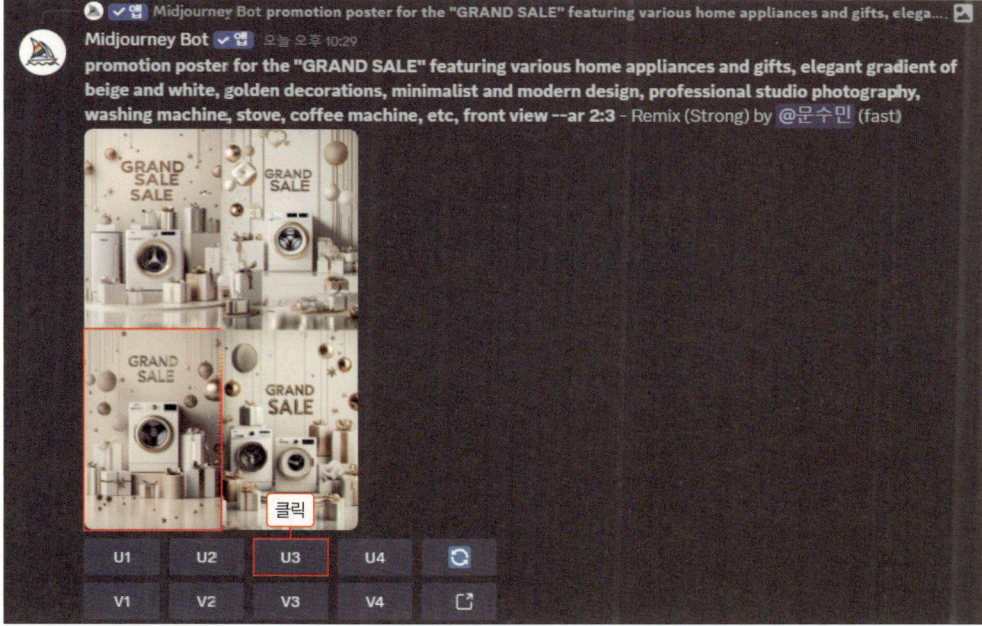

12 │ 최종 이미지가 나타나면 저장하여 마케팅 광고에 활용할 수 있습니다.

간단한 3D 아이콘을 생성해 UI에 활용하기

3D 아이콘 생성하기

13

최근 UI 디자인 트렌드는 단순한 2D 아이콘에서 벗어나 입체적인 3D 아이콘을 활용하는 방향으로 변화하고 있습니다. 플랫 디자인(Flat Design)이 심플함을 강조한다면, 3D 아이콘은 직관적이고 생동감 있는 사용자 경험을 제공합니다. 그러나 블렌더(Blender)나 시네마 4D(Cinema 4D) 같은 전문 툴을 다루기란 쉽지 않고 많은 학습 시간이 필요합니다. 이때, 미드저니를 활용하면 복잡한 프로그램 없이도 원하는 3D 아이콘을 빠르게 제작할 수 있습니다.

• **완성 파일**: 03\아이콘1~2.png

웹사이트나 모바일 앱을 만들 때, 단순한 2D 아이콘 대신 3D 아이콘을 활용하면 더 세련되고 직관적인 인터페이스를 구현할 수 있습니다. 또한, 비즈니스 프레젠테이션이나 보고서를 만들 때. 단순한 텍스트만 나열하여 가독성이 떨어진다면 3D 아이콘을 활용해서 한눈에 정보를 전달할 수 있는 시각적 요소를 추가할 수 있습니다. SNS나 마케팅 콘텐츠에서도 3D 아이콘은 강력한 시각적 요소가 될 수 있습니다. 일반적인 2D 그래픽보다 더 입체적이고 역동적인 디자인이 사람들의 시선을 끌기 때문이죠. 이 외에도, 프로모션 배너, 광고 이미지, 소셜 미디어 콘텐츠에서도 3D 아이콘을 활용하면 더욱 효과적인 마케팅 자료를 만들 수 있습니다.

미드저니를 활용하면 3D 디자인 툴을 다룰 필요 없이 손쉽게 다양한 스타일의 3D 아이콘을 생성할 수 있으나, 단순히 '3D icon'이라고 입력하는 것만으로는 원하는 결과를 얻기는 어렵습니다. 효과적인 결과물을 만들려면 어떤 스타일이 적합한지 판단하고, 이를 구현하기 위한 적절한 프롬프트 키워드를 활용하는 것이 중요합니다. 그렇다면 3D 아이콘 스타일에는 어떤 종류가 있을까요? 3D 디자인 스타일은 의외로 다양하며 브랜드의 분위기와 사용자 경험을 결정하는 핵심 요소이기 때문에, 프로젝트에 맞는 스타일을 선택하는 것이 중요합니다.

글라스모피즘(Glassmorphism)

글라스모피즘은 반투명한 유리 느낌과 부드러운 빛 반사 효과가 특징인 디자인 스타일입니다. 주로 고급스럽고 미래적인 분위기를 연출하는 데 적합하며, UI 요소가 배경과 자연스럽게 녹아들어 세련된 느낌을 줍니다. 이 스타일은 대시보드 UI, 금융 및 테크 관련 앱, 그리고 하이테크 기업의 브랜딩에서 자주 활용됩니다. 신뢰감을 주면서도 세련된 디자인이 필요한 인터페이스에 잘 어울립니다.

이 스타일을 미드저니에서 구현하려면, 프롬프트에 '3D Glass UI Icon', 'Glass morphism Style', 'Semi-transparent Material', 'Soft Glow', 'Smooth Reflections' 등의 키워드를 포함하면 효과적입니다. 또한, 색상과 분위기를 구체적으로 설명하면 더욱 완성도 높은 결과물을 얻을 수 있습니다.

프롬프트 /imagine prompt create a set of 3d icon for the Microsoft 365 Suite in a glass-morphism style, using modern gradients

프롬프트 /imagine prompt Healthcare icon pack, 3d icons, glassmorphism style

플라스티신 스타일(Plasticine Style)

플라스티신 스타일은 점토처럼 부드러운 질감과 둥근 모서리가 특징입니다. 이 스타일은 따뜻하고 친근한 느낌을 주기 때문에, 어린이 앱, 캐주얼 게임 UI, 교육 콘텐츠 등과 같은 프로젝트에서 많이 활용됩니다. 감각적인 컬러감과 독특한 텍스처가 더해져 유쾌하고 재미있는 분위기를 연출하기에 적합합니다.

미드저니에서 플라스티신 스타일의 3D 아이콘을 만들고 싶다면, 프롬프트에 'Plasticine Style', 'Soft Clay 3D UI Icon', 'Rounded Edges', 'Handmade Plasticine Texture', 'Claymorphic' 등의 키워드를 포함하면 좋습니다. 이를 통해 말랑말랑한 점토 느낌의 3D 아이콘을 쉽게 생성할 수 있습니다.

특히 그림자나 빛의 방향을 세밀하게 조정하면, 아이콘이 실제 점토처럼 더 입체적이고 따뜻하게 표현됩니다. 또한 애니메이션 효과를 함께 적용하면, 손으로 빚은 듯한 자연스러운 질감을 더욱 극대화할 수 있습니다.

프롬프트 /imagine prompt 3D icons on the theme of a coffee shop, Plasticine style --s 200

네온&하이테크 스타일(Neon/High Tech Style)

네온 & 하이테크 스타일은 강렬한 네온 조명 효과와 SF적인 디지털 감각이 특징입니다. 어두운 배경과 대비되는 강렬한 색상을 활용하여 미래지향적인 UI를 연출하는 데 적합하며, 주로 사이버펑크 스타일의 디자인에서 많이 사용됩니다. 이 스타일은 IT 기업의 대시보드, 게임 인터페이스, 메타버스 및 가상현실 관련 프로젝트에서 유용하게 쓰일 수 있습니다.

이러한 스타일을 미드저니에서 구현하려면, 프롬프트에 'High-Tech 3D UI Icon', 'Glowing Neon Edges', 'Cyberpunk Aesthetic', 'Sleek Metallic Finish' 등의 키워드를 추가하면 더욱 효과적입니다.

프롬프트 /imagine prompt 3d icon set for a sophisticated ui/ux for a Louis Vuitton App. High tech style --s 200

프롬프트 /imagine prompt a set of 3d icons, video, radio, phone, vehicle center, file management, camera, games, music, pure lines, glowing neon edges, simple style, modern sense, color gradient --style raw --stylize 500

아이소메트릭 스타일(Isometric Style)

아이소메트릭 스타일은 기하학적인 3D 구조를 기반으로, 특정 각도(일반적으로 30도 또는 45도)에서 입체적으로 표현되는 디자인 방식입니다. 기하학적인 구조와 깔끔한 형태가 특징입니다. 이는 데이터 시각화, 비즈니스 보고서, 기업 대시보드 UI 등에서 효과적으로 활용할 수 있습니다. 체계적이고 정돈된 느낌을 주기 때문에, 조직도, 프로세스 다이어그램, 제품 설명 인터페이스 등의 디자인에서도 자주 사용됩니다.

이 스타일을 미드저니에서 생성하려면 'Professional Isometric 3D Icon', 'Clean Geometric Shapes', 'Cube-shaped Isometric View', 'Structured UI Design' 등의 키워드를 활용하는 것이 좋습니다. 이렇게 하면 직관적이고 깔끔한 비즈니스 아이콘을 손쉽게 제작할 수 있습니다.

프롬프트 /imagine prompt a set of 3D icon, buildings and architecture, rendered in isometric style, soft color background

프롬프트 /imagine prompt a set of 3D icons, 4 types of cube-shaped rooms, Isometric view, Blender-style rendering, warm light, calming colors and soft shadows, white background --s 250

01 | 3D 이모티콘 이미지를 생성해 보겠습니다. 이미지 프롬프트 창에 다음과 같이 프롬프트를 입력하고 Enter를 누릅니다.

> **프롬프트** /imagine prompt A set of 3D Plasticine icons, simplistic and abstract characters in collage, made from primitive shapes, various materials, different colors on a white background, flat design

02 | 생성된 4개 이미지를 확인해 봅니다. 좀 더 구체적인 콘셉트의 이미지를 받아보기 위해 [RE-ROLL] 버튼을 클릭하여 재생성을 요청합니다.

03 | Create images 팝업 창이 나타납니다. 다음과 같이 프롬프트 중간에 'featuring shopping theme'를 추가 입력하고 [전송] 버튼을 클릭합니다.

> 프롬프트 순서는 이미지 생성 결과에 큰 영향을 미칩니다. 따라서 프롬프트 중요도를 고려하여 이미지 콘셉트 또는 테마에 관한 프롬프트를 앞부분에 입력합니다.

04 '쇼핑과 관련된 테마'라는 프롬프트가 적용되어 새로운 이미지 결과물이 나타납니다. 이전보다 이미지 묘사가 더욱 풍부해진 것을 확인할 수 있습니다.

큰 사이즈의 아이콘 이미지를 원한다면 마음에 드는 시안을 선택하고 업스케일하여 사용합니다.

05 원하는 대로 생성되었다면 완성 이미지를 저장하여 다양하게 활용해 보세요.

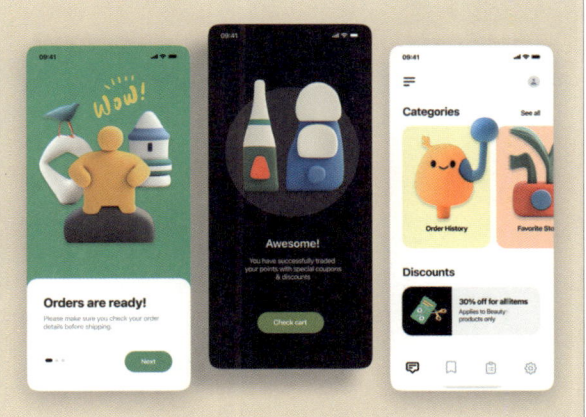

트렌디한 책표지 디자인하고 싶다면?

표지 디자인에 활용하기

요즘 책 표지는 단순한 정보 전달을 넘어 하나의 비주얼 콘텐츠이자 브랜드 자산으로 자리잡고 있습니다. 온라인 서점과 SNS에서 독자들이 책을 접하는 경우가 늘면서, 시선을 사로잡는 표지 디자인의 중요성도 커지고 있습니다. 최근에는 미니멀한 레이아웃, 직관적인 색상과 분위기, 세련된 타이포그래피가 주요 트렌드로 떠오르고 있으며, 여백과 톤 앤 무드를 활용해 감정적 공감을 유도하는 디자인이 특히 주목받고 있습니다.

• **예제 파일**: 03\책표지참고, 책표지1.png   • **완성 파일**: 03\책표지2.png

사보부터 보고서까지, 실무 문서에 미드저니 활용하기

미드저니로 제작한 커버 이미지는 다양한 실무 문서 디자인에 효과적으로 활용할 수 있습니다. 예를 들어, 사내 리포트나 브랜드 브로슈어 표지를 간결하고 세련되게 디자인하면 문서의 완성도를 높이는 동시에 브랜드 이미지 강화에도 도움이 됩니다. 사보나 뉴스레터와 같은 정기 간행물의 표지에도 유용하며, 디자이너가 없어도 브랜드 톤을 유지하면서 시선을 끄는 고품질 이미지를 제작할 수 있습니다.

더 나아가 팀 프로젝트 문서, 내부 보고서, 가이드북 등에도 적용하면 전문적이고 주목도 높은 결과물을 얻을 수 있습니다. 특히 바쁜 직장인에게는 복잡한 디자인 툴 없이도 빠르게 완성도 높은 커버를 만들 수 있다는 점에서 실무 적용성이 뛰어납니다.

이처럼 미드저니는 초보자도 최신 디자인 트렌드와 편집 원칙을 반영한 이미지를 손쉽게 제작할 수 있도록 도와주는 강력한 도구입니다. 프롬프트를 잘 설계하면 장르 감성, 시각적 계층, 여백 활용까지 조정할 수 있어, 단순한 이미지 생성기를 넘어 실무 생산성을 높여주는 도구로 활용할 수 있습니다.

책표지 디자인에서 꼭 알아야 할 핵심 원칙

❶ 장르와 감성, 한눈에 전달하라

책을 처음 마주한 독자가 단 몇 초 만에 책의 장르나 분위기를 직관적으로 파악할 수 있도록 구성해야 합니다. 로맨스, 스릴러, 에세이 등 어떤 장르이든 표지에 담긴 분위기와 색상, 이미지 스타일만으로 그 성격이 드러나야 합니다.

❷ 여백은 선택이 아닌 전략

요즘 트렌드는 '무엇을 담을까'보다 '무엇을 비울까'에 더 주목합니다. 복잡한 디자인보다는 여백(Whitespace)을 전략적으로 활용하여 메시지에 집중시키는 구성이 효과적입니다. 특히 중요한 텍스트나 이미지가 묻히지 않고 돋보이게 하기 위해서는 주변에 숨 쉴 공간이 꼭 필요합니다.

❸ 시선의 흐름을 설계하라

독자가 어떤 순서로 정보를 읽을 것인지를 미리 예측하고 제목, 부제, 작가명 등의 시각적 우선순위를 조절하는 것이 중요합니다. 일반적으로는 제목이 가장 크게, 그다음은 부제, 작가명 순으로 배열하며, 폰트 크기나 위치로 그 계층 구조(Hierarchy)를 표현합니다.

❹ 타이포그래피는 디자인의 '톤 앤 매너'

폰트는 단순한 텍스트가 아니라 감정을 담는 도구입니다. 예를 들어 로맨스 소설엔 부드럽고 흐르는 듯한 스크립트체, 스릴러에는 굵고 긴장감 있는 세리프체를 활용하는 것이 효과적입니다. 또한 폰트 간의 대비, 자간 조절, 배치 등의 요소도 디자인 감도에 큰 영향을 줍니다.

미드저니로 인쇄 편집용 이미지 제작 시 유의사항

❶ 고해상도 출력용 이미지로 업스케일

- 미드저니 기본 출력은 1,024×1,024 또는 1,024×1,536 정도로, 일반 인쇄에 적합하지 않음
- 300dpi 이상 해상도 확보를 위해 반드시 업스케일 필요

❷ 색상 모드 변환(RGB → CMYK)

- 미드저니는 RGB 색상으로 이미지를 생성함
- 인쇄는 CMYK 색상 모드 기반이므로, 색상모드 변환 필수
- 변환 시 색이 다소 바래 보일 수 있음 → 사전 테스트 권장

❸ 재단 여백(Bleed) 확보

- 인쇄 시 3mm 이상 재단 여백 확보 필요
- 중요한 텍스트는 안전 영역(5mm 이상) 안에 배치할 것
  - 예 A4 기준 작업 시 216×303mm 크기로 디자인(210×297mm + 재단 여백 포함)

❹ 폰트 윤곽선(Outline) 처리

- 미드저니에서는 텍스트 입력에 오류 발생이 잦음
- 되도록 텍스트는 따로 입력 작업 필요
- 텍스트 삽입 후 폰트에 윤곽선 처리를 해야 인쇄소에서 폰트 오류 없음
- 이미지로만 작업한 경우는 해당 없음, 하지만 캡션 등 추가 시 유의

❺ 사이즈 정확히 설정

- 인쇄할 실제 규격에 맞춰 작업 크기를 정확히 설정할 것
- A4, A5, B5 등 용지 규격에 따른 크기 맞춤 필수

❻ 미드저니 이미지 배치 시 주의

- 타이틀이 들어갈 위치는 최초 프롬프트 설계 시 고려해야 깔끔한 디자인 가능
- 표지 중앙이나 상단이 비어 있는 심플한 구도가 인쇄 편집에 유리

01 | 디자이너 또는 전공자가 아니라면 표지 이미지를 만드는 것이 막막할 수 있습니다. 표지 디자인을 시작하기 전에, 인터넷에서 다양한 책 표지나 브로슈어 디자인을 살펴보며 내가 원하는 스타일과 콘셉트를 구체적으로 정합니다. 마음에 드는 이미지는 레퍼런스로 저장해 둡니다.

 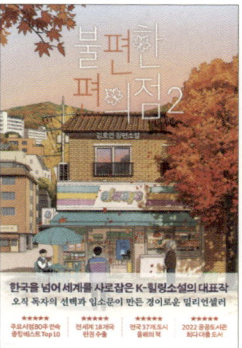  

02 | 선정한 참고 이미지를 챗GPT에 업로드하고, 만들고 싶은 이미지의 분위기나 목적을 간단히 설명합니다. 챗GPT가 이를 바탕으로 미드저니에 입력할 프롬프트 문장을 생성하면 복사합니다.

 이런 구도의 일러스트 표지 이미지 만들려고 해. 호텔 일러스트가 정면으로 있고, 상단에 "Hotel California" 제목이 들어가면 좋겠어. 색상은 파스텔톤으로 현대적인 플랫일러스트 느낌이 나면 좋겠어. 미드저니 프롬프트 제안해 줘.

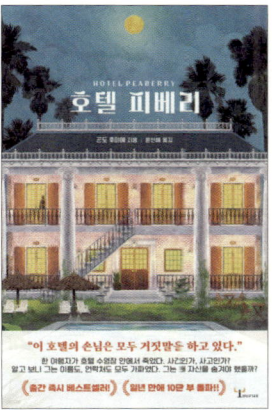

 Book cover illustration in modern flat style, pastel color palette. A grand hotel building viewed from the front, with glowing windows, symmetrical balconies, and palm trees framing the sides. A soft pastel sky above, with the title "Hotel California" written elegantly at the top. Minimal yet detailed composition, flat illustration, clean modern design, inviting and stylish, perfect for a contemporary novel cover, --ar 2:3 --v 6 --style raw

03 | 디스코드 미드저니에 복사해둔 프롬프트를 붙여 넣어 이미지를 생성합니다. 일러스트의 색감이 약간 밋밋하고, 판타지한 느낌의 이미지 콘셉트가 부족하게 느껴집니다.

04 | 초안으로 작성한 프롬프트의 주요 내용을 조금 수정하여, 이미지 프롬프트 창에 다음과 같이 프롬프트를 입력하여 이미지를 생성합니다.

> **프롬프트** Book cover illustration in modern flat style, pastel color palette. A **old** hotel building viewed from the front, with glowing windows, symmetrical balconies, and palm trees framing the sides, **sunset and clould above**, with the title "Hotel California" written by **Cursive script** at the top, a contemporary novel cover --ar 3:4

05 | 수정 작성한 프롬프트에 따라 4개 이미지를 생성합니다. 타이틀 글자의 스타일이 바뀌고, 일러스트 색감에 깊이감이 생겼으나, 판타지한 느낌의 이미지 콘셉트가 부족하게 느껴집니다. [RE-ROLL] 버튼을 클릭하여 다시 한번 이미지 생성을 요청합니다.

06 | Create images 팝업 창이 나타납니다. 다음 그림과 같이 프롬프트 중간에 하늘색을 'blue'로 수정하고 [전송] 버튼을 클릭합니다.

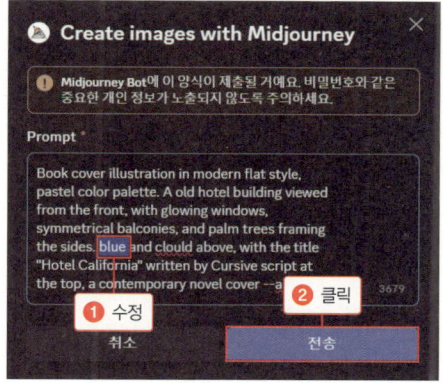

07 | 생성된 4개 이미지를 확인합니다. 아직 색상이 단조롭게 느껴지고 판타지한 콘셉트가 부족하여 좀 더 구체적인 콘셉트의 이미지를 받기 위해 [RE-ROLL] 버튼을 클릭합니다.

08 | Create images 팝업 창이 나타나면, 호텔에 대한 표현은 'grand pink'로 수정하고, 다음 그림과 같이 마지막 프롬프트에 'fantasy' 키워드를 추가 입력한 다음 [전송] 버튼을 클릭합니다.

09 │ 이전보다 일러스트 묘사가 더욱 밝고, 풍부해져 트렌디한 '판타지 소설'에 어울리는 결과물을 확인할 수 있습니다. 예제에서는 4번째 이미지를 선택하여 업스케일하기 위해 [U4]를 클릭합니다.

10 │ 최종 이미지 파일을 다운로드한 다음 편집 디자인 프로그램 등을 활용해 표지 사이즈 조정, 해상도 설정, 텍스트 배치 등을 마무리합니다.

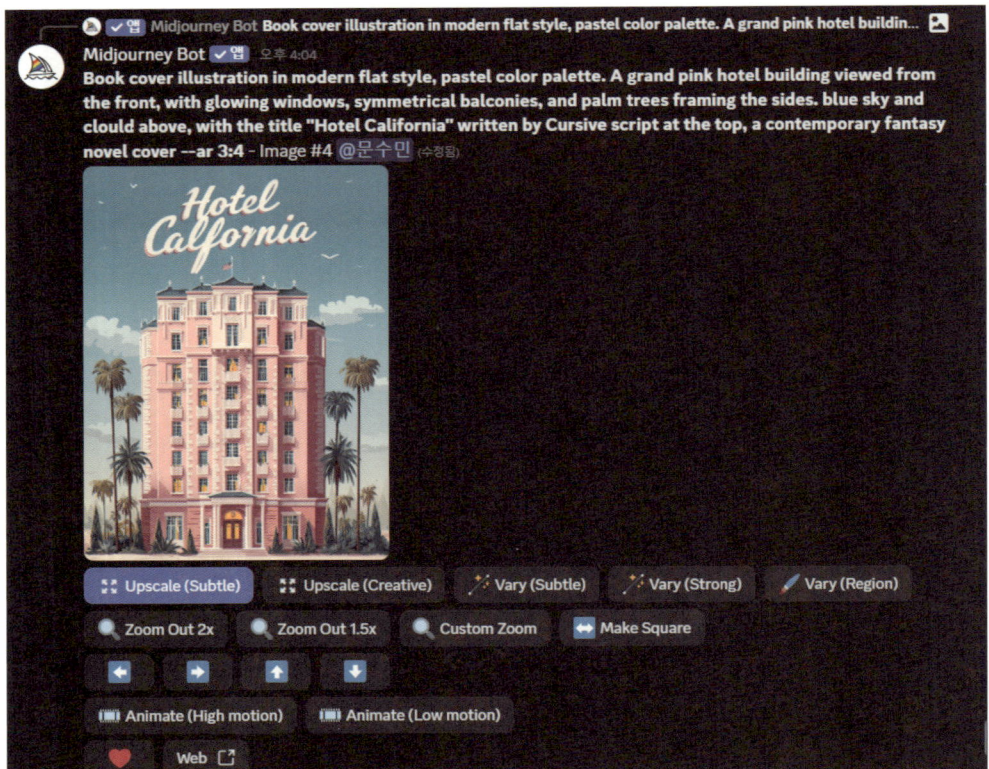

알아두기 **결과물을 인쇄 시 고려할 점**

인쇄를 고려한다면 CMYK 색상 모드 설정, 재단선(Bleed) 확보, 폰트 윤곽화 등의 사항을 확인하고 최종 출력용 파일로 저장합니다.

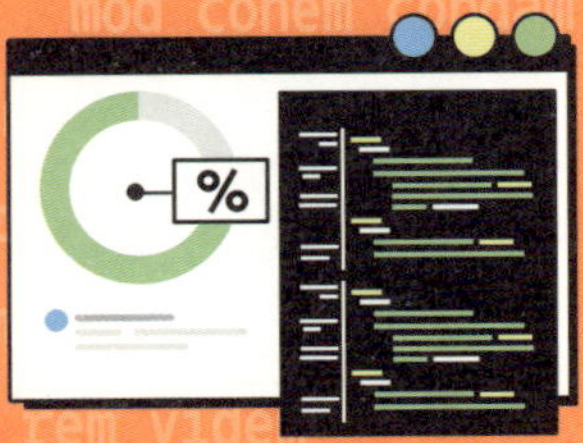

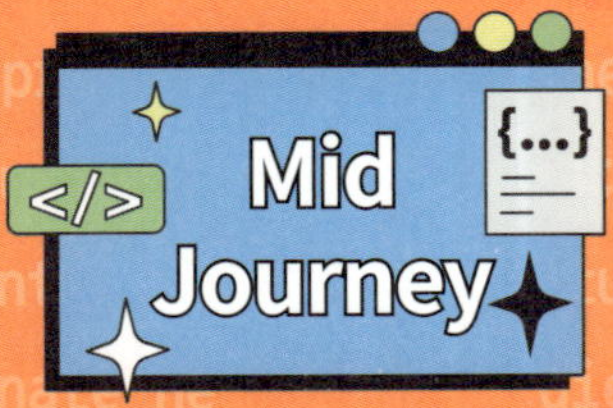
</>
Mid
Journey
{...}

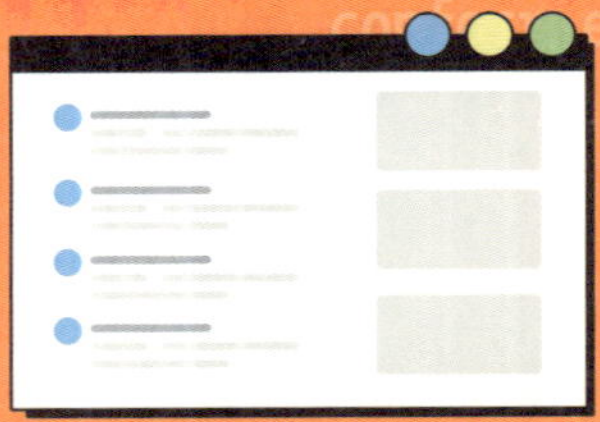

PART

4

홍보 영상 제작을 위한
미드저니 활용하기

미드저니와 AI 도구들을 연계하면 정적인 이미지를 활용한 홍보 영상을 누구나 쉽게 제작할 수 있습니다. 특히, 일레븐랩스의 AI 보이스, 캡컷의 영상 편집 기능을 활용해 감각적인 광고와 쇼츠 영상까지 완성할 수 있습니다. 화장품, 디저트, 펫카페 등 다양한 콘셉트에 맞는 스토리보드와 이미지 제작이 단계별로 안내되어 실전 활용도가 높습니다. 트렌디한 미니어처 요리 영상, 감성적인 브랜드 영상도 미드저니로 구현 가능합니다. 이 파트는 콘텐츠 기획자, 마케터, 영상 제작 입문자 모두에게 유용한 통합 영상 제작 솔루션을 제공합니다.

화장품 광고 이미지를
동영상 광고로 제작하기

일레븐랩스, 캡컷 활용

생성형 AI를 활용하면, 이미지 몇 장만으로도 멋진 광고 영상을 쉽게 만들 수 있습니다. 복잡한 촬영 없이도, 사진에 텍스트나 음악, 간단한 움직임만 넣어주면 짧고 인상적인 영상이 완성됩니다. 이런 방식은 비용도 적게 들고 제작 시간도 짧아서, 1인 크리에이터나 소상공인도 부담 없이 시도할 수 있는 좋은 방법입니다.

• **예제 파일**: 04\숲속풍경, 핸드크림1~3.png   • **완성 파일**: 04\영상리소스 폴더

AI 광고는 말 그대로 인공지능이 만들어주는 광고입니다. 생성형 AI를 활용해 이미지, 영상, 음악 등 시각·청각 요소를 자동 또는 반자동으로 제작하는 형식으로, 모델 섭외나 촬영 없이 빠르고 효율적인 광고 제작이 가능해졌습니다. 가장 큰 장점은 속도와 효율성입니다. 매번 새로 촬영하지 않아도 버튼 몇 번만으로 다양한 타깃과 목적에 맞는 광고를 수십 가지 버전으로 제작할 수 있습니다. 예를 들어, 감성적인 Z세대용 영상부터 신뢰감 있는 30대 타깃 콘텐츠까지 형식과 톤을 유연하게 조절할 수 있습니다.

최근에는 AI 기술이 정교해지면서 디자인, 영상 편집, 음악 생성까지도 일정 수준 이상으로 자동 처리할 수 있게 되었고, 덕분에 1인 크리에이터나 중소기업도 전문가 없이 광고를 제작할 수 있게 되었습니다. 이제 광고는 전문 장비나 복잡한 절차 없이도 누구나 아이디어만 있다면 AI를 통해 손쉽게 제작할 수 있는 시대입니다. AI 광고는 단순한 기술 발전을 넘어, 마케팅을 보다 창의적이고 유연하게 실행할 수 있는 방식으로 자리잡아가고 있습니다.

광고 콘셉트 및 스토리 제작하기

광고의 콘셉트와 스토리는 브랜드의 생각과 가치를 진심 있게 전달하는 효과적인 방법입니다. 단순한 장면 연출을 넘어, 전하고자 하는 메시지와 감정까지 자연스럽게 담아낼 수 있기 때문입니다. 자연주의 핸드크림을 주제로, 챗GPT를 활용해 주요 장면을 제안받았습니다. 여러 차례 질문과 수정을 거쳐 내용을 다듬었으며, 이를 바탕으로 미드저니에서 이미지를 생성하는 과정을 살펴보겠습니다.

 프리미엄 자연주의 핸드크림 광고(4 Scene으로 구성)

- 콘셉트: 감성적인 라이프 스타일 + 자연주의 + 전통적인 광고 스타일
- 포지셔닝: 프리미엄 & 순한 자연 성분, 감성적 이미지 강조

 [장면 1] 자연(감성적인 무드 도입)

- **역할 및 콘셉트**: 광고 분위기 세팅, 브랜드의 철학을 암시하는 '자연과의 조우'.
  하루의 시작을 자연과 연결하며 감성적으로 몰입시키는 도입 장면.
- **화면 요소**: 아침 햇살, 이슬 맺힌 나뭇잎, 흔들리는 풀잎숲속 고요한 장면 or 들꽃 위로 햇살이 드는 장면
- **감성적인 카피라이팅**: "하루를 시작하는 가장 순한 시간."
- **연출**: 이슬 맺힌 숲속에 아침 햇살이 스며들며, 자연이 조용히 숨 쉬는 장면, 슬로우 무빙, 자연광

[장면 2] 제품 목업 이미지(프리미엄 핸드크림 소개)

- **역할 및 콘셉트**: 제품의 고급스러움 & 자연 성분 강조/브랜드 인지
  자연 원료로 만들어진 프리미엄 핸드크림의 '브랜드 신뢰감' 전달, 제품의 아름다움과 순수함을 감성적으로 연출.
- **화면 요소**: 원목 트레이 위에 핸드크림이 고급스럽게 놓여 있고 주변엔 허브, 꽃잎, 자연 원료 연출.
- **감성적인 카피라이팅**: "자연의 정성과 고요함을 담은, 당신만의 프리미엄 손길."
- **연출**: 우드 트레이 위에 놓인 핸드크림과 허브, 자연광이 부드럽게 감싸는 정적인 연출.

[장면 3] 사용 장면(손에 핸드크림을 바르는 클로즈업)

- **역할 및 콘셉트**: 제품 사용감 & 텍스처 표현
  실제 사용 장면을 통해 피부 위로 스며드는 자연의 느낌 표현. 손에 머무는 감촉을 시각적으로 전달.
- **화면 요소**: 손에 핸드크림을 짜서 부드럽게 바르는 클로즈업 컷. 바르는 질감, 흡수되는 느낌, 촉촉한 피부 강조.
- **감성적인 카피라이팅**: "손끝에 닿는 순간, 자연이 부드럽게 녹아듭니다."
- **연출**: 부드러운 크림이 손등 위에 천천히 스며들며, 촉촉한 피부 결을 강조하는 클로즈업.

[장면 4] 모델 홍보 컷(스튜디오에서 모델이 미소 짓는 장면)

- **역할 및 콘셉트**: 브랜드 인식 강화/신뢰감 전달/마무리
  브랜드의 프리미엄 감성과 신뢰를 전하는 엔딩 컷. 모델이 정면을 바라보며 친근하면서도 고급스러운 인상 전달.
- **화면 요소**: 미소 짓는 모델이 핸드크림을 들고 정면을 바라봄
  배경은 심플한 스튜디오(화이트 or 베이지)정면 시선, 정갈한 연출, 심플한 배경에서 제품 강조.
- **감성적인 카피라이팅**: "당신의 손을 위한 선택, 자연이 전하는 고요한 자신감."
- **연출**: 모델이 따뜻한 미소로 핸드크림을 들고 정면을 바라보는 스튜디오 장면.

01 | 영상의 인트로에 사용될 자연 풍경 이미지를 생성해 보겠습니다. 이미지 프롬프트 창에 장면 1의 프롬프트를 입력하여 이미지를 생성합니다.

> **프롬프트** /imagine prompt A bright forest meadow in the early morning, tall trees glowing with golden sunlight, soft mist in the air, sparkling dew on fresh grass, light breeze, dreamy and magical atmosphere, cinematic lighting, consistent warm color tone --ar 16:9

> 전체적인 색상 톤과 분위기를 유지하기 위해, 프롬프트에 'cinematic lighting', 'consistent warm color tone' 등의 표현을 함께 사용하겠습니다.

02 ┃ 자연의 느낌이 잘 살아 있는 이미지가 생성되었습니다. 예제에서는 3번째 이미지를 선택하여 [V3] 버튼을 클릭합니다.

03 ┃ 리믹스 설정이 활성화되어 있다면, 프롬프트 수정 창이 나타나며, 이때 프롬프트를 수정하지 않고 그대로 [전송] 버튼을 클릭하여 베리에이션을 진행합니다.

04 ┃ 4개의 변형된 숲속 이미지가 생성되었습니다. 예제에서는 1번째 이미지를 선택하고 업스케일을 위해 [U1] 버튼을 클릭합니다.

05 업스케일된 이디지가 생성되면, 결과물 아래에 있는 [Upscale (Creative)] 버튼을 클릭합니다. 최종 이미지 를 다운로드한 후, 영상에 활용할 수 있도록 정리합니다.

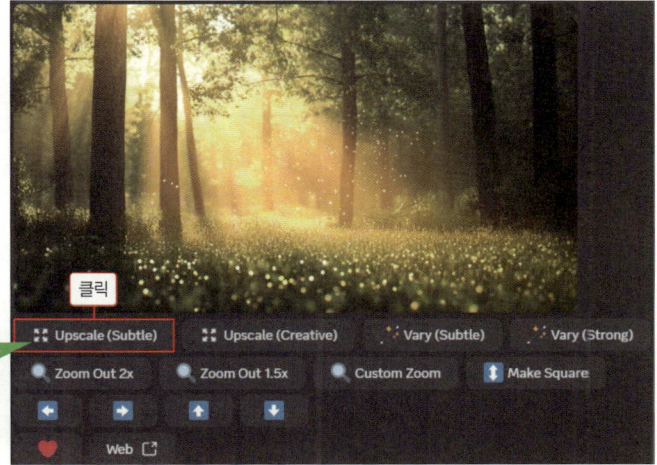

[Upscale (Creative)] 버튼은 이미지의 해상도를 높이고, 영상에 사용하기에 적합한 더욱 선명하고 디테일한 결과물을 얻을 수 있습니다.

06 다음은 제품이 실제로 사용되는 모습을 보여줄 목업 이미지를 생성하겠습니다. 이미지 프롬프트 창에 장면 2의 프롬프트를 입력하여 이미지를 생성합니다.

프롬프트 /imagine prompt A premium hand cream tube mockup standing upright on a clean studio surface, surrounded by fresh green leaves and natural elements, cinematic lighting, soft morning glow, realistic shadows, eco-friendly packaging design, consistent warm color tone, minimal and elegant presentation, realistic texture, highly detailed, product photography style, eye-level view --v 7.0 --ar 16:9

07 제품의 특징과 콘셉트가 잘 반영된 이미지가 생성되었습니다. 가장 마음에 드는 것을 골라, 다양한 변형 이미지를 만들겠습니다. 예제에서는 3번째 이미지를 선택해 [V3] 버튼을 클릭합니다.

08 | 콘셉트가 잘 유지된 채로 생성되면, 가장 마음에 드는 이미지를 선택합니다. 예제에서는 1번째 이미지를 업스케일하기 위해 [U1] 버튼을 클릭하여 고화질 이미지를 생성합니다.

09 | 업스케일된 최종 이미지 속 제품 사진을 실제 제품 사진으로 대체하려고 합니다.

10 | 생성된 이미지의 제품을 실제 사진으로 대체하기 위해 실제 제품 사진을 Shift를 누르고 디스코드 창으로 제품 사진을 드래그합니다.

11 │ 업로드된 이미지를 마우스 오른쪽 클릭하여 [링크 복사하기]를 선택합니다.

12 │ 최종 생성 이미지로 돌아가 이미지 결과물 하단 오른쪽에 있는 [Vary (Region)] 버튼을 클릭합니다.

13 │ Editor 팝업 창 하단에 나타나는 도구 중 'Recta ngle box' 아이콘(▣)을 클릭하고, 수정할 부분을 드래그합니다. 다음의 프롬프트를 입력하고 오른쪽 화살표 버튼을 클릭합니다.

프롬프트 hand cream package --sref **복사한 이미지 주소**--sw 600

14 | 선택한 영역에 업로드한 제품 이미지가 반영되어 수정됩니다. 예제에서는 1번 이미지를 선택하여 [U1] 버튼을 클릭해 이미지를 업스케일합니다.

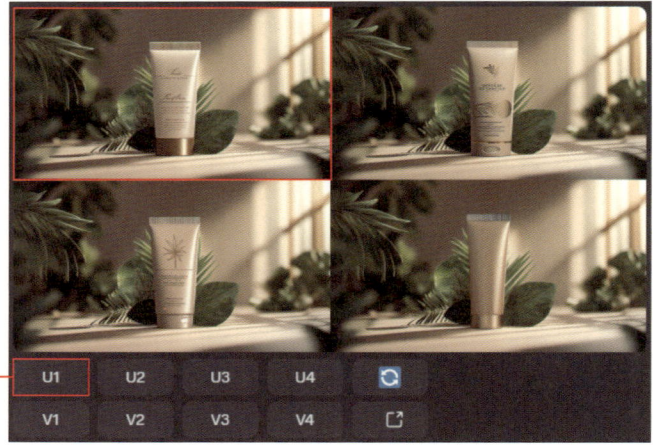

15 | 업스케일된 이미지가 생성되면, 결과물 아래에 있는 [Upscale (Subtle)] 버튼을 클릭하고 최종 이미지를 다운로드합니다.

[Upscale (Subtle)] 버튼은 이미지의 해상도를 높이고, 영상에 사용하기에 적합한 더욱 선명하고 디테일한 결과물을 얻을 수 있습니다.

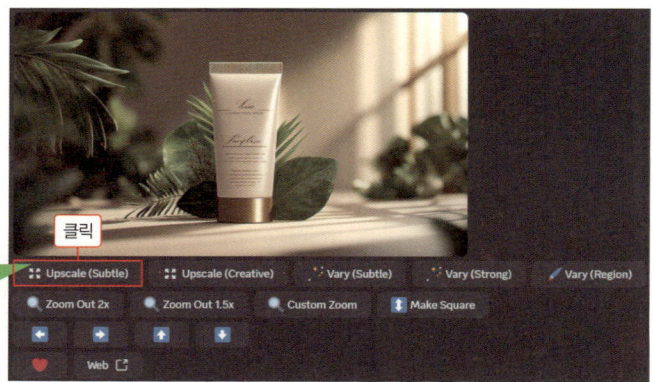

16 | 다음은 제품이 실제로 손에 발리는 순간을 담은 감성적인 장면을 생성해 보겠습니다. 이미지 프롬프트 창에 장면 3의 프롬프트를 입력합니다.

> **프롬프트** /imagine prompt A close-up of a woman's hands gently applying hand cream, soft natural lighting, smooth and healthy skin, warm and clean studio background, elegant and minimal style, cinematic mood, shallow depth of field, realistic texture, skincare concept --v 7.0 --ar 16:9 --style raw

17 가장 깨끗하고 감성적인 느낌을 잘 담고 있는 이미지를 선택합니다. 예제에서는 2번째 이미지를 선택하여 [V2] 버튼을 클릭합니다.

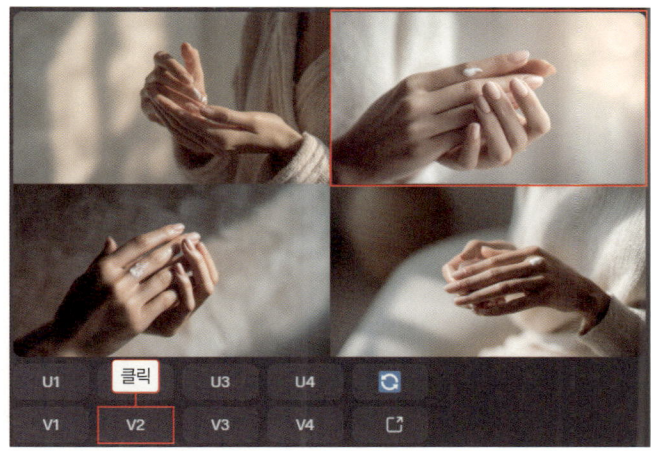

18 생성된 이미지 중, 가장 마음에 드는 이미지를 선택합니다. 예제에서는 1번 이미지를 업스케일하기 위해 [U1] 버튼을 클릭합니다.

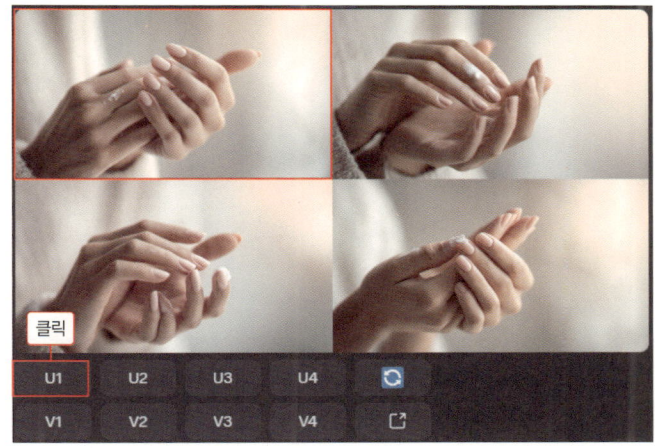

19 업스케일된 이미지가 생성되면, 결과물 아래에 있는 [Upscale (Subtle)] 버튼을 클릭하고 최종 이미지를 다운로드합니다.

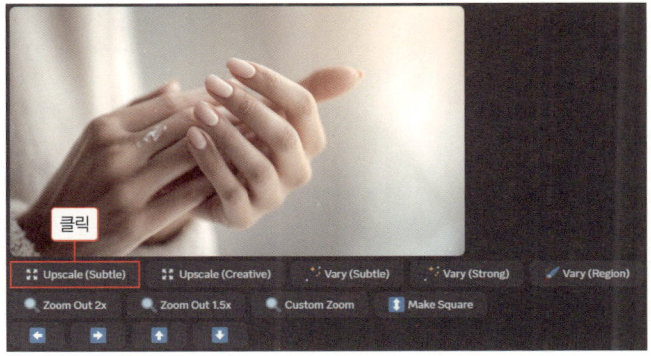

20 | 마지막으로 모델이 스튜디오에서 제품을 들고 미소 짓는 장면을 생성해 보겠습니다. 이미지 프롬프트 창에 장면 4의 프롬프트를 입력합니다.

프롬프트 /imagine prompt Korean woman in a white dress smiling while holding a premium hand cream tube, clean studio setting with natural elements like green plants, cinematic lighting, warm color tone, clear skin, minimal and eco-friendly style, realistic texture, front-facing view --v 6.1 --ar 16:9 --s 550

21 | 모델이 등장하는 첫 장면을 위해 감성적인 느낌을 잘 담고 있는 이미지를 다양한 변형 이미지로 만들어 보겠습니다. 예제에서는 4번째 이미지를 선택하여 [V4] 버튼을 클릭합니다.

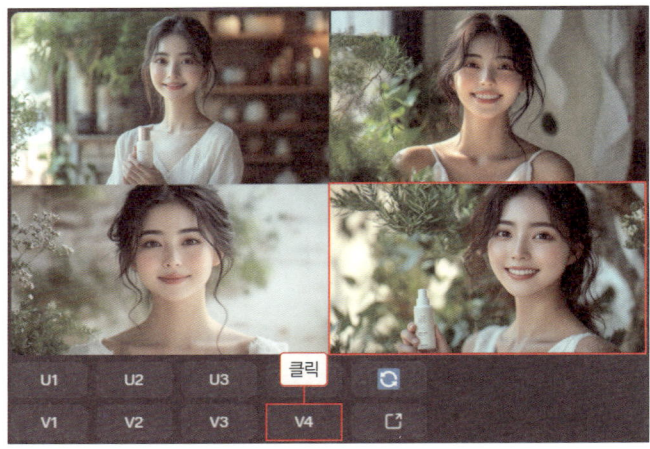

22 | 선택한 모델을 기반으로 다양한 베리에이션 이미지가 생성되었습니다. 예제에서는 2번째 이미지를 선택해 [U2] 버튼을 클릭합니다.

23 │ 2번째 이미지가 업스케일 되어 생성됩니다. 이제 최종 이미지에서 제품 사진을 실제 제품 사진으로 대체하겠습니다.

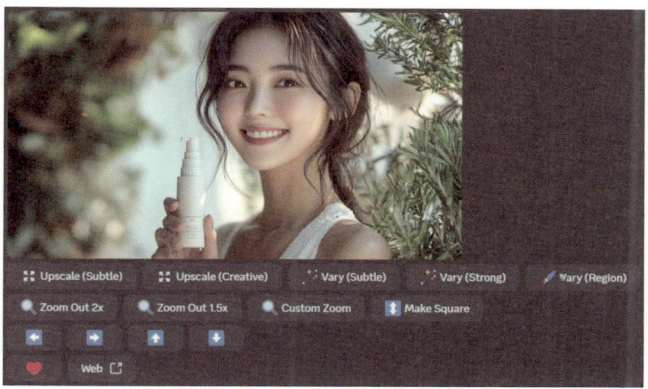

24 │ Shift 를 누른 채 실제 제품 사진 파일을 디스코드 창으로 드래그합니다.

Shift + 드래그

이전 과정에서 올렸던 제품 사진을 사용해도 됩니다.

25 │ 업로드된 이미지를 마우스 오른쪽 버튼을 클릭하고 [링크 복사하기]를 선택합니다.

❶ 마우스 오른쪽 클릭

❷ 선택

26 │ 최종 생성 이미지로 돌아가, 이미지 결과물 하단 오른쪽에 있는 [Vary (Region)] 버튼을 클릭합니다.

27 │ Editor 팝업 창 하단에 나타나는 '올가미' 아이콘(🔎)을 클릭하고, 수정하고자 하는 영역을 설정합니다. 다음의 프롬프트를 입력하고 오른쪽 화살표 버튼을 클릭합니다.

프롬프트 hand cream package --sref **복사한 이미지 주소**--sw 600

28 │ 제품 이미지가 반영되어 수정되면, 가장 흡사한 이미지 결과물을 선택합니다. 예제에서는 4번째 이미지를 선정하여 [U4] 버튼을 클릭합니다.

29 │ 업스케일된 이미지가 생성되면, 결과물 아래에 있는 [Upscale (Subtle)] 버튼을 클릭하고 최종 이미지를 다운로드 합니다.

클릭

미드저니로 동영상 만들기

미드저니의 Image-to-Video 기능을 활용하면, 한 장의 정적인 이미지로도 감성적인 영상을 만들어낼 수 있습니다. 영상은 단순히 장면을 나열하는 것이 아니라, 이미지 한 컷 한 컷에 담긴 분위기와 메시지가 자연스럽게 이어지며 하나의 이야기로 흐릅니다. 이번 작업에서는 미드저니를 통해 주요 장면 이미지를 먼저 생성한 뒤, 이를 타탕으로 감정의 흐름과 분위기를 살린 영상으로 확장해 나갈 예정입니다.

01 │ 미드저니 웹사이트 'www.midjourney.com/'에 접속하고, 왼쪽 [Create] 메뉴를 클릭해 프롬프트 입력 화면으로 이동합니다.

클릭

현재 미드저니의 영상 기능은 웹 버전에서만 사용할 수 있어 해당 예제는 미드저니 웹 버전으로 진행합니다.

02 │ 프롬프트 창 왼쪽에 있는 'Add image' 아이콘(🖾)을 클릭하고 [Choose a file or drop it here]를 클릭해 '숲속풍경.png' 파일을 불러옵니다.

03 │ 오른쪽 영역에 이미지가 등록되면 [Starting Frame]으로 드래그합니다. 이 작업을 통해 선택한 이미지가 영상의 첫 장면으로 설정됩니다.

04 │ 첫 번째 장면에 사용할 감성적인 숲속 영상을 생성하기 위해 프롬프트 입력 창에 다음과 같이 입력합니다.

프롬프트 Golden sunlight through tall trees, soft mist, glowing dust particles, gentle breeze moving grass, cinematic atmosphere, camera slowly zooming in

05 | 프롬프트 입력 창의 왼쪽에 'Settings' 아이콘(⚏)을 클릭하면 애니메이션 스타일을 선택할 수 있습니다. 풍경이 부드럽게 앞으로 나아가는 인트로 영상이므로 Motion을 [Low]로 선택한 다음, 'Create' 아이콘(▷)을 클릭합니다.

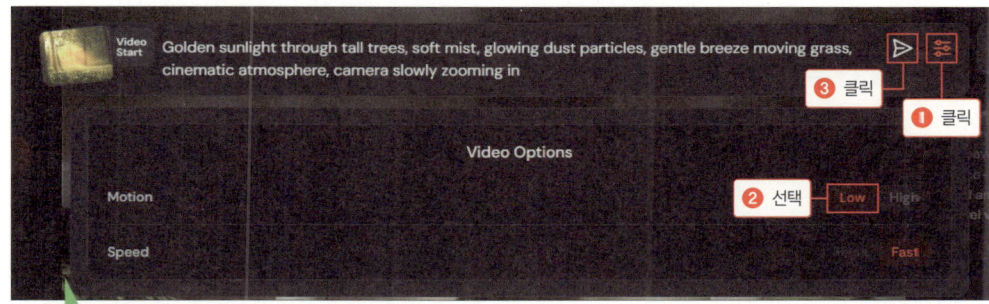

Motion 설정은 영상의 움직임 강도를 조절하는 기능으로, Low는 부드럽고 잔잔한 움직임을 표현하며 감성적이고 고요한 장면에 적합합니다. 반면, High는 역동적이고 강한 움직임을 표현하며 시각적 임팩트가 필요한 장면에 효과적입니다. 영상의 분위기와 목적에 따라 적절히 선택하면 더욱 완성도 높은 연출이 가능합니다.

06 | 해당 이미지를 스타트 프레임으로 한 4개의 영상이 동시에 생성됩니다. 영상 위에 마우스를 위치하면 각각 움직임과 연출을 확인할 수 있으며 예제에서는 2번째 영상을 선택했습니다.

영상 생성이 완료된 다음, Ctrl 을 누른 상태에서 마우스를 이동하면, 영상의 프레임이 천천히 재생되어 세밀한 움직임이나 장면 전환을 더욱 정밀하게 확인할 수 있습니다.

07 선택한 영상이 콘셉트 의도와 잘 맞아 보인다면 해당 영상을 클릭하여 전체 화면으로 확인한 다음 '다운로드' 아이콘(⊻)을 클릭합니다.

영상이 마음에 들지 않으면, 같은 이미지를 다시 생성해 원하는 결과가 나올 때까지 과정을 반복해 보세요.

08 다음은 제품을 본격적으로 소개하는 영상으로, 제품이 눈에 잘 띄도록 연출하는 것이 중요합니다. 배경은 깔끔하게 하고, 제품의 색감이나 느낌이 잘 드러나도록 화면 구성과 움직임을 신경 써야 합니다.

09 | 장면에 사용할 제품 목업 이미지를 업로드하기 위해 프롬프트 입력 창에 'Add image' 아이콘(🖼)을 클릭하고 [Choose a file or drop it here]를 클릭한 다음, 04 폴더에 '핸드크림.png' 파일을 불러옵니다.

10 | 오른쪽 영역에 이미지가 등록되면 [Starting Frame]으로 드래그하여 영상의 첫 장면으로 설정합니다.

11 | 두 번째 장면에 사용할 제품 중심의 영상을 생성하기 위해 프롬프트 입력 창에 다음과 같은 프롬프트를 입력합니다.

> **프롬프트** A hand cream tube standing on a clean surface, surrounded by green leaves, warm sunlight, soft shadows, gentle breeze, slow zoom-in on the product, natural and elegant mood

12 프롬프트 입력 창의 왼쪽에 'Settings' 아이콘(⚏)을 클릭합니다. 두 번째 영상은 잔잔한 자연광과 부드럽게 앞으로 향하는 카메라의 움직임을 통해 제품이 돋보이도록 표현하고자 Motion을 [Low]로 선택한 다음, 'Create' 아이콘(▷)을 클릭합니다.

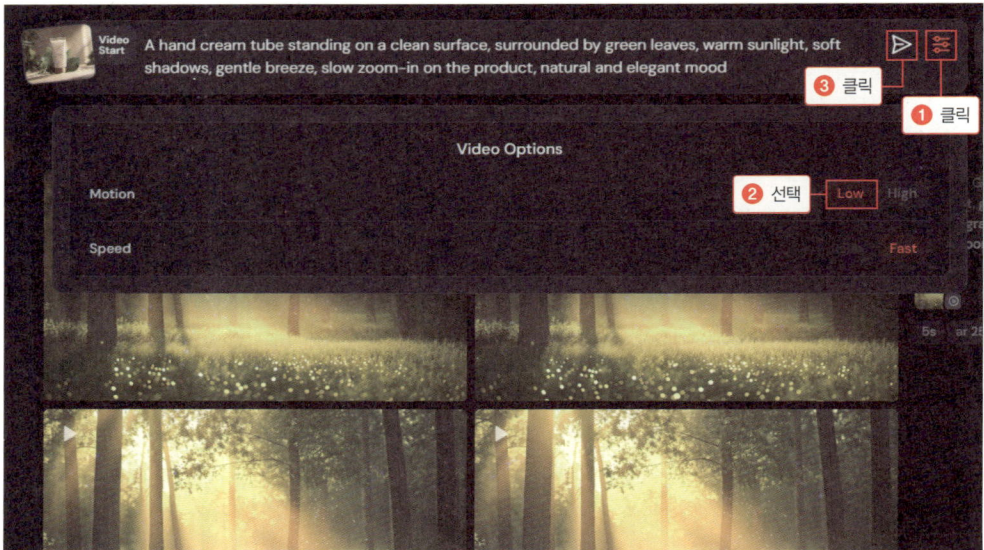

13 해당 이미지를 기반으로 4개의 영상이 동시에 생성되며, 마음에 드는 영상을 선택합니다. 예제에서는 카메라 움직임이 가장 자연스럽게 표현된 2번째 영상을 선택하였습니다.

14 선택한 영상을 클릭해 전체 화면으로 세부 움직임과 표현을 디테일하게 확인하고, 영상의 흐름에 맞춰 감각적인 장면으로 자연스럽게 확장하기 위해 오른쪽 Extend Video 항목에서 Manual의 [High Motion]을 클릭합니다.

영상 확장(Extend Video) 기능을 설정하는 메뉴로, 기존에 생성된 영상의 뒤를 이어 새로운 장면을 추가할 때 사용하는 옵션입니다. 사용자는 자동(Auto) 또는 수동(Manual) 방식 중 하나를 선택할 수 있으며, 각각에 대해 움직임 강도를 부드러운 움직임(Low Motion) 또는 강한 움직임(High Motion)으로 지정할 수 있습니다.

15 기존에 입력한 프롬프트를 삭제하고 다음의 프롬프트를 입력한 다음, 'Create' 아이콘(▶)을 클릭합니다.

> **프롬프트** A close-up of a premium hand cream tube as a dewdrop slowly forms on its surface, glistening in warm sunlight. The droplet gently slides down, reflecting soft light, as the scene gradually fades to white. Calm, cinematic, natural atmosphere, slow motion

16 | 먼저 생성된 5초 분량의 영상에 이어, 입력한 프롬프트를 바탕으로 추가 4초 영상이 생성되었습니다. 예제에서는 4번째 영상을 선택했습니다.

17 | 전체 화면에서 영상을 디테일하게 확인하고 '다운로드' 아이콘(⬇)을 클릭하여 MP4 파일로 저장합니다.

18 미드저니 디스코드 버전으로 이동해 이전 과정 **19**번의 최종 이미지를 찾아, 해당 이미지 하단에 있는 [Web] 버튼을 클릭합니다.

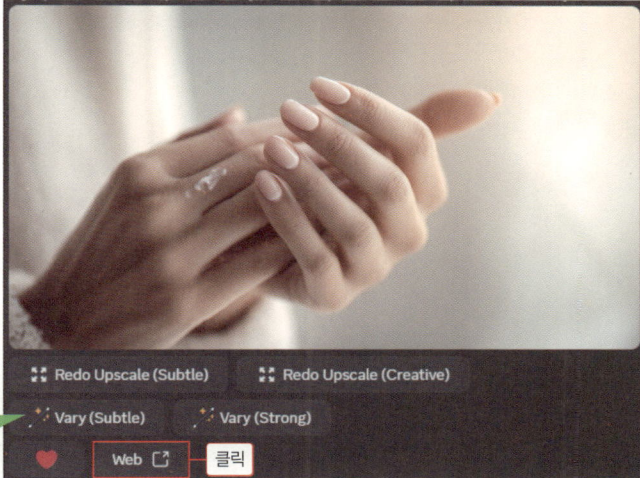

19 웹 버전으로 자동 전환되면 선택한 이미지를 바로 확인할 수 있으며, 이후 영상 생성 작업을 이어갈 수 있는 인터페이스 화면으로 자연스럽게 이동합니다.

20 자동 생성 기능을 이용해 비교적 간편하게 영상 제작을 진행해 보겠습니다. Animate an image 항목에서 Auto의 [High Motion] 클릭합니다.

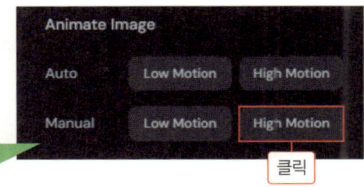

미드저니는 프롬프트를 직접 입력하여 생성하는 방법과 자동 설정을 활용해 영상을 생성하는 두 가지 방식으로 작업할 수 있습니다.

21 | 손에 핸드크림을 바르는 듯한 자연스러운 영상으로 표현됩니다. 4개의 영상이 생성되며, 예제에서는 3번째 영상을 선택합니다.

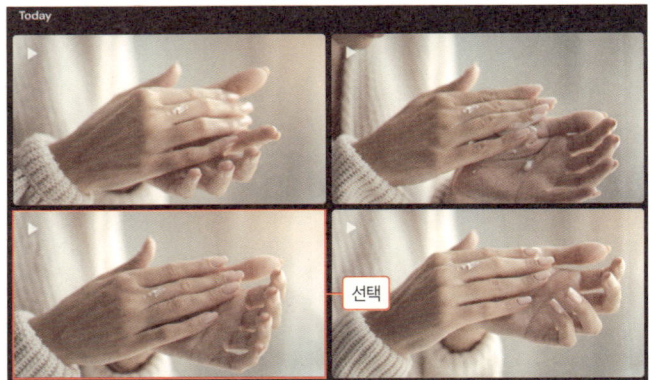

22 | 선택한 영상을 디테일하게 확인한 후 '다운로드' 아이콘(⬇)을 클릭해 저장합니다.

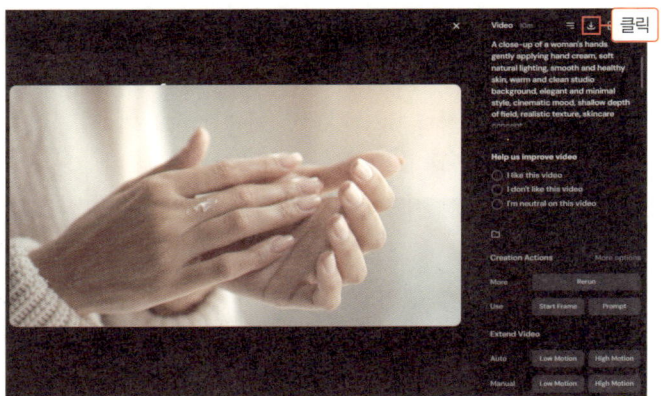

23 | 디스코드 미드저니로 이동하여 이전 과정 **29**번에 최종 이미지를 찾아, 해당 이미지 하단에 있는 [Web] 버튼을 클릭하여 미드저니 웹 버전으로 이동합니다.

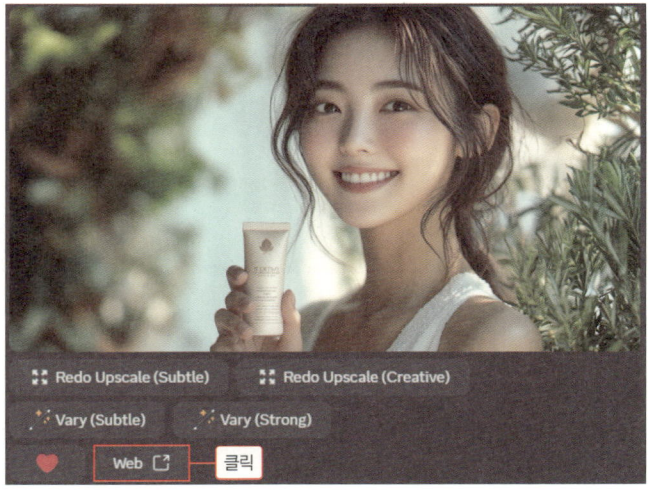

24 | 웹 버전으로 자동 전환되면 부드럽고 잔잔한 움직임을 수동으로 생성하기 위해 메뉴에서 Animate an image 항목에서 Manual의 [Low Motion]을 클릭합니다.

25 | 스튜디오에서 제품을 들고 카메라 앞에 선 여성 모델의 영상 중에서 모델의 포즈, 시선, 미소가 자연스럽게 표현된 영상을 선택합니다. 예제에서는 2번째 영상을 선택했습니다.

26 | 생성된 영상을 디테일하게 확인한 다음, 마무리 장면을 추가하여 영상을 확장하겠습니다. 오른쪽 Extend Video 항목에서 Manual의 [Low Motion] 버튼을 클릭합니다.

27 | 모델이 눈을 깜박이며 수줍은 미소를 짓는 행동을 하며 영상이 마무리되도록 화면 상단의 프롬프트 입력 창에 다음과 같은 프롬프트를 입력하고 'Create' 아이콘(▶)을 클릭합니다.

> **프롬프트** The camera lingers on the woman as she blinks softly and smiles shyly at the camera. Warm lighting envelops the scene, highlighting her gentle expression in a calm, cinematic atmosphere

28 | 프롬프트를 기반으로 확장된 4개의 영상이 생성되며, 각 영상은 입력한 내용에 따라 다양한 표정과 움직임을 담고 있습니다. 예제에서는 4번째 영상을 클릭해 선택했습니다.

> 영상의 확장(Extend Video) 기능은 한 번 사용할 때 약 4초 정도의 길이를 추가하며, 프롬프트에 따라 약간의 차이가 있을 수 있습니다. 일반적으로는 총 20초 미만의 영상까지 확장하는 것이 가능합니다.

29 | 선택한 영상의 세부 움직임과 표현을 살펴보고 결과물이 마음에 들면, 영상 화면에서 마우스 오른쪽 버튼을 클릭하고 [Download for Social]을 선택하여 저장합니다.

알아두기 다양한 형식의 다운로드 옵션

- **Download for Social**: SNS 최적화 영상(MP4) 형식으로 저장
- **Download Raw Video**: 가공되지 않은 원본 영상을 저장
- **Download GIF**: 영상의 핵심 장면을 움직이는 GIF 형태로 저장

일레븐랩스로 자연스러운 AI 보이스와 효과음 생성하기

최근 콘텐츠 제작에서 음성과 사운드는 시각 요소만큼 중요한 역할을 합니다. 이제는 AI 기술 덕분에 감정이 담긴 자연스러운 음성을 쉽게 생성할 수 있고, 영상 몰입도를 높이는 효과음도 간편하게 만들 수 있습니다. 이번에는 일레븐랩스(ElevenLabs) 같은 AI 음성 생성 도구를 활용해, 영상에 어울리는 보이스와 효과음을 제작하는 기본적인 방법을 알아보겠습니다.

01 웹 브 라 우 저 에 'www.elevenlabs.io/'를 입력하여 일레븐랩스에 접속하여 로그인합니다.

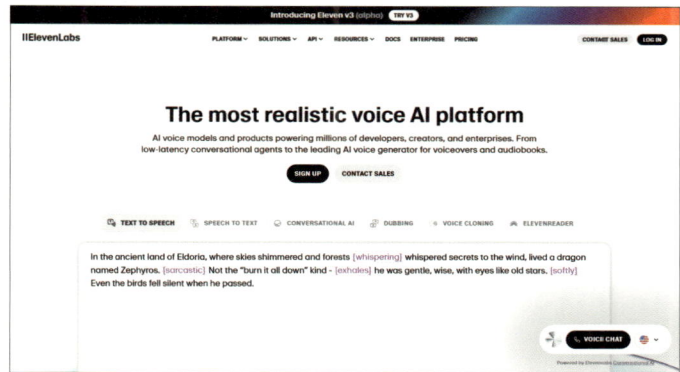

02 왼쪽 [Sound Effect] 메뉴를 클릭해 효과음 및 배경음악을 만들 수 있는 화면으로 이동합니다.

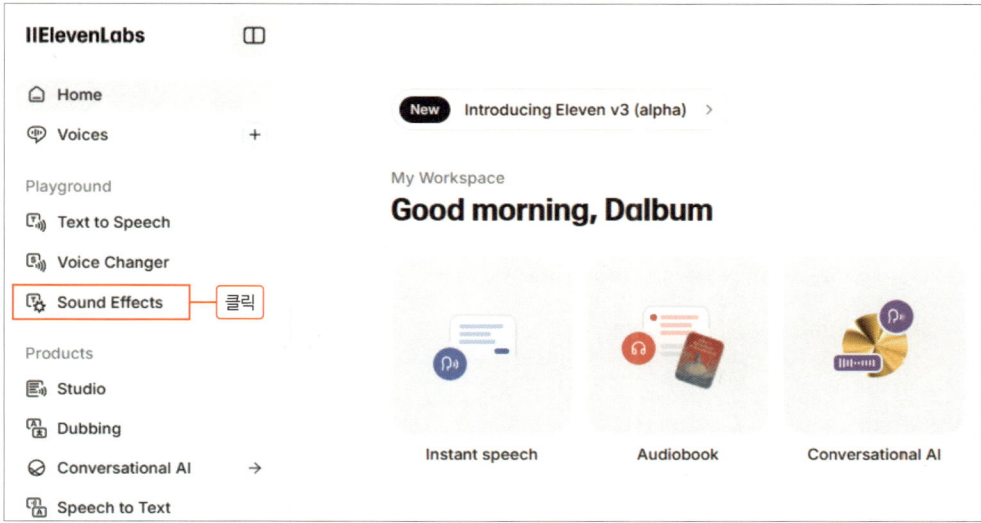

03 아래 메뉴에서 프롬프트 입력 창에 다음과 같은 프롬프트를 입력하고 추가 설정이 없다면 [Generate] 버튼을 클릭해 생성합니다.

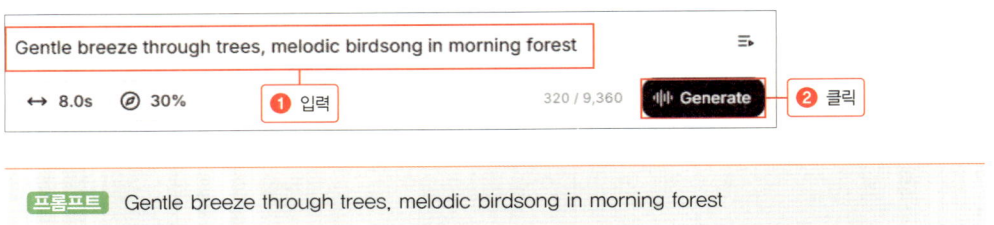

프롬프트 Gentle breeze through trees, melodic birdsong in morning forest

04 프롬프트를 기반으로 총 4종의 효과음이 생성되었습니다. 각 샘플 번호에 재생과 다운로드 아이콘을 클릭해 바로 들어보고 다운로드합니다. 예제에서는 [Sample 2]를 선택하여 '다운로드' 아이콘(📥)을 클릭해 PC에 저장합니다.

원하는 사운드 효과음이 아닐 경우 [Generate] 버튼을 눌러 다시 생성할 수 있습니다.

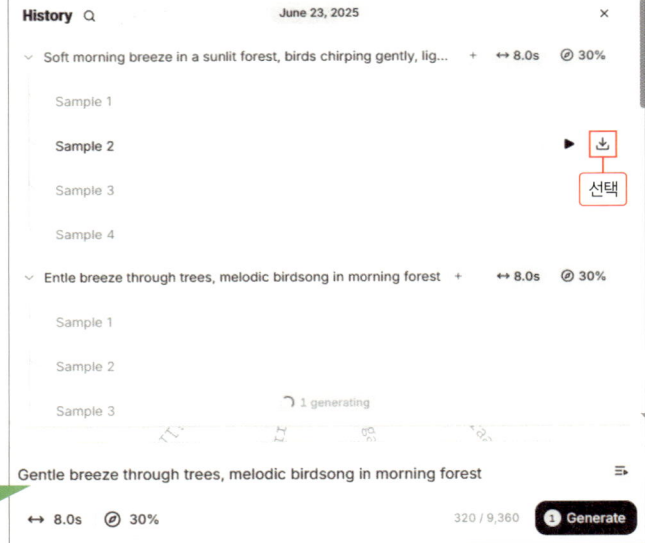

05 다음은 영상 전체의 분위기를 결정하는 배경음악을 생성해 보겠습니다. 같은 화면의 프롬프트 창에 다음과 같은 프롬프트를 입력하고 [Generate] 버튼을 클릭합니다.

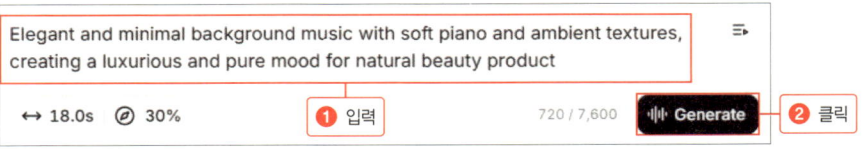

프롬프트 Elegant and minimal background music with soft piano and ambient textures, creating a luxurious and pure mood for natural beauty product

06 | 4개의 배경음악이 생성되면, 고급스럽고 은은한 분위기의 콘셉트에 가장 잘 어울리는 음악을 선택합니다. 예제에서는 [Sample 2]를 선택해 다운로드합니다.

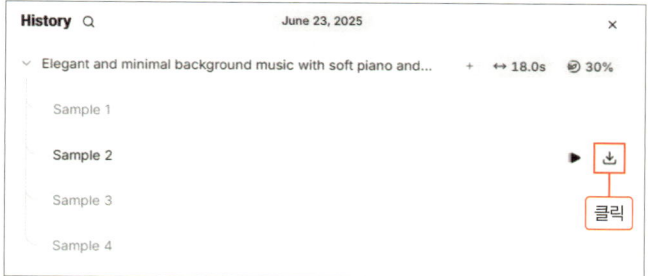

07 | 광고의 마지막을 장식할 내레이션을 AI 보이스로 생성하겠습니다. 왼쪽 [Text to Speech] 메뉴를 클릭합니다.

원하는 내레이션 문장을 입력하고, 음성 스타일과 감정, 속도 등을 설정하면 자연스럽고 감성적인 AI 보이스를 생성할 수 있습니다.

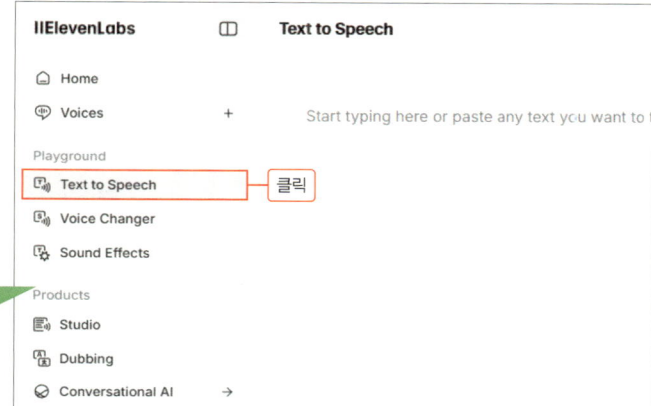

08 | 입력 창에 내레이션으로 사용할 대사 **'당신의 손을 위한 자연의 선물'**을 입력하고 오른쪽 Voice 항목을 클릭하여 원하는 목소리를 선택합니다. 예제에서는 부드럽고 차분한 분위기의 목소리의 [Emily]를 선택하였습니다.

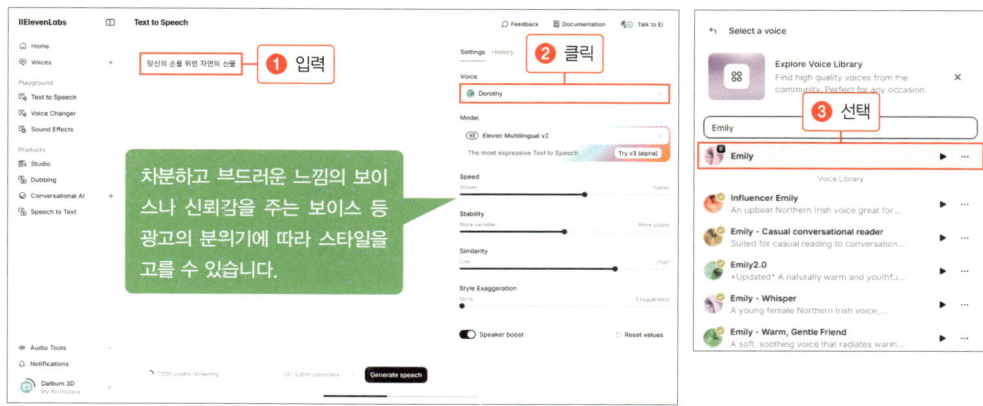

차분하고 부드러운 느낌의 보이스나 신뢰감을 주는 보이스 등 광고의 분위기에 따라 스타일을 고를 수 있습니다.

09 | 다음과 같이 Speed를 '1.8'로, Stability를 '중앙'으로 설정하고 [Generate Speech] 버튼을 클릭해 음성을 생성하고 다운로드합니다.

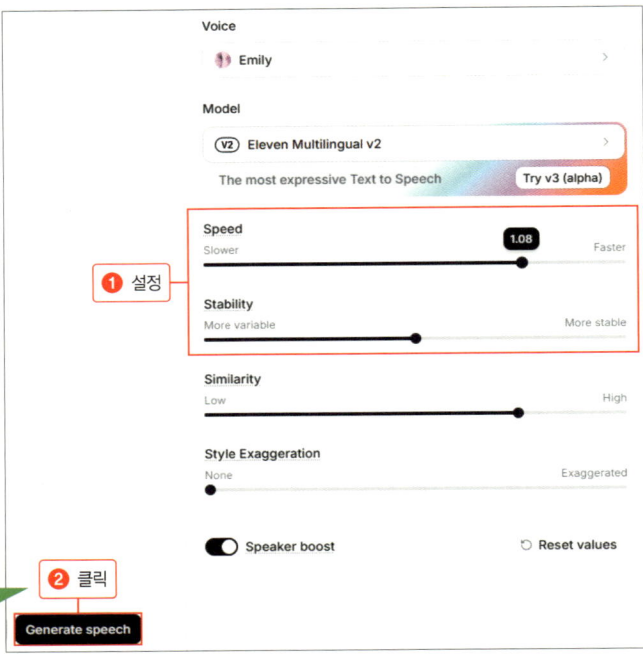

① 설정

② 클릭

여러 가지 설정을 바꿔가며 테스트해보고, 원하는 분위기의 보이스가 생성되면 다운로드합니다.

알아두기 [History] 탭

생성한 AI 보이스는 메뉴의 [History] 탭을 클릭해 이전에 생성한 음성들을 다시 확인하거나 다운로드할 수 있습니다.

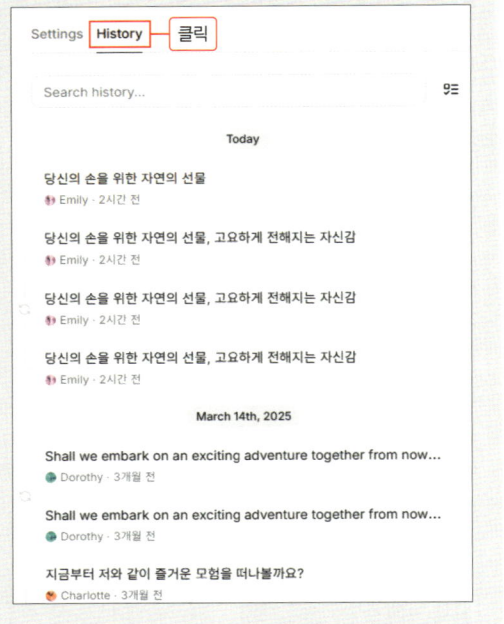

캡컷으로 영상 완성하기

생성한 AI 보이스, 효과음, 배경음악, 그리고 미드저니 이미지나 영상을 활용해 무료 툴 캡컷(CapCut)에서 광고 영상을 완성합니다. 각 리소스를 타임라인에 적절히 배치하고 자막과 전환 효과를 더하면, 브랜드 메시지를 감각적이고 인상 깊게 전달하는 자연주의 화장품 광고 영상이 완성됩니다.

01 웹브라우저에 'capcut.com/'를 입력해 캡컷어 접속한 다음, 간단한 회원가입 절차를 거쳐 로그인합니다.

> 캡컷은 웹에서도 사용 가능하며, PC나 모바일 앱으로 설치해 사용할 수도 있는 무료 영상 편집 도구입니다. 설치 없이 빠르게 작업하거나, 안정적인 편집 환경을 원할 경우 설치형으로 활용할 수 있어 유연성이 뛰어난 점이 장점입니다.

02 왼쪽 메뉴의 [+ 새로 만들기]에서 동영상의 화면크기를 설정할 수 있으며, 예제는 가로형 광고 영상이기 때문에 [16:9] 화면 비율을 선택합니다.

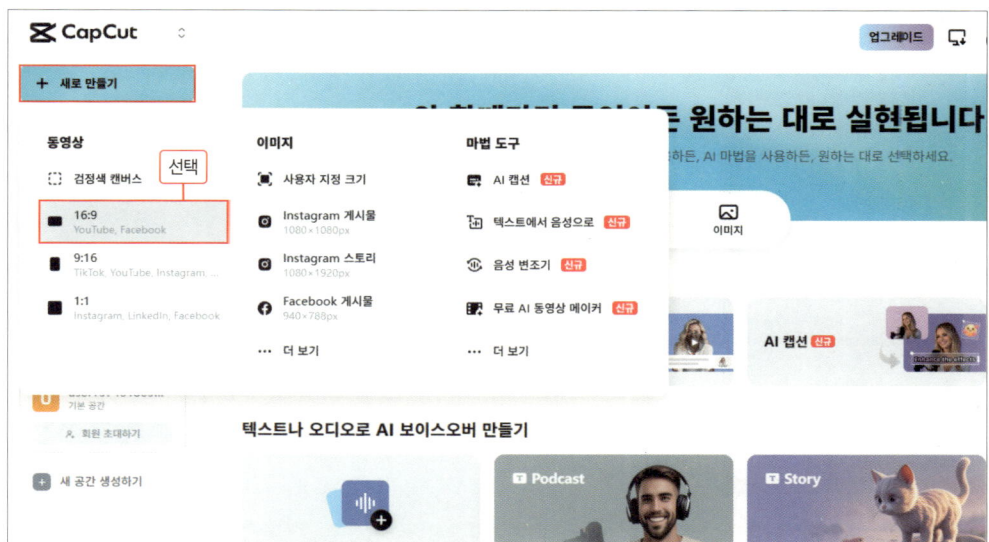

03 | 영상 편집 작업을 위한 새로운 작업 환경이 열립니다. 왼쪽 [미디어] 메뉴에서 [업로드] 버튼을 클릭한 후, [폴더 업로드]를 선택하고 업로드 대화상자가 표시되면 04 폴더에서 '영상리소스' 폴더를 불러옵니다.

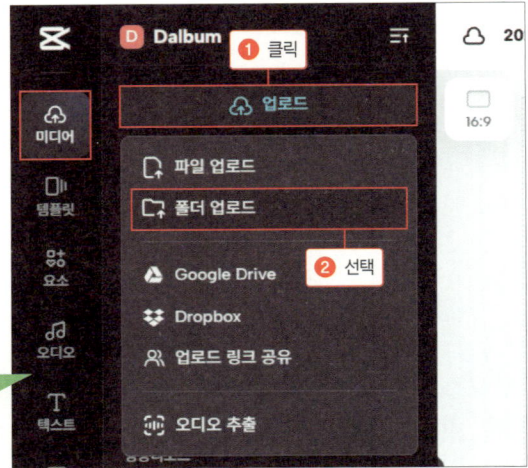

PC에 저장되어 있는 영상 리소스 파일이 들어 있는 폴더를 선택하여 업로드하면, 해당 폴더 안의 이미지, 영상, 오디오 등이 한 번에 불러와 편집에 활용할 수 있게 됩니다.

04 | 업로드한 폴더를 클릭하면, 미디어 영역에서 해당 폴더와 리소스가 정상적으로 업로드 것을 확인할 수 있습니다. 영상을 순서에 맞게 타임라인으로 드래그합니다.

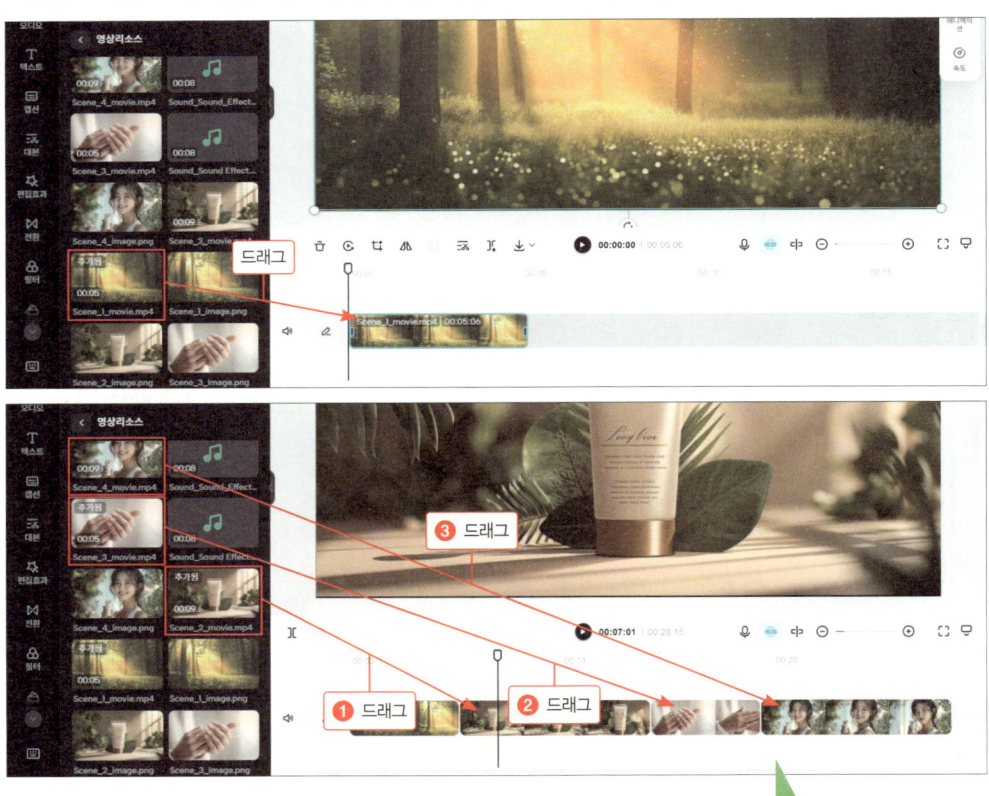

재생 헤드(Playhead)를 움직이면 해당 위치의 장면을 미리 확인할 수 있으며, Spacebar 를 눌러 재생할 수 있습니다.

05 | 영상을 확인해보니 핸드크림 바르는 부분이 길어서 잘라보겠습니다. 재생 헤드를 '00:17:01'에 위치한 다음 '분할' 아이콘(ⅠＸ)을 클릭합니다.

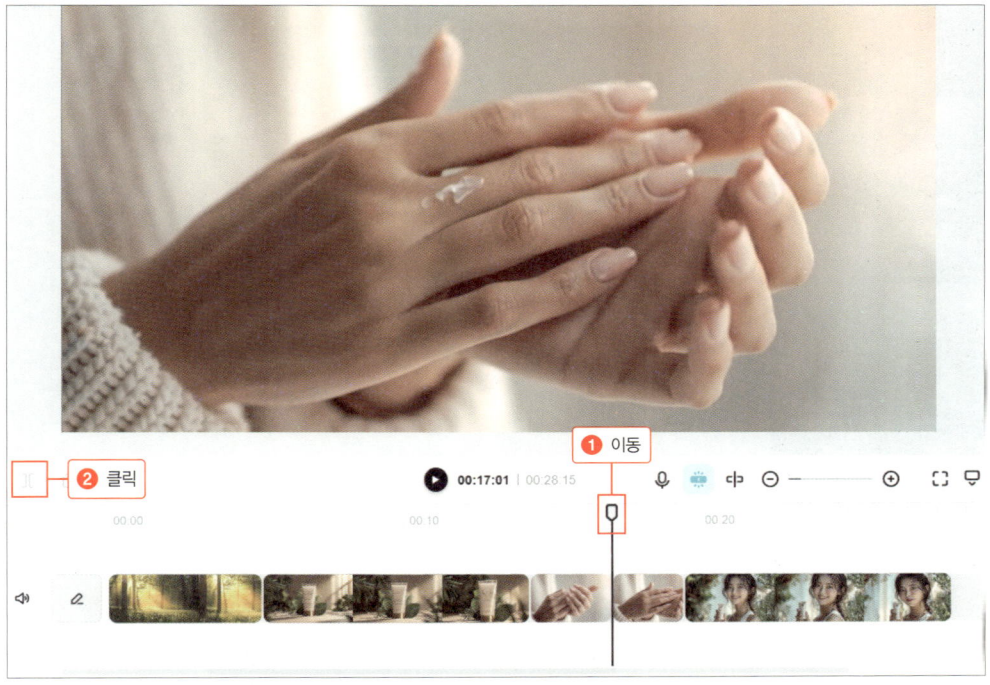

06 | 재생 헤드를 기준으로 영상이 분할되면, 왼쪽에 있는 클립을 선택한 뒤 '삭제' 아이콘(🗑)을 클릭해 제거합니다.

선택된 영상이 삭제되면, 뒤에 있던 클립이 자동으로 앞으로 붙으며 빈 공간 없이 정렬되어 타임라인의 흐름이 자연스럽게 이어집니다.

07 | 두 번째 영상의 길이가 전체적으로 길게 느껴져, 재생 속도를 조절해 보겠습니다. 먼저 2번째 클립을 선택한 다음, 오른쪽 사이드바에 [속도]를 클릭하고 기본 영역에 속도를 '1.5x'로 설정합니다.

08 | 영상에 효과를 설정해 보겠습니다. 첫 번째 영상을 클릭하고 오른쪽 사이드바에 [애니 메이션]을 클릭합니다. [페이드 인]을 선택하여 자연스러운 진입 효과를 적용합니다. 이후 인/아웃 모션의 지속 시간을 '2.0s'로 설정합니다.

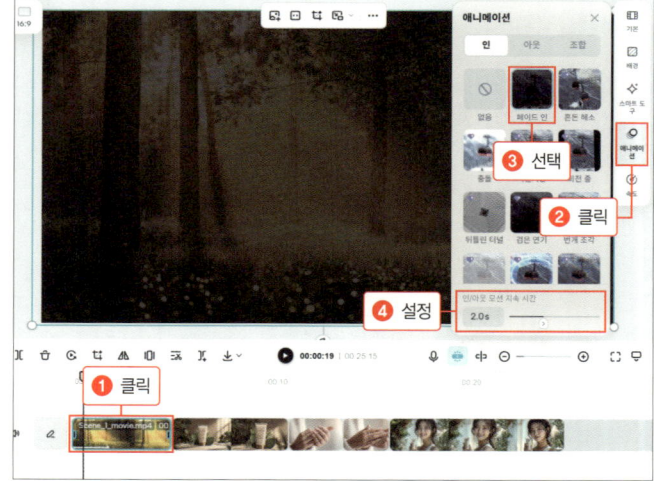

알아두기 **캡컷 사용 팁(무료 vs 유료(Pro))**

• **무료**: 텍스트 삽입, 전환 효과, 자막, 기본 필터 등 대부분의 필수 기능이 무료로 제공됩니다.
• **유료(Pro)**: 프리미엄 전환, 고급 애니메이션, AI 배경 제거, 고해상도 리소스 등은 Pro 버전에서 제공됩니다.

09 같은 방식으로 마지막 영상을 클릭하고 [애니메이션]을 클릭해 페이드 아웃 효과를 적용합니다. 이후 인/아웃 모션 지속 시간을 '2.5s'로 설정합니다.

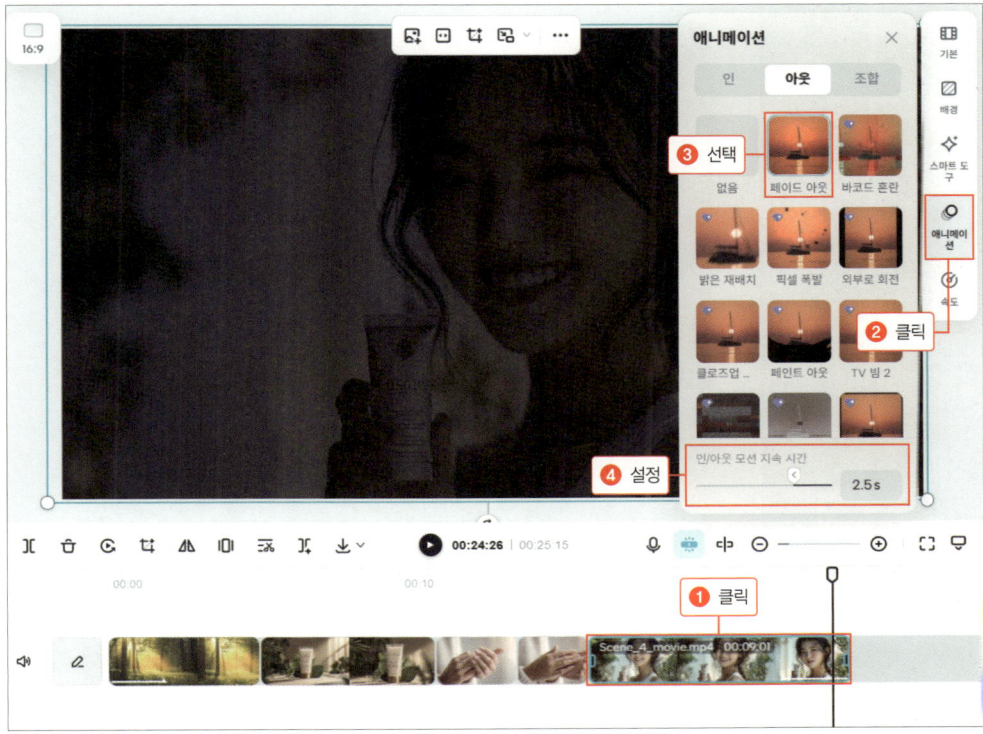

10 첫 번째 장면어 어울리는 숲소리 사운드를 추가하겠습니다. 업로드한 파일에서 'Sound_effect.mp3' 파일을 영상 타임라인 아래의 오디오 트랙으로 드래그하여 배치합니다.

11 사운드가 영상보다 길 경우, 오디오 클립의 오른쪽 끝을 클릭해 드래그하여 영상 길이에 맞게 조절합니다.

12 계속해서 엔딩 내레이션을 적용하겠습니다. 업로드한 파일에서 'Sound_aivoice.mp3' 파일을 같은 방법으로 드래그하여 영상의 끝부분 오디오 트랙으로 배치합니다.

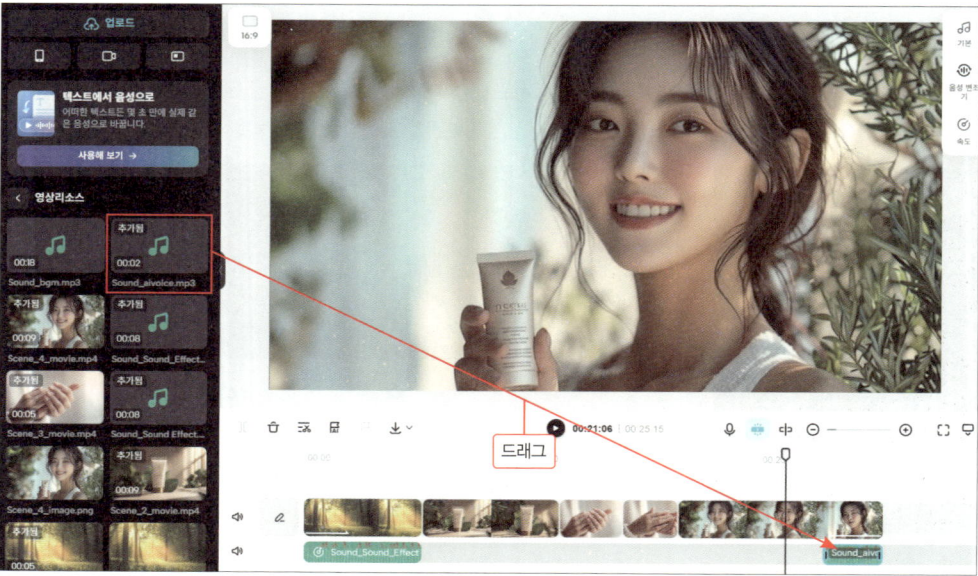

13 │ 영상 전체에 배경음악을 설정하기 위해 같은 방법으로 'Sound_bgm.mp3' 파일을 오디오 트랙 아래 '00:04:08' 위치에 맞춰 다음 그림과 같이 배치합니다. 모든 사운드가 잘 어우러졌는지 확인하기 위해 '▶' 아이콘을 클릭하여 재생해 봅니다.

14 │ 마무리되었다면 영상을 저장하겠습니다. 오른쪽 상단 [내보내기] 버튼을 클릭하고 [다운로드]를 클릭합니다.

15 │ 내보내기 설정에서 원하는 해상도와 파일 형식을 선택한 후, [내보내기] 버튼을 클릭하면 최종 광고 영상이 저장됩니다.

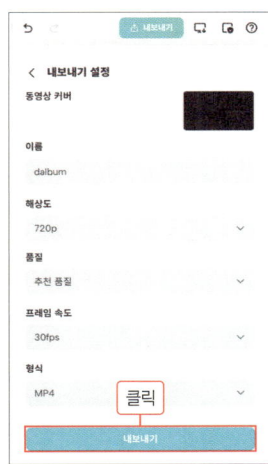

미드저니로 트렌디한 쇼츠 영상 만들기

미드저니의 영상 기능 활용 ❶

요즘은 짧고 강한 인상을 주는 쇼츠 영상이 많은 사람들에게 인기를 끌고 있습니다. 특히 입소문을 유도하는 마케팅에서 효과가 크며, 짧은 시간 안에 중요한 내용을 빠르게 전달할 수 있다는 점이 큰 장점입니다. 예전에는 영상을 만들기 위해 촬영과 편집이 필수였지만, 이제는 이미지와 생성형 AI를 활용해, 더 쉽고 빠르게 감각적인 쇼츠 영상을 제작할 수 있습니다.

• **예제 파일**: 04\딸기케이크.jpg, 토끼1~4.png, 숏폼크리에이터 폴더 • **완성 파일**: 04\딸기케이크_완성, 토끼_완성.mp4

요즘 온라인에서 가장 눈에 띄는 콘텐츠는 바로 '쇼츠 영상', 즉 짧고 강한 인상을 주는 영상입니다. 유튜브 쇼츠, 인스타그램 릴스, 틱톡 등 다양한 플랫폼에서 이러한 짧은 영상들이 빠르게 확산되며 많은 사람들의 관심을 끌고 있습니다.

이처럼 쇼츠 영상이 인기를 끄는 이유는 핵심을 짧게 전달할 수 있고, 시청자가 부담 없이 소비할 수 있기 때문입니다. 10~20초 안에 제품의 특징이나 브랜드 메시지를 효과적으로 전달할 수 있어, 바쁜 현대인들에게 매력적인 형식입니다. 특히 바이럴 마케팅 측면에서도 효과적입니다. 시선을 사로잡은 영상은 공유되기 쉽고, 댓글과 리액션을 통해 빠르게 확산되기 때문에 기업과 개인 창작자 모두 전략적으로 활용하고 있습니다.

무엇보다도 전문 지식 없이도 만들 수 있다는 점에서 큰 장점입니다. 포토샵이나 영상 편집 도구를 잘 다루지 않아도, 웹 기반 툴이나 생성형 AI 기능을 활용하면 초보자도 손쉽게 제작할 수 있습니다.

결과적으로, 짧은 시간 안에 강한 인상을 남기고 싶은 사람들에게 AI 기반의 쇼츠 영상 제작은 쉽고 빠르면서도 효과적인 방법입니다.

트렌드를 파악하기 위한 효과적인 방법

숏폼 콘텐츠 트렌드 분석은 단순한 '관찰'이 아닌, 변화를 읽고, 방향을 예측하며, 콘텐츠 전략을 설계하는 중요한 기초 작업입니다. 지금 어떤 콘텐츠가 사람들에게 먹히는지를 알아야, 다음에 무엇을 만들지 제대로 결정할 수 있습니다. 이런 트렌드를 수집하는 과정은 단지 유행을 따라가는 데 그치지 않고, 타깃의 반응을 예측하고, 콘텐츠의 기획 방향을 구체화하며, 더욱 효과적인 전달 방식을 선택하는 데 중요한 기준이 됩니다.

❶ 플랫폼별 인기 콘텐츠 분석

유튜브 쇼츠, 인스타그램 릴스, 틱톡 등 주요 숏폼 플랫폼에서 매일 조금씩 인기 콘텐츠를 살펴보며, 좋아요 수, 댓글 반응, 공유 수 등을 기준으로 어떤 콘텐츠 스타일이 주목받고 있는지 분석하고, 특히 틱톡의 트렌드 페이지를 활용해 현재 유행하는 챌린지, 사운드, 필터 등의 요소를 정리하며 트렌드를 파악합니다.

❷ 해시태그 중심 탐색

플랫폼 내에서 **#shorts, #릴스, #틱톡트렌드, #트렌딩사운드** 등 다양한 해시태그를 중심으로 탐색하며 국내외 트렌드를 비교하고, 어떤 주제나 형식이 전 세계적으로 인기를 끄는지 파악하는 한편, **#aivideo, #midjourneyshorts** 같은 AI 관련 해시태그도 함께 확인해 현재 기술 흐름과 콘텐츠 활용 방식까지 함께 분석합니다.

❸ 트렌드 리포트와 뉴스레터 구독

Trend Hunter, Later Blog, HubSpot Trends와 같은 해외 전문 서비스나 패스트 캠퍼스 트렌드 리포트, 브런치 마케팅 채널, 오픈서베이 리포트 등 국내 자료를 통해 숏폼 콘텐츠의 유형, 소비자 반응, 성공 사례를 기반으로 한 트렌드 정보를 매주 또는 매월 받아볼 수 있어, 보다 체계적으로 시장 흐름을 파악하고 전략을 수립하는 티 유용합니다.

- **Trend Hunter**: 숏폼 및 디지털 마케팅 트렌드 리포트를 주간 단위로 제공하는 서비스는 콘텐츠, 디자인, 브랜드 트렌드를 종합적으로 정리해 주어 전반적인 흐름을 빠르게 파악하고 전략 수립에 활용하는 데 매우 유용(www.trendhunter.com)
- **Exploding Topics**: 현재 급부상 중인 키워드나 주제를 쇼츠나 틱톡을 포함해 시각적으로 보여주는 트렌드 분석 도구를 활용하면 최신 흐름과 인기 주제를 직관적으로 확인할 수 있어 전략적인 콘텐츠 기획에 효과적(explodingtopics.com)
- **Later Blog**: 숏폼을 활용한 마케팅 전략과 최신 인스타그램 릴스 트렌드를 정리해 제공하는 자료는 SNS 마케팅 담당자들이 실무에 직접 활용할 만큼 실질적인 인사이트를 담고 있어, 트렌드 대응과 콘텐츠 기획에 효과적(later.com/blog)
- **오픈서베이 트렌드 리포트**: Z세대, 콘텐츠 소비 트렌드, 숏폼 소비 변화 등에 대한 보고서 제공(www.opensurvey.co.kr/blog)

④ 크리에이터 및 마케터 커뮤니티 참여

유튜브 쇼츠, 인스타그램 릴스, 틱톡 등 주요 숏폼 플랫폼에서 매일 조금씩 인기 콘텐츠를 살펴보며 좋아요 수, 댓글 반응, 공유 수 등을 기준으로 어떤 콘텐츠 스타일이 주목받고 있는지 분석하고, 특히 틱톡의 트렌드 페이지를 활용해 현재 유행하는 챌린지, 사운드, 필터 등의 요소를 정리하며 트렌드를 파악합니다.

⑤ AI 기반 트렌드 분석 도구 활용

- **Exploding Topics**: 급부상 중인 주제 탐색 가능
- **Google Trends**: 최근 검색량과 관심도 확인
- **vidlQ / TubeBuddy**: 유튜브 쇼츠용 키워드, 영상 분석에 유용

두 가지 재미있는 주제를 가지고 숏폼 영상을 만들어 보겠습니다. 첫 번째는 거대한 딸기 케이크를 열심히 만들고 있는 작은 농장 사람들의 미니어처 영상이며, 두 번째는 최근 숏폼에서 인기를 끌었던 동물이 요리를 하는 귀엽고 독특한 영상입니다. 이 두 가지 영상이 어떤 방식으로 만들어지는지 함께 천천히 살펴보겠습니다.

딸기 케이크를 만드는 미니어처 영상 생성하기

01 거대한 딸기 케이크를 만들고 있는 공장 사람들의 미니어처 이미지를 생성해 보겠습니다. 디스코드를 실행하여 다음과 같이 이미지 프롬프트 입력 창에 입력합니다.

> **프롬프트** /imagine prcmpt Ultra-realistic macro shot of a giant strawberry shortcake being assembled by miniature construction workers in yellow vests and hard hats. Fluffy sponge, whipped cream, fresh strawberries. Tiny workers use tools and ladders to place toppings. Dramatic lighting, shallow depth of field, 8K detail. --ar 9:16

> 쇼츠 영상의 화면 비율은 스마트폰 화면을 세로로 가득 채우는 '9:16'으로, 유튜브 쇼츠, 틱톡, 인스타그램 릴스 등 대쿠분의 숏폼 플랫폼에서 사용되는 표준 비율입니다.

02 세로 비율이기 때문에 이미지를 클릭하여 전체 화면으로 확인합니다. 예제에서는 딸기 케이크가 한 화면에 들어간 3번 이미지를 선택해 [V3] 버튼을 클릭하여 베리에이션합니다.

클릭

03 | 구성을 유지한 채로 4개의 베리에이션 이미지가 생성되면, 전체 화면에서 하나씩 확인합니다. 예제에서는 3번 이미지가 가장 마음에 들어 [U3] 버튼을 클릭해 고해상도 업스케일을 진행합니다.

04 | 업스케일된 이미지가 생성되면, 결과물 아래에 있는 [Upscale (Creative)] 버튼을 클릭합니다.

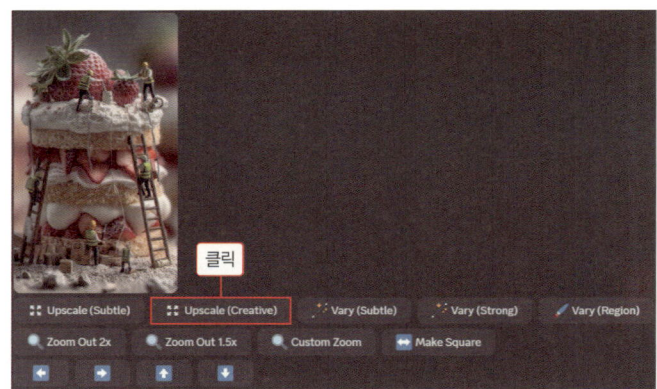

05 | 질감과 색감, 요소들의 표현이 더욱 선명하게 나타나는 것을 확인합니다. 마우스 오른쪽 클릭하여 [이미지 저장]을 선택해 최종 이미지를 다운로드합니다.

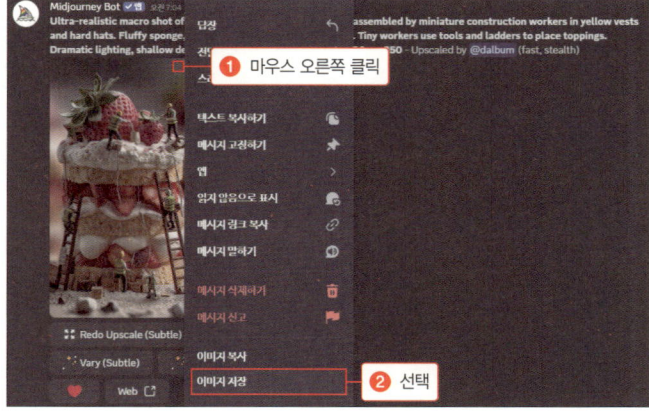

06 | 생성한 이미지를 영상으로 만들어 보겠습니다. 웹용 미드저니에 접속하고, [Create] 메뉴를 클릭하여 프롬프트 입력 화면으로 이동합니다.

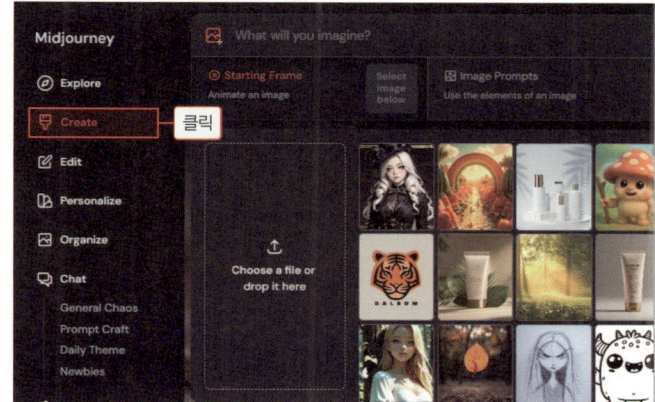

07 | 프롬프트 입력 창 왼쪽 'Add image' 아이콘(🖼)을 클릭하고 [Choose a file or drop it here]를 클릭하고 04 폴더에 '딸기케이크.jpg' 파일을 업로드합니다.

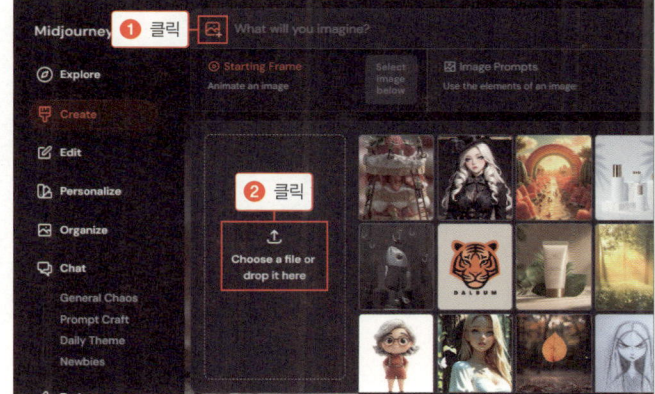

08 | 업로드한 이미지를 'Starting Frame' 영역으로 드래그합니다. 선택한 이미지가 영상의 첫 장면으로 설정됩니다.

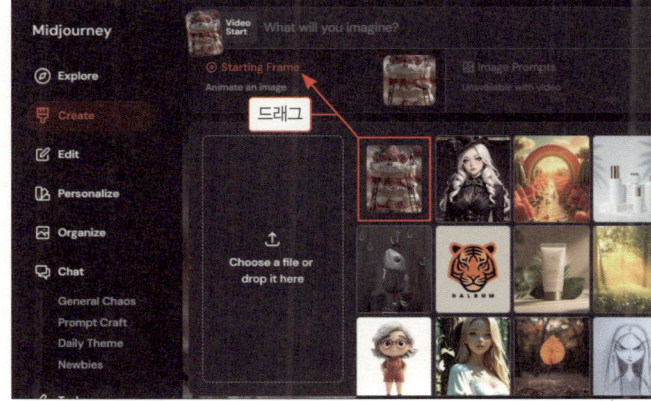

09 │ 화면 상단에 있는 Imagine bar 입력 창에 다음과 같은 프롬프트를 입력하여 첫 장면의 움직임을 표현해 보겠습니다.

> **프롬프트** Tiny workers climb ladders, place berries, and spread cream. Others operate piping machines to pour cream.

10 │ 프롬프트 입력 창 오른쪽에 'Settings' 아이콘(⚙)을 클릭하고 Motion에 [Low]를 선택한 다음, 'Create' 아이콘(▷)을 클릭해 영상을 생성합니다.

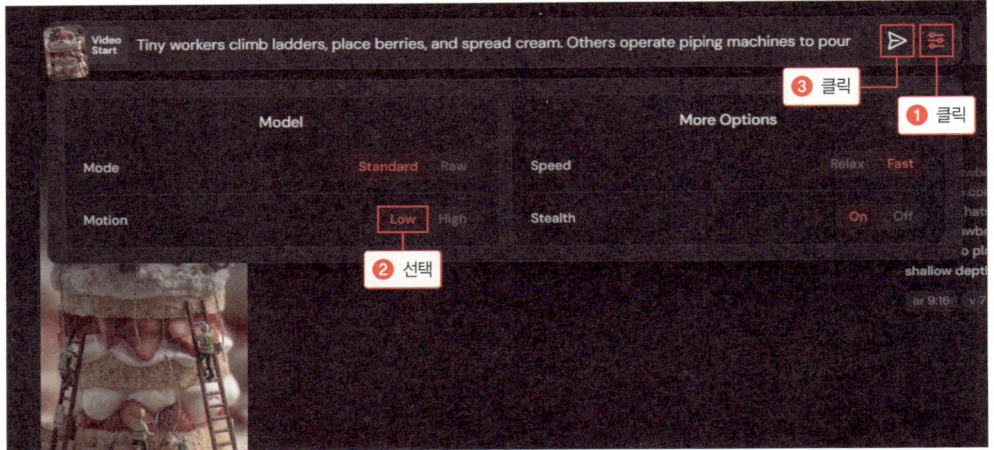

11 │ 5초 분량의 영상 4개가 동시에 생성되며, 각 영상 위에 마우스를 올리면 미리보기를 통해 각각의 움직임과 연출을 확인할 수 있습니다. 예제에서는 3번 영상을 선택했습니다.

12 | 3번 영상을 조금 더 추가 확장하겠습니다. 오른쪽 메뉴의 Extend Video 영역에 Manual의 [Low Motion] 버튼을 클릭합니다.

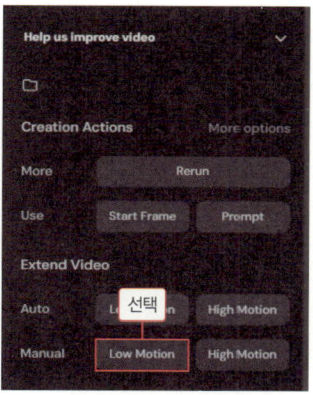

13 | 기존 프롬프트를 선택하여 삭제한 다음, 다음의 프롬프트를 입력하고 'Create' 아이콘(▷)을 클릭해 영상을 생성합니다.

> **프롬프트** a slow, continuous 360-degree pan around the scene

14 | 이전에 생성된 영상에 이어, 입력한 프롬프트를 바탕으로 추가 4초 영상이 생성됩니다. 예제에서는 생성된 영상 중 3번 영상을 선택했습니다.

15 │ 전체 화면에서 영상을 디테일하게 확인하고 오른쪽 상단에 '다운로드' 아이콘(⬇)을 클릭해 저장합니다.

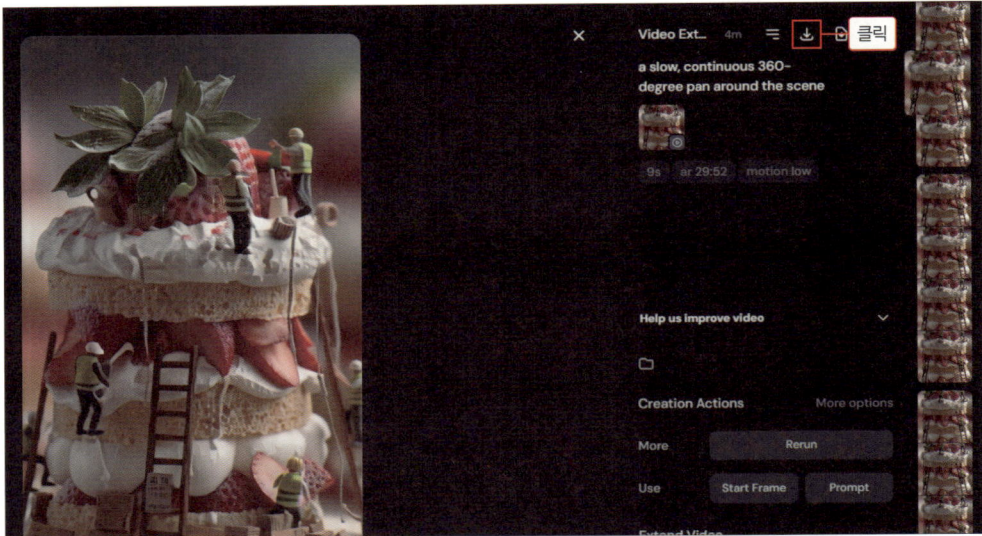

요리하는 동물 캐릭터 영상 생성하기

01 │ 먼저 의인화된 리얼한 토끼가 요리를 시작하기 전 재료 준비하는 모습을 생성해 보겠습니다. 미드저니 디스코드의 이미지 프롬프트 창에 다음과 같은 프롬프트를 입력합니다.

프롬프트 /imagine prompt A humanoid white rabbit wearing a clean apron, standing upright behind a wooden kitchen table, slicing carrots with a small kitchen knife on a cutting board, looking straight ahead, natural sunlight coming through the window, cozy rustic kitchen, photorealistic but slightly stylized ――ar 9:16 ――v 6.1 ――stylize 350

 알아두기　예제에서 쓰인 프롬프트 분석

- A humanoid white rabbit → 의인화된(사람처럼 행동하는) 하얀 토끼
- wearing a clean apron → 깨끗한 앞치마 착용
- slicing carrots with a small kitchen knife on a cutting board → 작은 칼로 도마 위에서 당근을 자르고 있음
- natural sunlight coming through the window → 창문을 통해 들어오는 자연광

02 | 분위기가 잘 반영된 이미지가 생성되면, 4개의 이미지 중에서 가장 마음에 드는 이미지를 선택해 다양한 변형 이미지를 만들어 보겠습니다. 예제에서는 1번 이미지를 선택하여 [V1] 버튼을 클릭합니다.

03 | 리믹스 설정이 활성화되어 있다면, 프롬프트 수정 창이 나타나며, 이때 프롬프트를 수정하지 않고 그대로 [전송] 버튼을 클릭하여 베리에이션을 진행합니다.

04 | 선택한 이미지의 구성을 기준으로 변형된 4개의 변형 이미지 중, 예제에서는 살짝 미소 짓고 있는 2번 이미지를 선택하였습니다. 고화질로 업스케일하기 위해 [U2] 버튼을 클릭합니다.

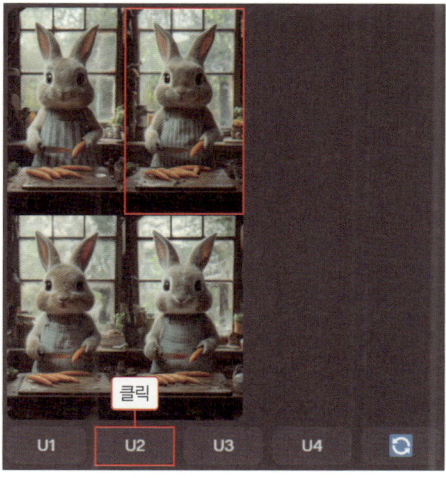

05 │ 업스케일된 이미지가 생성되면, 결과물 아래에 있는 [Upscale (Subtle)] 버튼을 클릭합니다.

06 │ 업스케일된 최종 이미지를 클릭하고 '다운로드' 아이콘(↓)을 클릭해 저장합니다. 이후 이어지는 장면을 생성하기 위해 '···' 아이콘을 클릭하고 [링크 복사]를 선택합니다.

07 │ 이미지 프롬프트 입력 창에 다음과 같이 입력하고 --cref 파라미터 뒤에 복사한 링크를 붙여넣기를 합니다.

> **프롬프트** /imagine prompt A humanoid white rabbit, looking forward, holding a wooden spoon and stirring a mixing bowl filled with carrot cake batter on the table, some flour spilled around, warm and inviting kitchen setting, realistic lighting and textures --cref **이미지 링크 붙여넣기** --ar 9:16 --v 6.1 --stylize 250 --cw 90

알아두기 **--cw(Character Weight) 활용하기**

--cw는 --cref로 지정한 캐릭터를 얼마나 강하게 따라야 할지를 조절하는 값입니다. 값이 높을수록 외형과 스타일을 더 비슷하게 유지하고, 낮을수록 장면에 맞게 유연한 변형이 가능합니다. 캐릭터를 그대로 유지하고 싶다면 --cw 100, 약간만 참고하고 싶다면 --cw 50 정도가 적당합니다.

08 기존 캐릭터의 스타일을 유지한 채 4개의 이미지가 생성되면, 가장 마음에 드는 이미지를 선택합니다. 예제에서는 1번 이미지를 선택하여 [V1] 버튼을 클릭합니다.

09 베리에이션된 이미지 중 예제에서는 1번 이미지를 선택하여 업스케일하기 위해 [U1] 버튼을 클릭합니다.

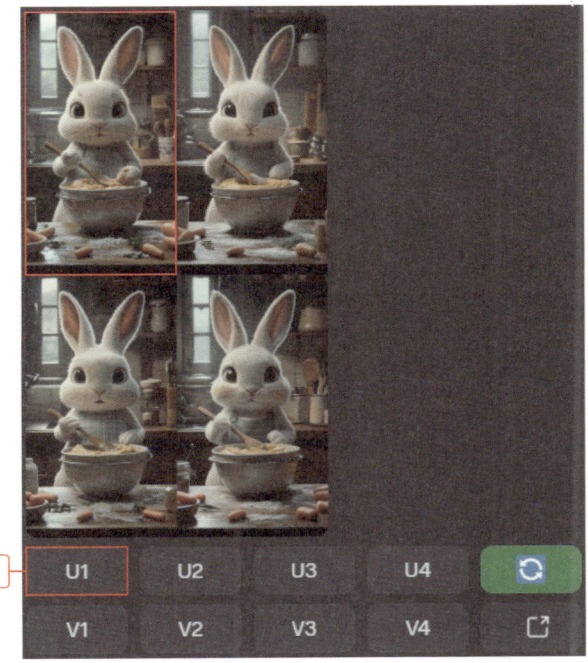

10 | 업스케일된 이미지가 생성되면 [Upscale (Subtle)] 버튼을 클릭합니다. 업스케일된 최종 이미지를 클릭하고 '다운로드' 아이콘(⬇)을 클릭해 저장합니다.

알아두기 **같은 방법으로 이미지 추가하기**

같은 방법으로 생성한 3, 4번째 이미지 파일은 다운로드한 **04 폴더**에서 확인할 수 있습니다.

11 | 미드저니 웹 버전을 통해 진행하겠습니다. 웹브라우저에 'www.midjourney.com/'를 입력하여 미드저니 웹사이트에 접속하고, 왼쪽 메뉴에서 [Create] 메뉴를 클릭해 프롬프트 입력 화면으로 이동합니다.

12 | 프롬프트 입력 창 왼쪽에 있는 'Add image' 아이콘(🖼)을 클릭하고 [Choose a file or drop it here]을 클릭하고 04 폴더의 '토끼1~4.png' 파일을 불러옵니다.

13 | 영상의 첫 장면을 설정하기 위해 '토끼1.png' 파일을 [Starting Frame] 영역으로 드래그합니다.

14 | 화면 상단에 있는 Imagine bar 입력 창에 다음의 프롬프트를 입력합니다.

프롬프트 The humanoid rabbit in a blue apron slicing carrots on a wooden cutting board in a cozy kitchen, static camera, natural lighting

15 │ 프롬프트 입력 창 오른쪽에 'Settings' 아이콘(⚙)을 클릭하고 잔잔하고 따뜻한 느낌의 영상이므로 Motion을 [Low]로 선택한 다음, 'Create' 아이콘(▷)을 클릭해 영상을 생성합니다.

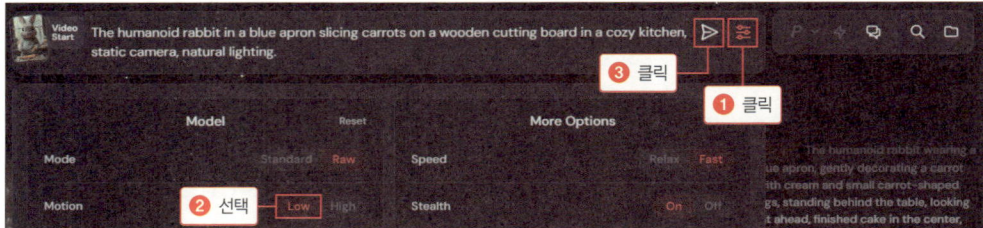

16 │ 해당 이미지를 Start Frame으로 한 5초짜리 4개의 영상이 동시에 생성됩니다. 영상 위에 마우스를 위치하여 영상을 확인합니다. 예제에서는 말하면서 요리하는 느낌이 잘 드러난 2번 영상을 선택하였습니다.

17 │ 생성된 영상이 컨셉 의도와 잘 맞는다고 판단되면 해당 영상을 클릭하여 전체 화면으로 확인한 다음, '다운로드' 아이콘(⬇)을 클릭해 저장합니다.

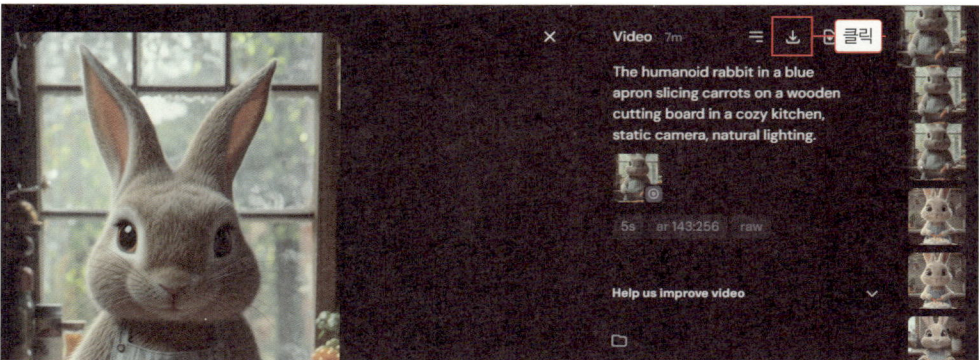

18 | 이어서 업로드한 '토끼2.png' 파일을 [Starting Frame] 영역으로 드래그합니다.

19 | 화면 상단에 있는 Imagine bar 입력 창에 다음과 같이 입력합니다.

프롬프트 The humanoid rabbit in a blue apron mixing carrot cake batter in a large bowl on a wooden table in a cozy kitchen, static camera, natural lighting

20 | 프롬프트 입력 창 오른쪽에 'Settings' 아이콘(🎛)을 클릭하고 카메라 무빙이 포함된 장면이므로 Motion을 [High]로 선택한 다음, 'Create' 아이콘(▷)을 클릭해 영상을 생성합니다.

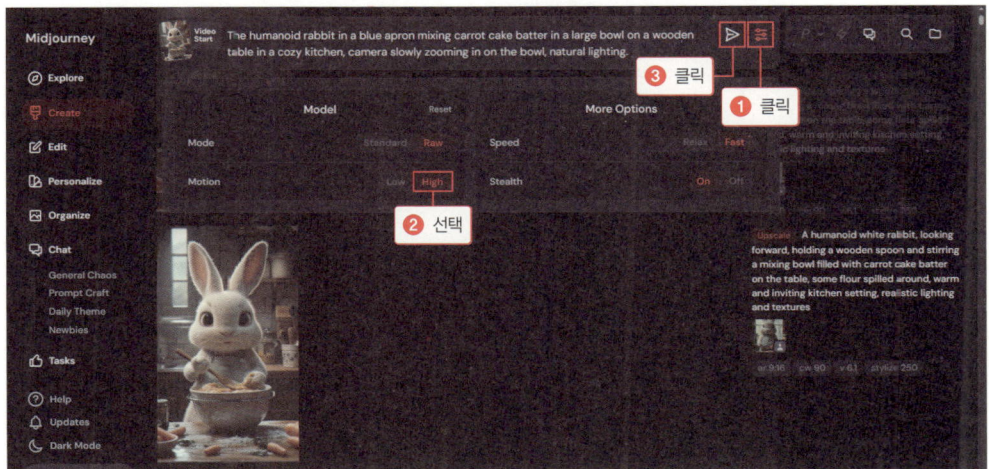

21 ｜ 해당 이미지를 Start Frame으로 한 줌 인이 되는 5초짜리 4개의 영상이 동시에 생성됩니다. 마우스를 위치하여 영상을 확인합니다. 예제에서는 카메라 움직임이 자연스러운 2번 영상을 선택하였습니다.

22 ｜ 전체 화면으로 확인한 뒤 '다운로드' 아이콘(⬇)을 클릭하여 저장합니다.

23 | 오븐에 굽는 영상을 생성하기 위해 업로드한 '토끼3.png' 파일을 [Starting Frame] 영역으로 드래그합니다.

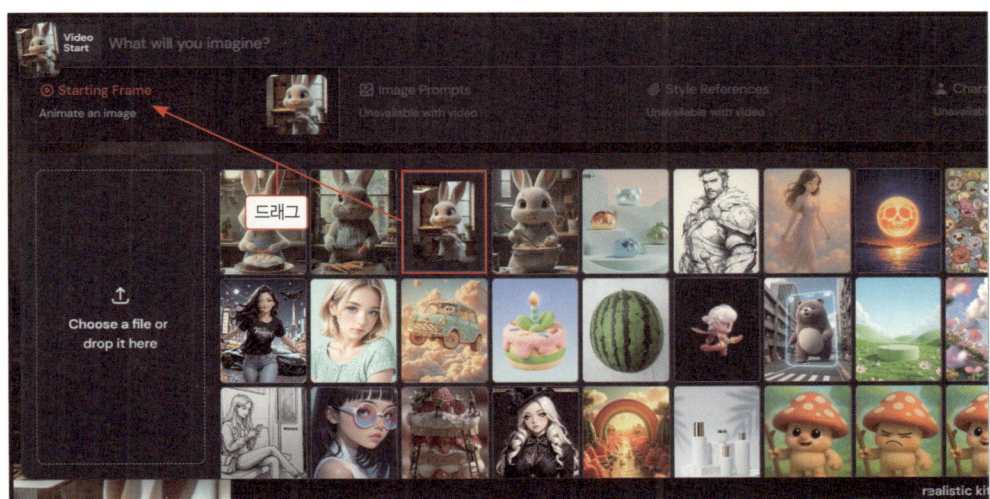

24 | 화면 상단에 있는 Imagine bar 입력 창에 다음과 같이 입력합니다.

> **프롬프트** The humanoid rabbit in a blue apron placing a carrot cake pan into an oven in a cozy kitchen, camera slowly zooming in on the cake, natural lighting

25 | 'Settings' 아이콘(⚙)을 클릭하고 행동이 중요한 장면이므로 Motion을 [Low]로 선택하고 'Create' 아이콘(▷)을 클릭해 영상을 생성합니다.

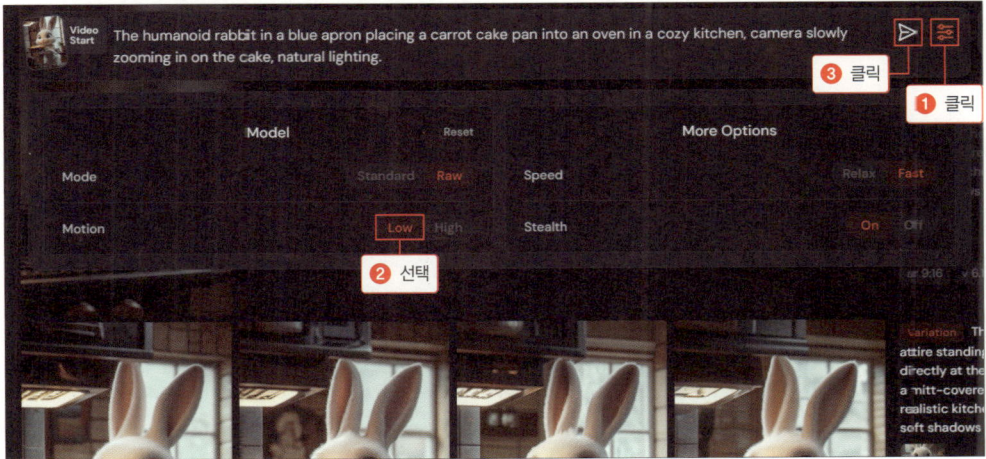

26 | 해당 이미지를 첫 장면으로 한 5초짜리 4개의 영상이 동시에 생성됩니다. 영상 위에 마우스를 위치하여 영상을 확인합니다. 예제에서는 케이크에 집중하는 2번 영상을 선택하였습니다.

27 | 영상을 클릭하여 확인해보니 편집을 고려했을 때, 마무리 장면이 조금 더 이어지면 좋을 것 같아서 확장하겠습니다. 오른쪽 Extend Video 영역에서 Auto의 [Low Motion] 버튼을 클릭하여 자연스럽게 영상을 확장합니다.

28 | 먼저 생성된 5초 분량의 영상에 이어 추가로 4초 영상이 생성되었습니다. 예제에서는 생성된 영상 중 2번 영상을 선택하여 클릭했습니다.

29 | 선택한 영상을 클릭하여 전체 화면으로 확인한 다음, '다운로드' 아이콘(⬇)을 클릭하여 저장합니다.

30 | 영상의 마지막 단계로, 오븐에서 구워낸 케이크를 장식하는 장면을 만들어 보겠습니다. 업로드한 '토끼4.png' 파일을 [Starting Frame] 영역으로 드래그합니다.

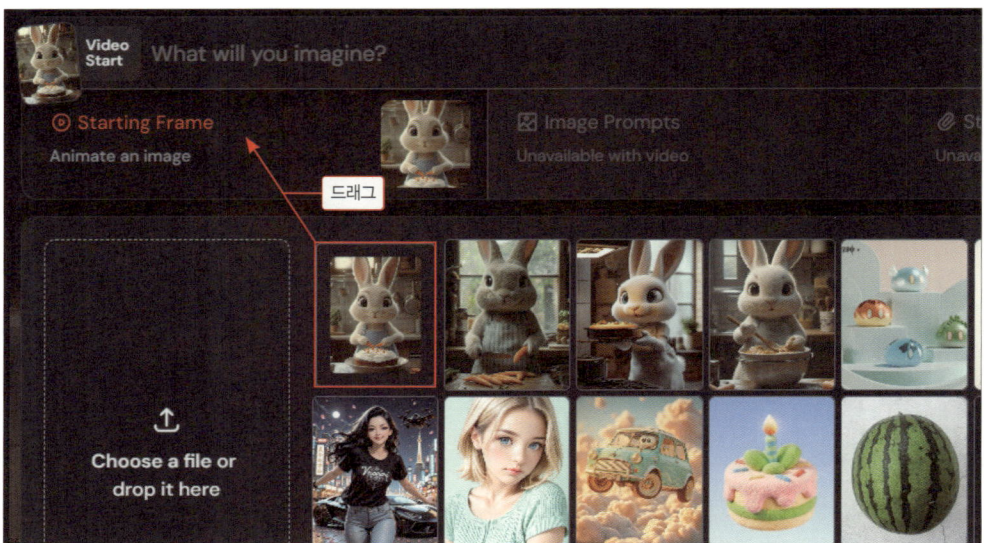

31 | 화면 상단에 있는 Imagine bar 입력 창에 다음과 같이 입력합니다.

프롬프트 The humanoid rabbit in a blue apron placing a carrot cake pan into an oven in a cozy kitchen, camera slowly zooming in on the cake, natural lighting

32 | 'Settings' 아이콘(⚙)을 클릭하고 활동적인 장면이므로 Motion을 [high]로 선택하고 'Create' 아이콘(▷)을 클릭해 영상을 생성합니다.

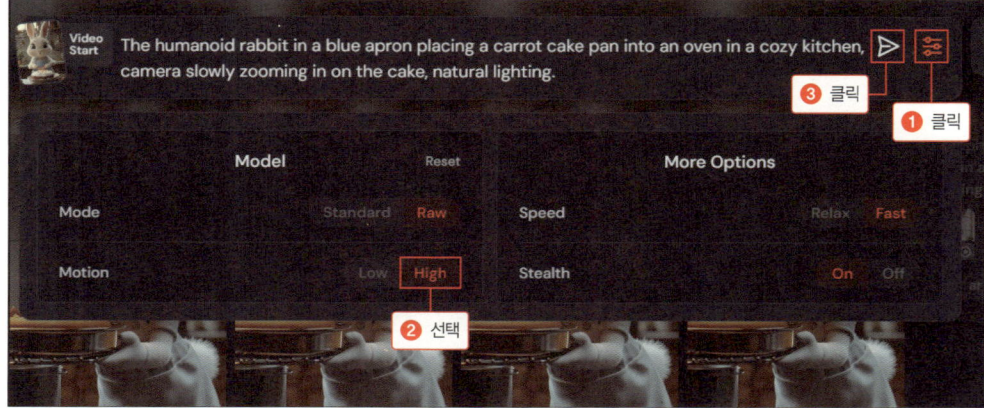

33 | 해당 이미지를 첫 장면으로 한 5초짜리 4개의 영상이 동시에 생성됩니다. 영상 위에 마우스를 위치하여 영상을 확인합니다. 예제에서는 토끼의 동작이 자연스러운 3번 영상을 선택하였습니다.

34 | 생성된 영상을 클릭해 전체 화면으로 확인하고 '다운로드' 아이콘(⬇)을 클릭해 저장합니다. 이로써 토끼가 당근 케이크를 만드는 영상이 모두 완성되었습니다.

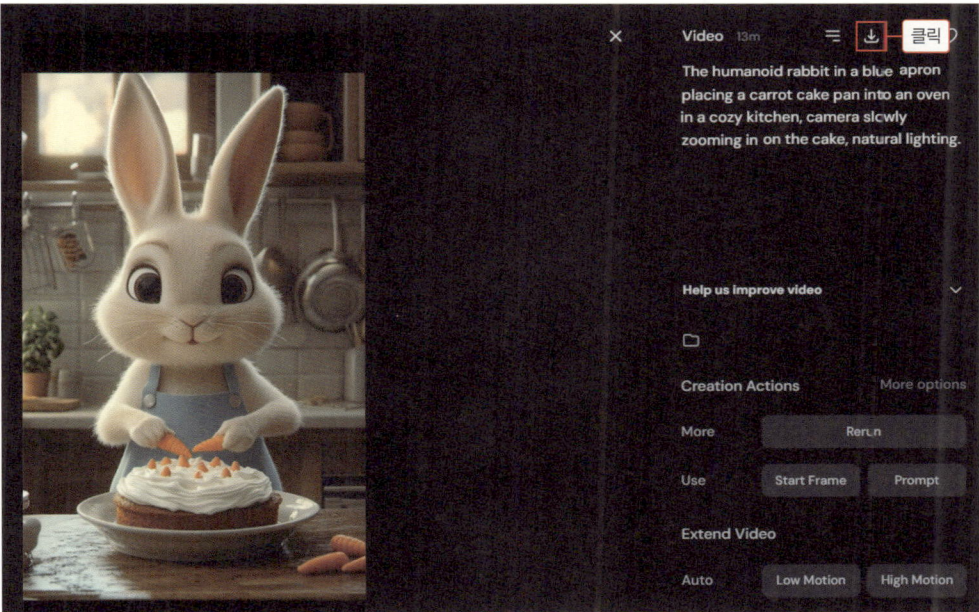

캡컷으로 하나의 동영상 편집하기

미드저니에서 생성한 영상을 기반으로, 생성형 AI인 캡컷으로 최종 편집하여 하나의 완성된 숏폼 콘텐츠로 마무리해 보겠습니다.

01 │ 웹브라우저에 'www.capcut.com/'를 입력하고 캡컷 웹사이트에 접속하여 로그인합니다. [+ 새로 만들기]에 마우스를 위치하고 동영상의 [9:16]을 선택합니다.

02 │ [미디어] 메뉴에서 [업로드] 버튼을 클릭한 다음, [폴더 업로드]를 선택하고 업로드할 폴더 대화상자가 나타나면 04 폴더에 '숏폼크리에이터' 폴더를 선택합니다.

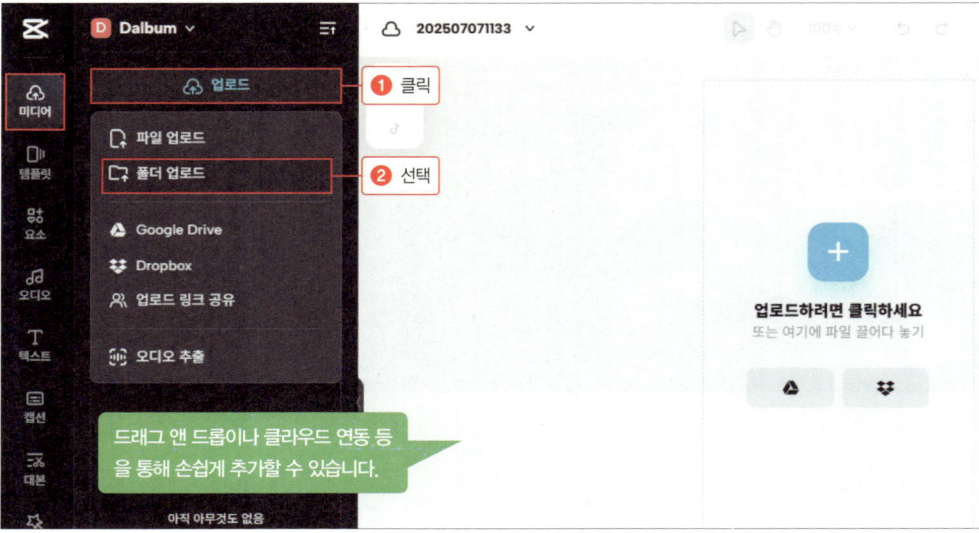

03 │ 업로드된 숏폼크리에이터 폴더를 클릭하고 영상 파일을 순서에 맞게 클릭하여 오른쪽 타임라인에 순차적으로 배치합니다.

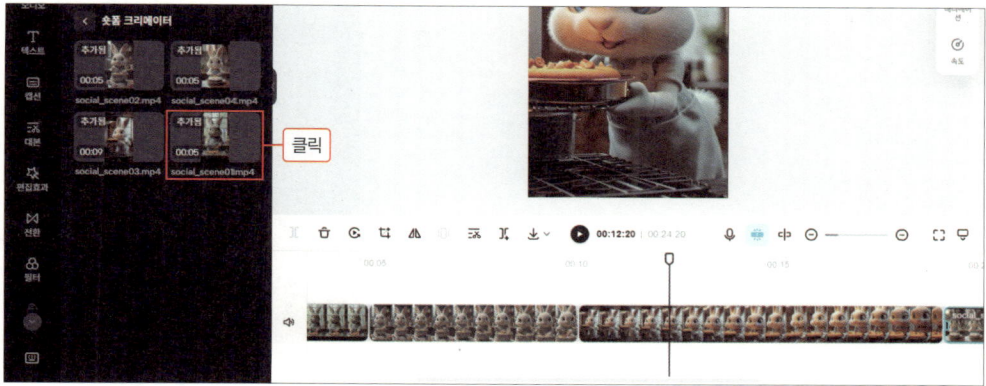

04 │ 영상을 확인해보니 오븐에 반죽을 넣는 3번째 영상의 뒷부분이 길어서 잘라보겠습니다. 재생헤드를 '00:17:20'로 이동하고 '분할' 아이콘(�🎞)을 클릭합니다.

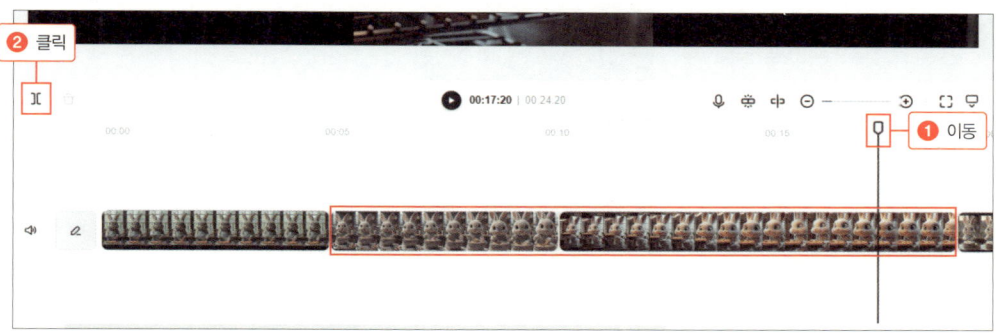

05 │ 재생 헤드를 기준으로 분할된 영상 중, 오른쪽 클립을 선택해 '삭제' 아이콘(🗑)을 클릭해 제거합니다.

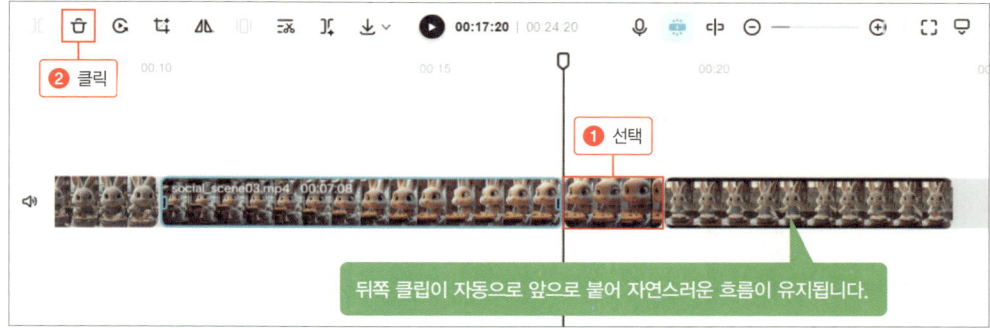

06 | 애니메이션 클립과 클립 사이에 분위기를 바꾸기 위해 전환 효과를 넣어보겠습니다. 왼쪽 메뉴에서 [전환] 메뉴를 클릭하고 '왜곡' 항목에서 [모두 보기]를 클릭합니다.

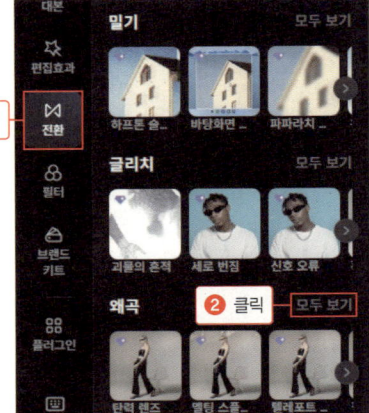

07 | 마음에 드는 효과를 선택하여 클립과 클립 사이에 드래그하면 적용됩니다. 예제에서는 [오려내기 반전] 효과를 선택해 첫 번째 클립과 두 번째 클립 사이로 드래그합니다.

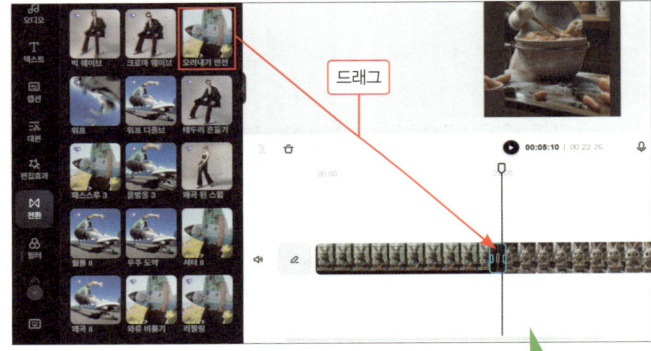

부드럽고 자연스러운 장면 전환을 원한다면 0.3~0.5초 사이로 설정하는 것이 좋습니다. 너무 짧으면 전환이 눈에 띄지 않고, 너무 길면 영상 흐름이 끊길 수 있으니 적절한 타이밍을 조절해 보세요.

알아두기 　**같은 방법으로 다음의 효과 적용하기**

두 번째와 세 번째 장면 사이에는 [왜곡] → [왼쪽으로 늘리기]를 선택, 세 번째와 네 번째 장면 사이에는 [왜곡] → [오른쪽으로 늘리기]를 선택합니다. 이렇게 하면 요리를 주제로 한 숏폼 영상에 속도감을 더할 수 있습니다.

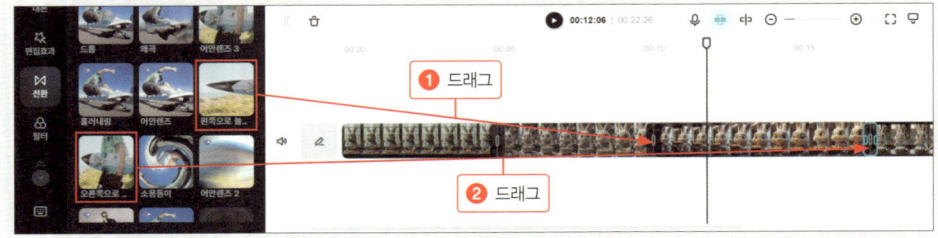

08 | 계속해서 자막을 추가하기 위해 타임라인에 재생 헤드를 '00:00:00'으로 이동하고, 왼쪽 [텍스트] 메뉴를 클릭합니다.

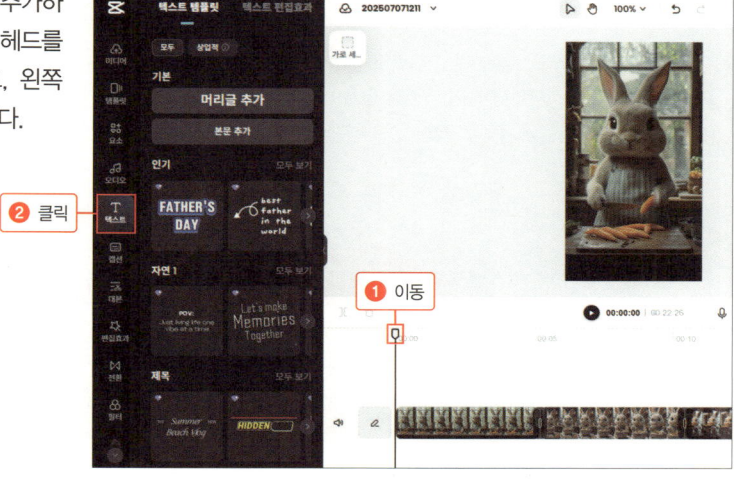

09 | [본문 추가] 버튼을 클릭해 텍스트 상자를 생성하고 클릭하여 나오는 기본 창에 '**먼저 당근을 썰어볼게요**'를 입력합니다. 글자를 볼드체로 변환하기 위해 '**B**' 아이콘을 클릭하고 텍스트 박스를 드래그하여 화면 아래쪽으로 이동시킵니다.

10 | Spacebar를 눌러 영상을 재생하면서, 토끼가 말하는 타이밍에 맞춰 자막이 자연스럽게 보이도록 적절한 위치를 찾아 텍스트 레이어의 길이를 조정합니다.

각 자막은 클립의 타이밍에 맞춰 위치와 길이를 조절해 자연스럽게 연결되도록 배치합니다.

- **두 번째 클립** – '재료를 섞어 반죽을 만들어요'
- **세 번째 클립** – '케이크를 오븐에 구워볼까요?'
- **마지막 클립** – '마지막으로 예쁘게 장식해요'

같은 스타일의 자막을 반복해서 사용할 경우, 기존 자막 박스를 복사(Ctrl+C)한 뒤 원하는 위치에 붙여넣기 (Ctrl+V)하면 스타일을 다시 설정할 필요 없이 빠르게 자막을 추가할 수 있습니다. 텍스트만 바꿔주면 되므로 작업 효율이 높아집니다.

11 │ 오디오를 추가해 마무리해 보겠습니다. 왼쪽에 [오디오] 메뉴를 클릭하여 원하는 배경음악을 먼저 검색하겠습니다.

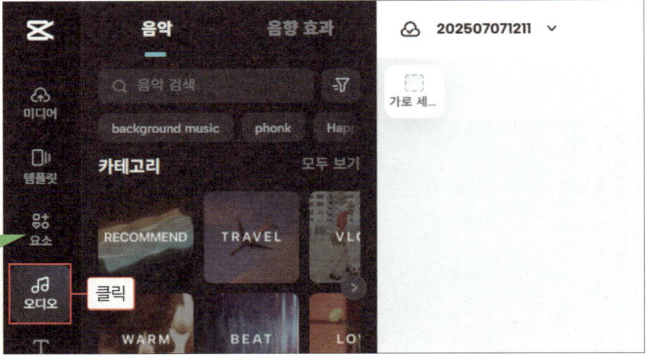

배경음악이나 효과음을 넣으면 영상의 분위기를 더욱 풍부하게 만들 수 있으며, 캡컷에서 제공하는 다양한 오디오 리소스를 활용할 수 있습니다.

12 │ 화면 상단의 메뉴 검색란에 'Cute Song'을 입력합니다. 예제에서는 'A heartwarming cute song for everyday scenes'라는 음악이 좋아 재생 헤드를 맨 앞으로 이동하고 [+]를 클릭해 음악을 삽입합니다.

13 | 이번엔 재생 헤드를 영상 맨 끝으로 이동하고 오디오 클립을 클릭한 다음, '분할' 아이콘(▯)을 클릭해 해당 지점을 7 준으로 잘라주고, 뒷부분은 삭제합니다.

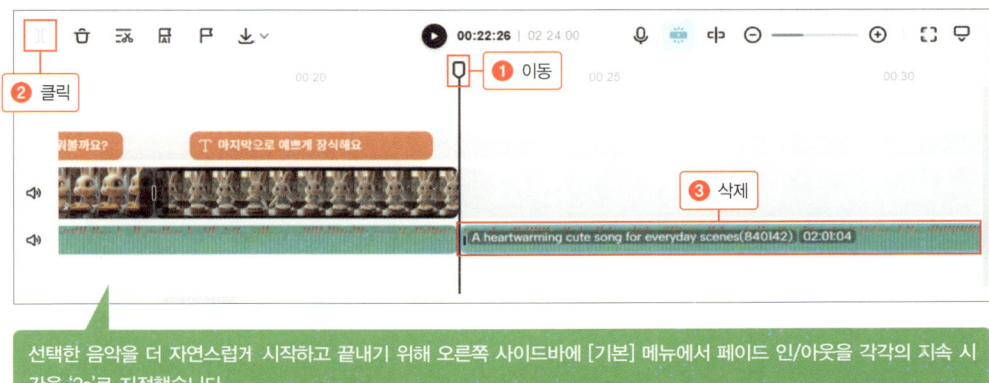

선택한 음악을 더 자연스럽거 시작하고 끝내기 위해 오른쪽 사이드바에 [기본] 메뉴에서 페이드 인/아웃을 각각의 지속 시간을 '2s'로 지정했습니다.

14 | 영상을 내보내그 마무리하겠습니다. 오른쪽 상단메뉴에 [내보내기] 버튼을 클릭하고 하단에 [다운로드]를 클릭합니다. 내보내기 설정에서 다음과 같이 해상도, 파일 형식을 설정한 다음, [내보내기] 버튼을 클릭ㅎ면 최종 영상을 다운로드할 수 있습니다.

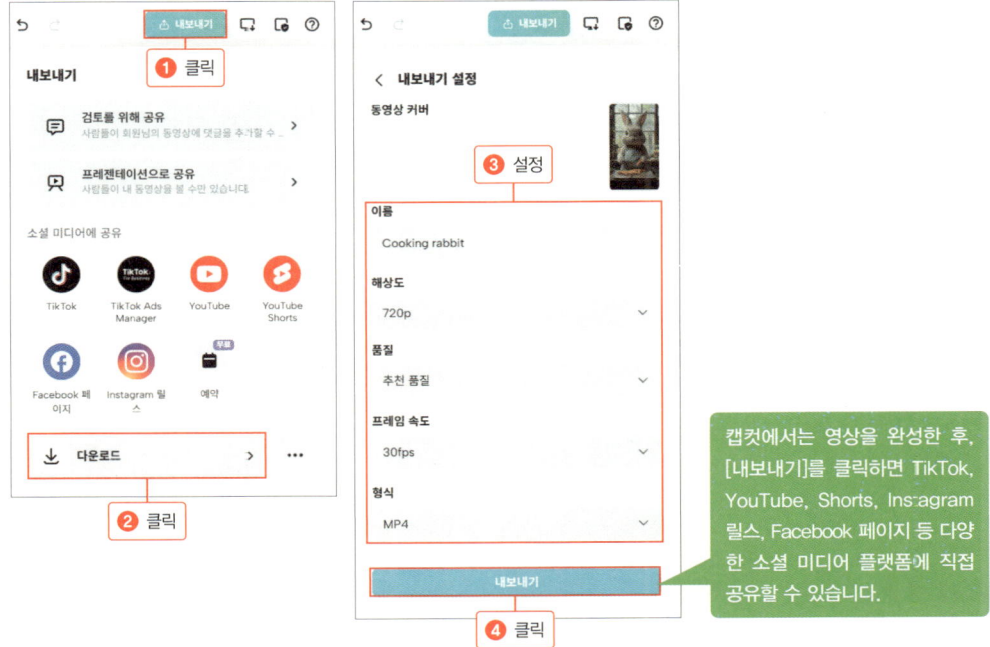

캡컷에서는 영상을 완성한 후, [내보내기]를 클릭하면 TikTok, YouTube, Shorts, Instagram 릴스, Facebook 페이지 등 다양한 소셜 미디어 플랫폼에 직접 공유할 수 있습니다.

감성을 자극하는
펫 카페 홍보 영상 만들기
미드저니의 영상 기능 활용❷

많은 자영업자에게 영상 제작은 여전히 어려운 일입니다. 시간과 비용의 부담 때문에 쉽게 시작하기가 쉽지 않습니다. 하지만 이제는 전문가의 도움 없이도 감각적인 영상을 손쉽게 만들 수 있는 시대가 되었습니다. 덕분에 시간과 비용을 절약하면서도 브랜드의 따뜻한 감성을 자연스럽게 전할 수 있게 되었고 이렇게 완성된 짧고 매력적인 영상은 SNS에서 사람들의 시선을 사로잡고, 자연스럽게 방문과 구매로 이어집니다. 이제 AI 영상 마케팅은 자영업자에게 선택이 아닌 필수 도구가 되고 있습니다.

• **예제 파일**: 04\펫카페1~4.png, pet 폴더   • **완성 파일**: 04\펫카페_완성.mp4

AI 영상 도구는 시간과 비용을 절약하면서도 브랜드의 개성과 감성을 효과적으로 전달할 수 있는 강력한 마케팅 수단입니다. 단순한 정보 전달을 넘어, 고객의 감정을 자극하고 공감을 이끌어내는 짧은 영상 하나가 고객의 시선을 끌고 브랜드에 대한 긍정적인 인식을 심어주며, 결국 구매로 이어지는 연결고리를 만들어 냅니다.

또한 더 이상 고가의 장비나 전문 편집자가 없어도, 누구나 스마트폰 하나만으로 매력적인 콘텐츠를 제작할 수 있는 시대가 되었습니다. 이 덕분에 1인 매장이나 소규모 자영업자들도 충분히 자신만의 스토리와 브랜드 색깔을 담은 콘텐츠를 쉽게 만들 수 있습니다.

치열한 시장 속에서 브랜드의 차별성을 효과적으로 알리고, 고객과 진심 어린 소통을 이어가는 데 중요한 역할을 하고 있습니다. 이에 따라, 최근 늘어나고 있는 펫 카페(Pet cafe)를 주제로 감성을 담은 홍보 영상을 하나 제작해 보겠습니다.

영상을 위한 스타일 이미지 생성하기

영상 제작에 사용할 이미지 소스를 준비하기 위해 구체적인 장면 구성을 먼저 구상해 보았습니다. 더 풍부하고 의미 있는 연출을 위해 강아지의 시점으로 이야기를 풀어내는 방식을 선택했고, 챗GPT를 활용해 주요 장면을 제안받았습니다. 여러 차례 질문과 수정을 거쳐 내용을 다듬었으며, 이를 바탕으로 미드저니에서 이미지를 생성하는 과정을 살펴보겠습니다.

 펫카페를 영상으로 홍보하고 싶어. 반려동물의 눈으로 바라본 감성적인 브랜딩 영상을 4개의 장면으로 나눠서 제안해 줘.

 Scene 1: 카페로 향하는 길

- **이미지 내용**
  조용한 골목길. 가을 햇살이 드리운 오후. 강아지가 목줄을 찰랑이며 젊은 여성와 함께 걷고 있다.

- **내레이션(강아지 말투)**
  "오늘도 우리 집사는 나랑 산책하러 나왔어요. 내가 제일 좋아하는 곳이에요!"

Scene 2: 햇살 아래 쉬는 시간

- **이미지 내용**
  카페에 도착한 여성과 강아지. 창가 자리에서 커피를 마시며 쉬고 있다. 햇살, 식물, 원목 인테리어로 따뜻한 공간을 연출.

- **내레이션(강아지 말투)**
  "여기는 진짜 포근해요. 햇볕도 따뜻하고, 집사는 커피 마시고…"

Scene 3: 햇살 아래 쉬는 시간 2

- **이미지 내용**
  따뜻한 햇살이 스며든 아늑한 펫 카페에서, 동양계 사람들이 라떼를 즐기고 책을 읽는 사이, 갈색 포메라니안과 고양이들이 평화롭게 쉬고 있는 감성적인 장면.

- **내레이션(강아지 말투)**
  "여긴 말 안 해도 마음이 전해져요. 고양이 친구도 간식도 있어요. 그냥, 좋은 기분이 들어요."

Scene 4: 작은 초대

- **이미지 내용**

  귀여운 라떼 아트, 고양이 발바닥 쿠키가 담긴 접시. 부드러운 조명 아래 카페 전경.

- **내레이션(강아지 말투)**

  "여기 간식도 진짜 귀엽고 맛있대요. 당신도, 우리랑 같이 와줄래요?"

01 영상의 첫 장면에 사용될 이미지를 생성해 보겠습니다. 미드저니 디스코드 이미지 프롬프트 창에 다음의 프롬프트를 입력합니다.

> POV는 'Point of View'를 뜻합니다.

프롬프트 /imagine prompt POV: You are walking on soft green grass with your fluffy Pomeranian puppy. The puppy is looking up at you with sparkling round eyes and a happy smile, walking cheerfully beside your feet. You can see part of your legs and the leash from a first-person perspective. Bright daylight, soft shadows, warm and cute atmosphere, photorealistic --ar 16:9 --v 6.1 --stylize 300

02 귀여운 강아지가 주인과 함께 즐겁게 산책을 하는 모습의 이미지를 생성했습니다. 예제에서는 1번 이미지를 선택해 [V1] 버튼을 클릭합니다.

클릭

> 베리에이션은 /setting 'Strong Variation Mode'로 설정했습니다.

03 | 전체 구성을 유지하면서 약간 변형된 이미지 4종이 생성됩니다. 예제에서는 강아지가 걷는 1번 이미지를 선택해 [U1] 버튼을 클릭해 업스케일합니다.

04 | 업스케일된 이미지가 생성되면, 결과물 아래에 있는 [Upscale (Creative)] 버튼을 클릭하여 이미지의 해상도를 높입니다.

05 | 오른쪽 상단에 '다운로드' 아이콘(⬇)을 클릭하여 업스케일된 최종 이미지를 다운로드합니다.

영상 생성 시에는 멈춰있는 장면보다 동작이 있는 장면을 선택하는 것이 더 자연스럽고 생동감 있는 결과를 얻는 데 도움이 됩니다.

06 │ 계속해서 두 번째 이미지를 생성하겠습니다. 따뜻한 카페의 풍경을 잘 보여주는 이미지를 생성하기 위해 다음의 프롬프트를 입력하여 이미지를 생성합니다.

프롬프트 /imagine prompt a cozy pet café bathed in warm afternoon sunlight, an East Asian woman sitting at a wooden table, sipping a latte while her brown baby Pomeranian rests peacefully beside her feet, surrounded by soft textures, potted plants, and golden light, calm and heartwarming atmosphere with photorealistic detail and soft shadows --ar 16:9 --v 6.1 --stylize 300

단순히 'dog'라고 입력하는 것보다, 어떤 견종인지 구체적으로 명시해주는 것이 훨씬 더 자연스럽고 정확한 이미지를 얻는 데 도움이 됩니다.

07 │ 따뜻한 분위기의 카페에서 주인과 강아지가 평화롭게 있는 모습을 담은 이미지 중 프롬프트의 내용을 가장 잘 반영한 2번 이미지를 선택하여 [V2] 버튼을 클릭합니다.

08 │ 리믹스 프롬프트를 수정하지 않고 작은 구성이 변형된 이미지 4장이 생성됩니다. 카페의 분위기와 공간감이 조금 더 드러나도록, 주변 배경을 확장하기 위해 [U4] 버튼을 클릭합니다.

09 이미지가 확대된 화면이 나타나면, 주변 배경을 조금 더 넓게 담기 위해 [Zoom Out 1.5x] 버튼을 클릭합니다.

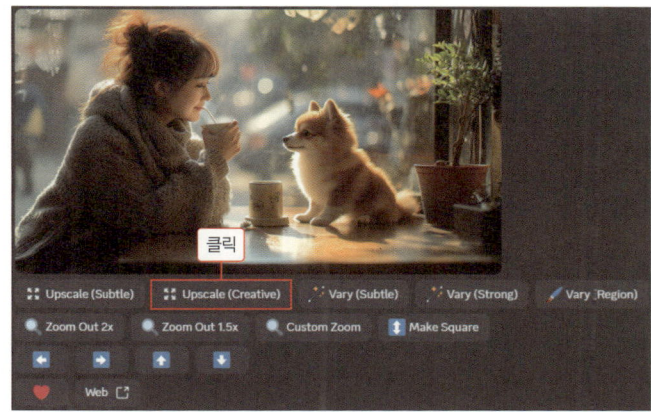

10 카페에서 인물과 강아지 주변의 배경이 확장된 이미지 중 포즈와 환경이 가장 잘 표현된 3번 이미지를 업스케일을 위해 [U3] 버튼을 클릭합니다.

11 해상도를 높이고 영상에 사용하기에 적합하도록 더욱 선명하게 만들기 위해 결과물 하단의 [Upscale (Creative)] 버튼을 클릭한 다음, 최종 이미지를 다운로드합니다.

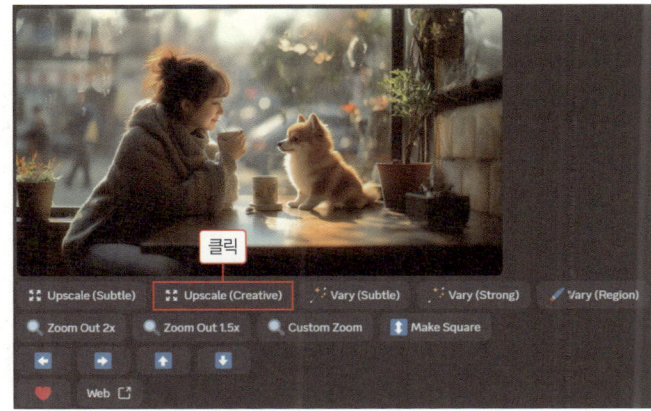

12 │ 계속해서 카페의 정경이 보이는 모습을 생성하려고 합니다. 다음의 프롬프트를 이미지 생성 창에 입력하여 따뜻하고 편안한 분위기의 카페의 모습을 생성합니다.

> **프롬프트** /imagine prompt a cozy pet café interior filled with golden afternoon sunlight, soft warm light streaming gently through large windows, East Asian people sitting at wooden tables, smiling softly as they sip lattes or read, brown baby Pomeranians and sleepy cats resting peacefully on nearby cushions, muted neutral tones, soft textures, a calm and heartwarming atmosphere, cinematic lighting with shallow depth of field ――ar 16:9 ――v 6.1 ――stylize 300

"muted neutral tones", "soft textures", "cinematic lighting" 같은 표현은 이미지의 분위기, 색감, 감성 스타일을 결정짓는 핵심 키워드입니다. 이런 형용사를 사용하면 사진처럼 부드럽고 감성적인 이미지를 연출할 수 있습니다.

13 │ 햇살이 머무는 카페, 동물들이 평화롭게 햇살을 즐기고 있는 이미지 중 고양이의 정면이 잘 보이는 2번 이미지를 선택하고, [V2] 버튼을 클릭해 베리에이션을 진행합니다.

14 │ 구도가 비슷하면서도 컨셉이 잘 반영된 이미지 4장이 생성되었습니다. 예제에서는 4번 이미지를 선택하고, [U4] 버튼을 클릭합니다.

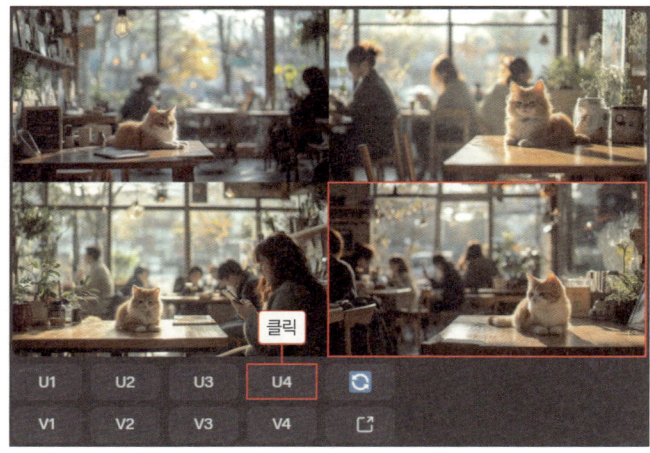

15 │ 업스케일된 이미지가 생성되면, 결과물 아래에 있는 [Upscale (Subtle)] 버튼을 클릭하여 기본 구성을 유지한 채 해상도를 높여 최종 파일을 다운로드합니다.

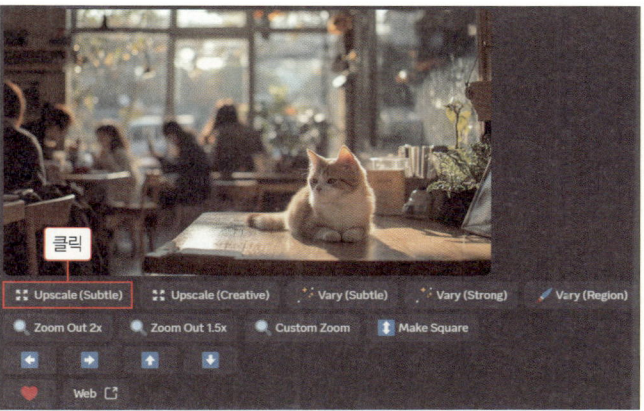

16 │ 마지막 장면은 카페의 시그니처 메뉴인 라떼와 동물 발바닥 모양의 쿠키가 잘 보이도록 연출된 영상으로 마무리하겠습니다. 다음의 프롬프트를 이미지 생성 창에 입력합니다.

프롬프트 /imagine prompt a warm pet café interior with soft golden light, a close-up of a latte with adorable cat-shaped latte art and a paw-shaped cookie on a wooden table, surrounded by gentle shadows, muted tones, and minimal modern decor, cozy and inviting atmosphere with a touch of sweetness

17 │ 이미지 4장이 생성되면, 가장 마음에 드는 이미지를 선택합니다. 예제에서는 라떼 위 그림이 특히 귀엽게 표현된 2번 이미지를 선택해 [V2] 버튼을 클릭합니다.

18 | 컨셉이 유지한 채로 다양한 베리에이션 이미지가 생성되었습니다. 예제에서는 1번 이미지를 업스케일하기 위해 [U1] 버튼을 클릭합니다.

19 | 업스케일된 이미지가 생성되면, 결과물 아래에 있는 [Upscale (Subtle)] 버튼을 클릭하여 기본 구성을 유지한 채 더 섬세하게 해상도를 높여줍니다.

20 | 최종 이미지를 다운로드한 후, 영상에 활용할 수 있도록 정리하고 준비합니다.

전체 이미지 파일은 '하나의 프로젝트' 폴더에 저장하고, 컷 편집에 맞게 배치될 수 있도록 구성합니다.

이미지를 영상으로 생성하기

앞서 생성한 4개의 감성적인 이미지를 기반으로, 미드저니의 영상 기능을 활용해 하나의 흐름 있는 펫 카페 브랜딩 영상을 만들어 보겠습니다. 각 장면은 전환 효과로 자연스럽게 연결되며, 짧지만 따뜻하고 인상적인 브랜드 영상의 활용할 수 있습니다.

01 | 웹브라우저에 'www.midjourney.com/'를 입력하고 미드저니 웹사이트에 접속합니다. 왼쪽 [Create] 메뉴를 클릭하고 프롬프트 입력 화면으로 이동합니다.

02 | 프롬프트 입력 창 왼쪽에 위치한 'Add image' 아이콘(🖼)을 클릭하고 [Choose a file or drop it here]을 클릭합니다. 영상으로 사용할 '펫카페1~4.png' 불러온 다음, 그중 '펫카페1.png' 파일을 [Starting Frame] 영역으로 이미지를 드래그 합니다.

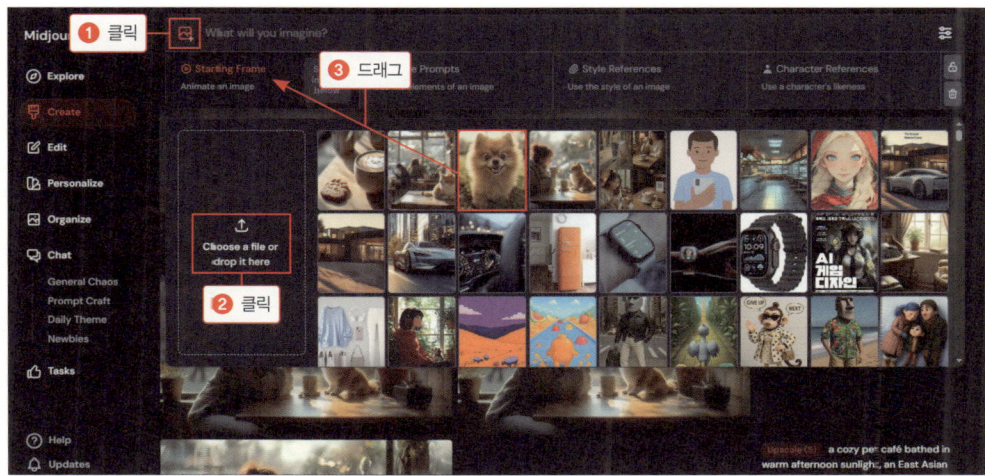

03 │ 화면 상단에 있는 Imagine bar 입력 창에 다음의 프롬프트를 입력하여 첫 번째 장면에 사용할 자동차 내부 이미지 생성 준비를 합니다.

프롬프트 Pomeranian puppy walking with a happy bounce alongside its female owner

04 │ 프롬프트 입력 창 오른쪽에 'Settings' 아이콘(⚙)을 클릭합니다. 동적인 느낌의 영상이므로 Motion을 [High]로 선택하고 'Create' 아이콘(▷)을 클릭해 영상을 생성합니다.

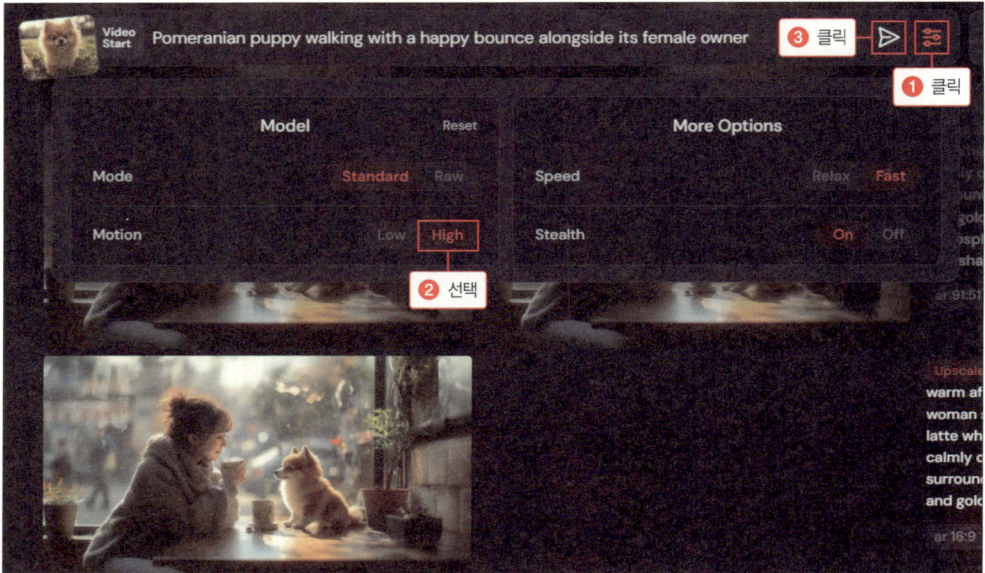

05 │ 각 영상 위에 마우스를 위치하여 확인하고 마음에 드는 영상을 선택합니다. 예제에서는 움직임이 자연스러운 1번 영상을 선택했습니다.

Ctrl을 누르고 마우스를 좌우로 드래그하면, 프레임 단위로 영상을 정밀하게 확인할 수 있습니다.

06 │ 마음에 드는 영상을 클릭하여 전체 화면으로 확인한 다음, '다운로드' 아이콘(⬇)을 클릭해 저장합니다.

07 │ 두 번째 장면인 강아지와 여성이 따뜻한 카페에서 함께 시간을 보내는 모습을 영상으로 만들겠습니다. 업로드한 '펫카페2.png' 파일을 [Starting Frame] 영역으로 드래그합니다.

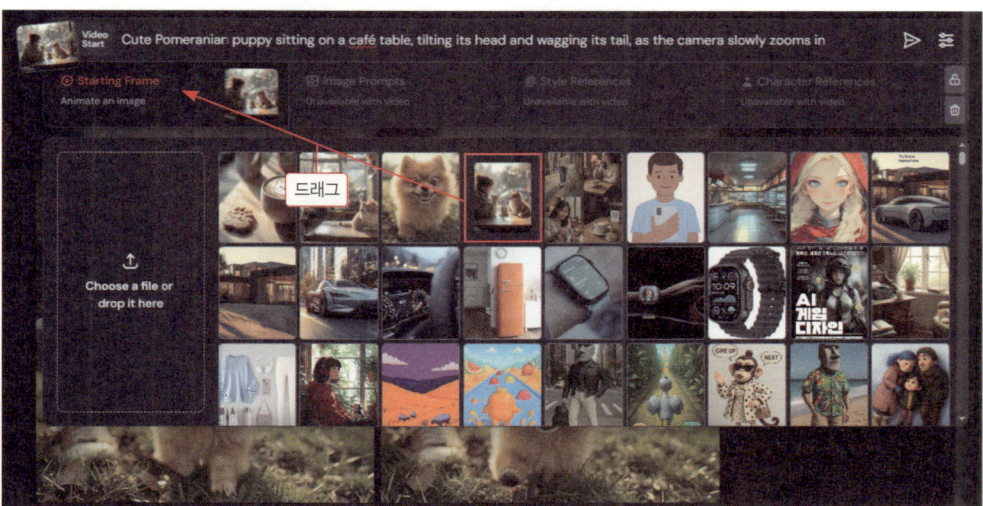

08 │ 웹 버전 화면 상단에 있는 Imagine bar 입력 창에 다음의 프롬프트를 입력하여, 두 번째 장면에 사용할 이미지를 생성합니다.

> 프롬프트 Cute Pomeranian puppy sitting on a café table, tilting its head and wagging its tail, as the camera slowly zooms in

09 │ 'Settings' 아이콘(⚏)을 클릭하고 차분한 느낌의 영상이므로 Motion을 [Low]로 선택하고 'Create' 아이콘(▷)을 클릭합니다.

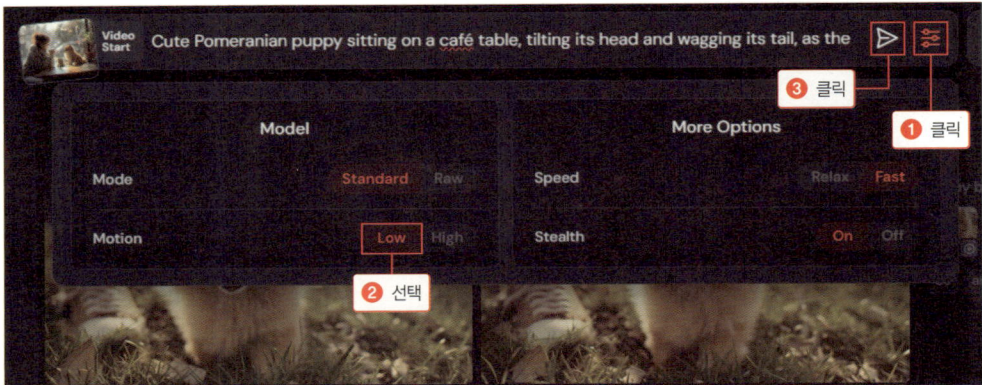

10 │ 예제에서는 4번 영상을 선택하고, 영상의 뒷부분이 다소 빠르게 마무리되는 느낌이 있어 자동 연장 기능을 활용해 보겠습니다.

11 │ 선택한 영상을 클릭하고 오른쪽 Extend Video 영역에서 Auto를 [Low Motion]으로 선택합니다.

12 │ 이전에 생성된 영상 뒤에, 강아지만 나오는 4초짜리 영상이 자동으로 확장됩니다. 예제에서는 강아지의 동작이 자연스러운 4번 영상을 선택합니다.

13 │ 생성된 영상이 자연스럽게 이어진다면, 영상을 클릭해 전체 화면으로 확인한 다음, '다운로드' 아이콘(⤓)을 클릭해 저장합니다.

14 │ 세 번째 장면으로, 펫카페에서 동물들과 손님들이 함께 어우러진 모습을 생성하겠습니다. 업로드한 '펫카페3.png' 파일을 [Starting Frame] 영역으로 드래그합니다.

15 | 화면 상단에 있는 Imagine bar 입력 창에 다음의 프롬프트를 입력하여, 펫카페를 둘러보는 세 번째 컷을 영상으로 생성할 준비를 합니다.

> **프롬프트** A cozy pet café with a cat on the table, camera slowly pans left to show other animals like dogs and cats

16 | 'Settings' 아이콘(≊)을 클릭하고 정적인 마무리 장면이므로 Motion을 [Low]로 선택하고 'Create' 아이콘(▷)을 클릭해 영상을 생성합니다.

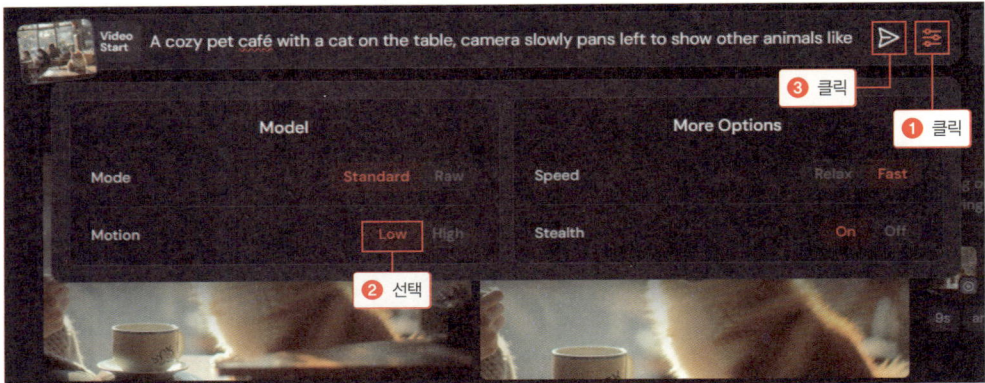

17 | 생성된 영상에 마우스를 위치하여 전체 화면으로 확인한 다음, 카메라 이동이 가장 자연스럽게 표현된 영상을 선택합니다. 예제에서는 고양이의 상호작용이 인상적으로 표현된 2번 영상을 선택합니다.

18 │ 생성된 영상을 클릭해 전체 화면으로 확인하고 확대한 창에서도 자연스럽게 보인다면 '다운로드' 아이콘(⬇)을 클릭해 저장합니다.

19 │ 영상의 마지막 장면으로, 카페의 시그니처 메뉴인 라떼와 동물 발바닥 모양의 쿠키가 잘 보이도록 연출된 영상을 생성하겠습니다. 업로드한 '펫카페4.png' 파일을 [Starting Frame] 영역으로 드래그합니다.

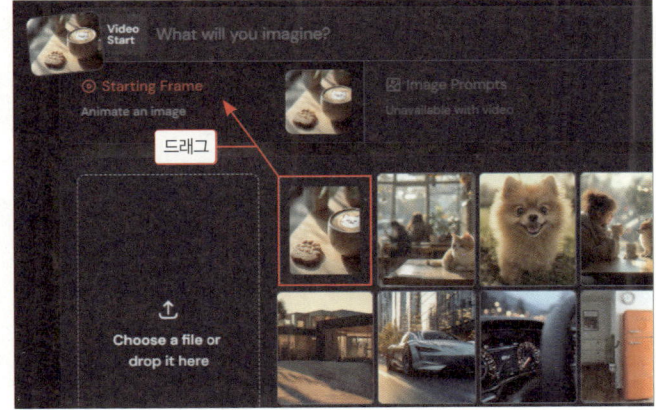

20 │ 엔딩 장면을 연출하기 위해 화면 상단의 Imagine bar 입력 창에 다음과 같이 프롬프트를 입력하겠습니다.

프롬프트 a latte with cat-shaped latte art and a paw-shaped cookie on a wooden table, the camera slowly rotates to the right as a cat gently reaches up from below and takes the cookie

21 │ 'Settings' 아이콘(▦)을 클릭하고 카메라가 회전하는 장면이므로 Motion을 [High]로 선택하고 'Create' 아이콘(▷)을 클릭해 영상을 생성합니다.

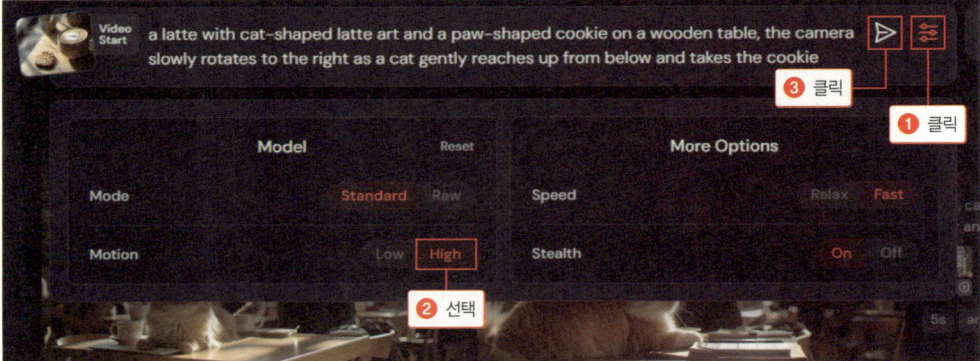

22 │ 카메라가 오른쪽으로 천천히 패닝하면서, 고양이의 앞발이 쿠키를 몰래 가져가는 익살스러운 엔딩 영상 4종이 생성됩니다. 예제에서는 프롬프트가 잘 반영된 1번 영상을 선택합니다.

23 │ 생성된 영상이 자연스럽게 보인다면 해당 영상을 클릭하여 전체 화면으로 확인한 다음, '다운로드' 아이콘(⬇)을 클릭해 저장합니다.

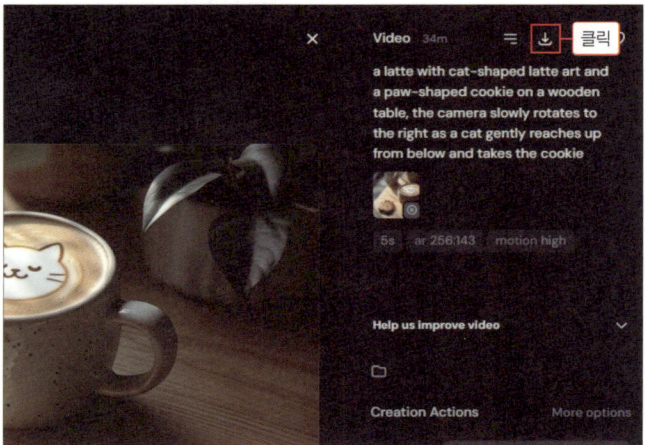

일레븐랩스로 AI 보이스와 배경음 생성하기

　일레븐랩스와 같은 AI 음성 생성 도구를 활용해 장난기 넘치는 강아지 시점의 내레이션과 분위기에 어울리는 효과음을 만드는 방법을 살펴보겠습니다. 각 장면에 맞는 AI 보이스를 생성해 영상에 생동감을 더하는 기본 제작 과정을 함께 알아봅니다.

01 ┃ 웹브라우저에 'eleven labs.io/'를 입력하여 일레븐랩스에 접속하고 로그인합니다.

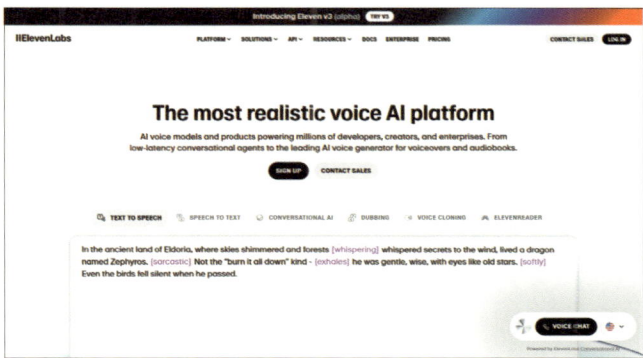

02 ┃ 왼쪽 [Sound Effect] 메뉴를 클릭해 효과음 및 배경음악을 만들 수 있는 화면으로 이동합니다.

해당 페이지로 이동하면, 원하는 배경음악을 글자로 입력해 생성할 수 있는 입력 창이 나타납니다.

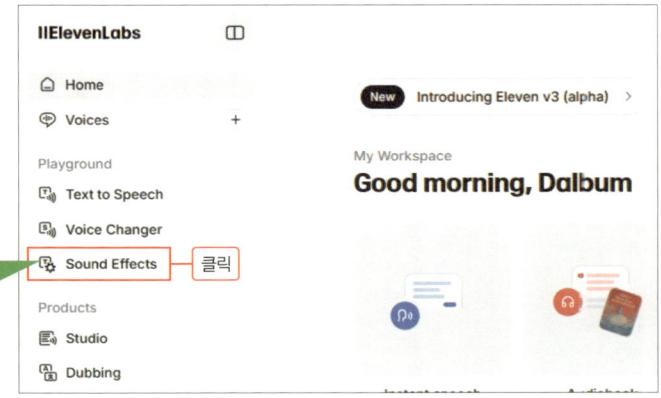

03 ┃ 하단에 위치한 프롬프트 입력 창에 다음과 같은 프롬프트를 입력하고 시간을 '20s'로 설정한 다음, [Generate] 버튼을 클릭합니다.

프롬프트 cozy pet cafe with soft guitar lofi

04 프롬프트를 기반으로 마음에 드는 음악이 완성되었다면 '다운로드' 아이콘(⤓)을 클릭해 저장합니다. 예제에서는 Sample 3을 선택해 다운로드했습니다.

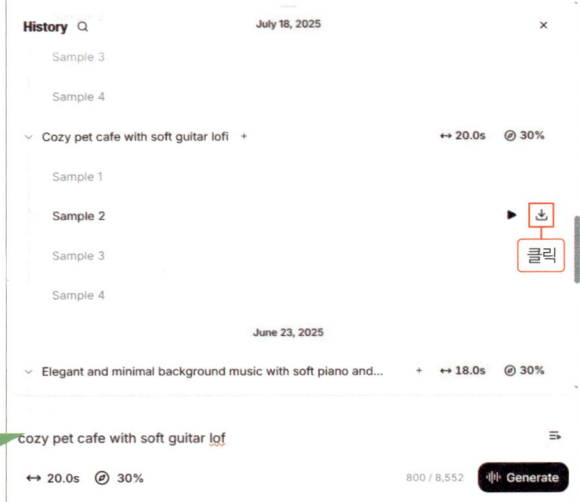

원하는 배경음악이 생성되지 않았다면 [Generate] 버튼을 클릭해 다시 생성할 수 있습니다.

05 이어서 광고의 마무리를 장식할 내레이션을 생성해 보겠습니다. 왼쪽 [Text to Speech] 메뉴를 클릭하고 입력 창에 다음의 대사를 입력합니다. 이후 오른쪽 Setting의 [Voice]에서 [Alice]를 선택합니다.

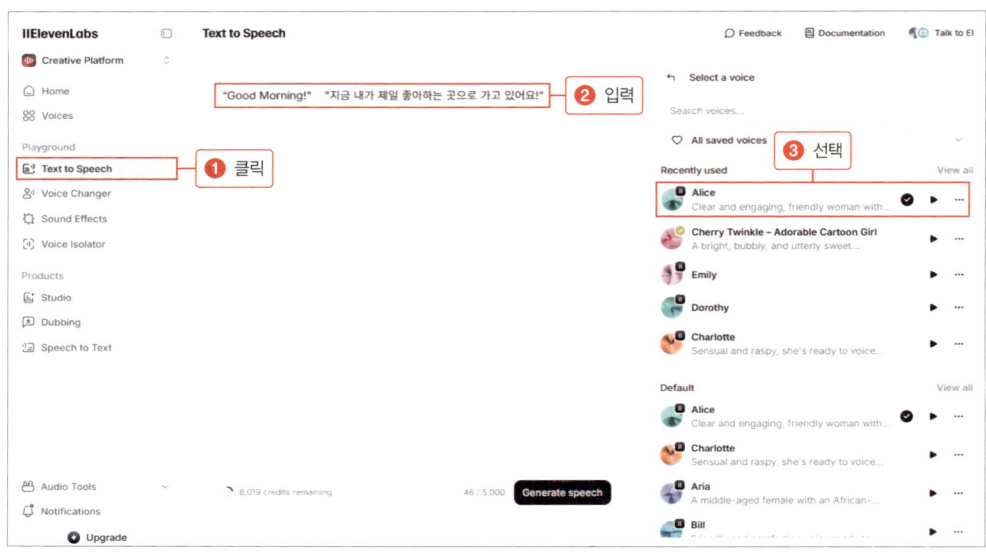

프롬프트 "Good Morning!" "지금 내가 제일 좋아하는 곳으로 가고 있어요!"

07 | Setting에서 감정 표현을 더욱 풍부하고 자연스럽게 만들기 위해 Stability를 '40%', Similarity를 '80%', Style Exaggeration를 '34%'로 설정하고 [Generate Speech] 버튼을 클릭합니다.

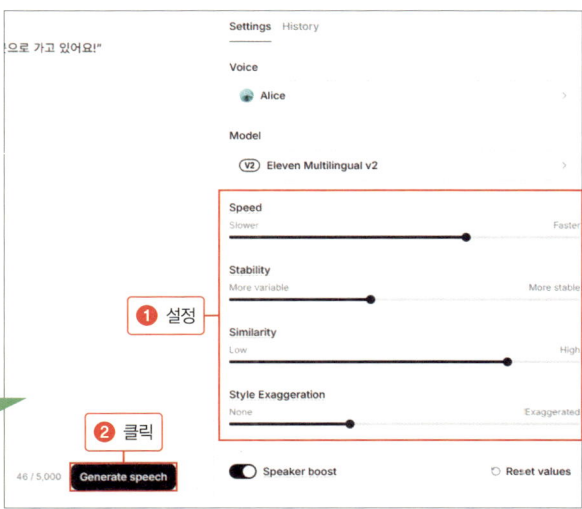

여러 가지 설정값을 바꿔가며 직접 테스트해보세요. 다양한 조합을 시도하다 보면, 원하는 분위기와 잘 어울리는 보이스를 만들 수 있습니다.

08 | 미리듣기로 말투와 억양이 마음에 들면, '다운로드' 아이콘(⬇)을 클릭해 저장합니다.

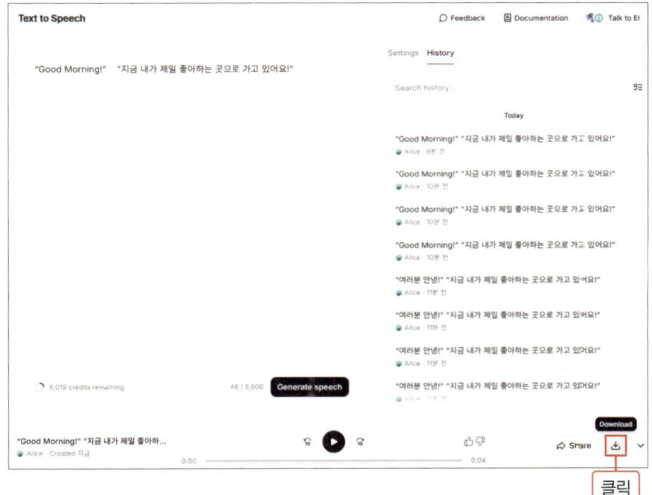

알아두기   **같은 방법으로 추가 내레이션 생성하기**

같은 방법으로 설정을 그대로 유지한 채, 나머지 문장도 생성합니다.
- **두 번째** – "진짜 포근하고, 햇살도 따뜻해서 기분이 좋아요."
- **세 번째** – "고양이 친구들도 있어서 더 신이나요."
- **네 번째** – "여러분도 꼭 놀러오세요~!"

캡컷으로 전체 영상 완성하기

영상 작업의 마지막 단계로 캡컷을 이용해 앞서 준비한 짧은 영상과 음악, 내레이션을 적용하여 최종 펫카페 홍보 영상 제작을 마무리하겠습니다.

01 │ 웹브라우저에 'capcut. com/'를 입력하여 웹사이트 캡컷에 접속하고 로그인합니다. [+ 새로 만들기]에서 동영상의 [16:9]를 선택합니다.

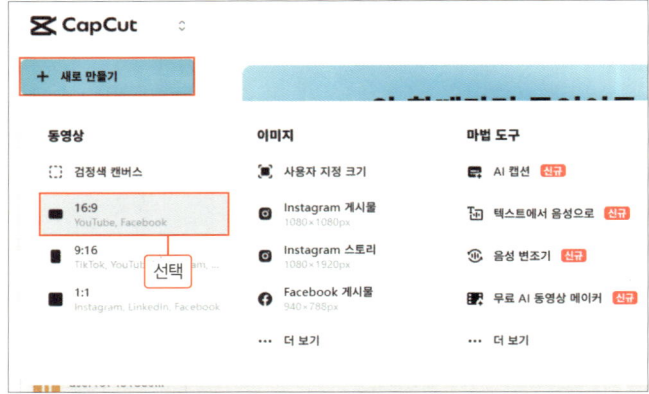

02 │ 왼쪽 [미디어] 메뉴에서 제작한 이미지와 영상 그리고 사운드 리소스를 불러오기 위해 [업로드] 버튼을 클릭하고 [폴더 업로드]를 선택합니다. 업로드할 폴더 대화상자가 표시되면 04 폴더에서 'pet' 폴더를 불러오기하여 클릭합니다.

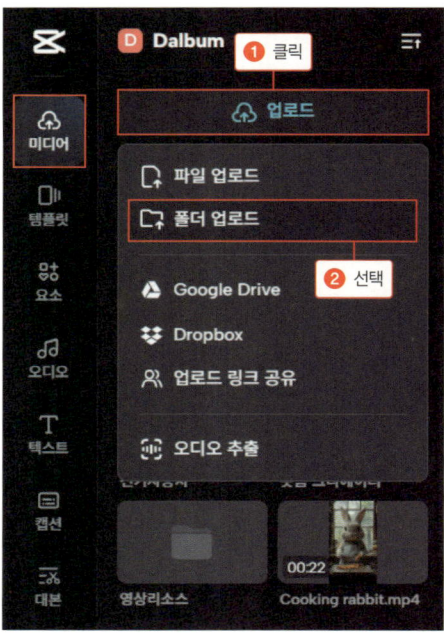

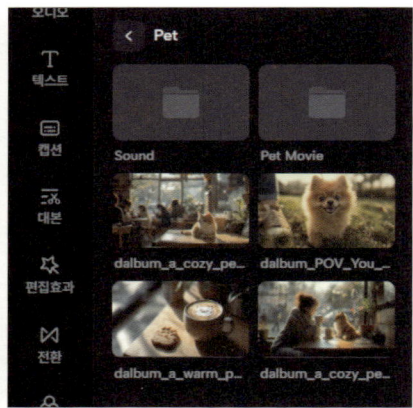

03 │ Pet Movie 폴더에서 생성한 영상들을 순서에 맞게 클릭하여 타임라인에 클립 형태로 배치합니다.

타임라인 오른쪽에 있는 슬라이더(+/− 아이콘)는 클립을 확대하거나 축소할 때 사용합니다. 슬라이더를 오른쪽으로 움직이면 타임라인이 확대되어 세밀한 컷 편집, 자막 위치 조정, 음악 싱크 조절 등이 더 쉬워집니다. 반대로 왼쪽으로 이동하면 전체 영상 흐름을 한눈에 보기 좋게 축소할 수 있어, 편집 중 상황에 따라 유용하게 활용할 수 있습니다.

04 │ 영상을 확인해보니 두 번째 장면이 빠르게 느껴져, 속도를 조금 늦추겠습니다. 타임라인에서 2번 클립을 선택하고 오른쪽 사이드바에 [속도]를 클릭합니다. 기본의 속도를 '0.7'로 설정합니다.

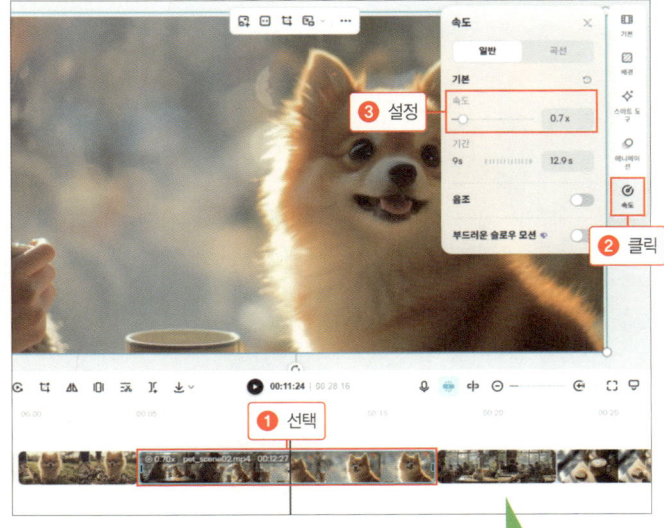

두 번째 영상의 속도를 늘이면서 전체 길이가 길어졌고, 그로 인해 재생 속도가 조금 느려진 것을 확인할 수 있습니다.

05 │ 속도가 늦춰지면서 2번 클립이 너무 길어졌기 때문에, 뒷부분을 잘라내어 편집하겠습니다. 재생 헤드를 '00:13:13'로 이동한 다음, '분할' 아이콘(▯)을 클릭합니다.

06 │ 재생 헤드를 기준으로 영상이 분할되면 오른쪽 클립을 선택한 다음, '삭제' 아이콘(▯)을 클릭하여 제거합니다.

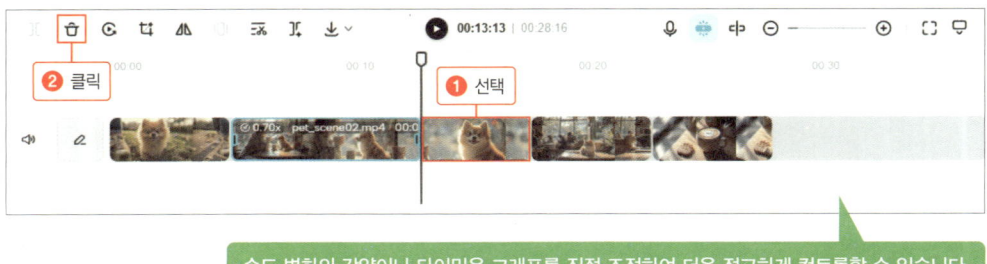

> 속도 변화의 강약이나 타이밍은 그래프를 직접 조정하여 더욱 정교하게 컨트롤할 수 있습니다.

07 │ 첫 번째 영상을 클릭한 다음, 오른쪽 사이드바에서 [애니메이션]을 클릭합니다. [페이드인]을 선택 후, 인/아웃 모션의 Duration을 '2.5s'로 설정하여 영상이 부드럽게 시작되도록 조절합니다.

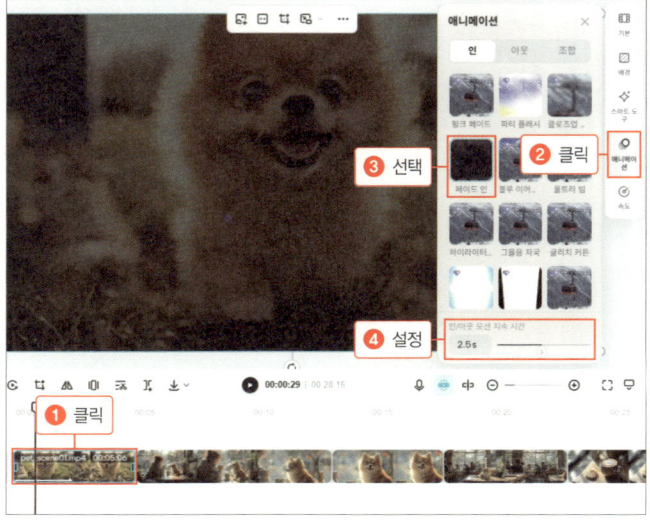

08 │ 같은 과정으로 마지막 영상을 클릭하고 오른쪽 사이드 바에서 [애니메이션]을 클릭합니다. [페이드 아웃]을 선택하고 인/아웃 지속 시간을 '2.5s'로 설정합니다.

09 │ 이번에는 애니메이션 클립과 클립 사이에 분위기를 바꾸기 위해 전환 효과를 넣어보겠습니다. 왼쪽 [전환] 메뉴를 클릭해 오버레이 카테고리에서 [모두 보기]를 클릭합니다.

> 다양한 전환 효과를 장면 간 분위기나 흐름에 맞게 활용해 보세요. 간단한 컷 전환부터 감성적인 페이드, 슬라이드, 줌 효과까지 다양하게 연출할 수 있습니다.

10 │ 자연스러운 전환 효과를 주기 위해 [B 페이드] 효과를 선택해 첫 번째와 두 번째 클립 사이에 드래그합니다.

> 같은 방법으로 두 번째와 세 번째 클립 사이에도 'B 페이드' 효과를 적용합니다. 전환 효과를 드래그해 넣으면 장면이 자연스럽게 이어져 영상의 흐름이 부드러워집니다.

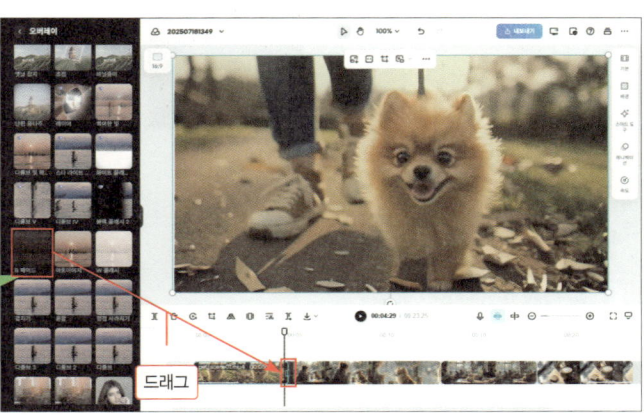

11 │ 영상 컷 편집이 완료되면, 이제 배경음악을 추가하겠습니다. 업로드한 Pet 폴더에서 'Sound' 폴더를 클릭합니다.

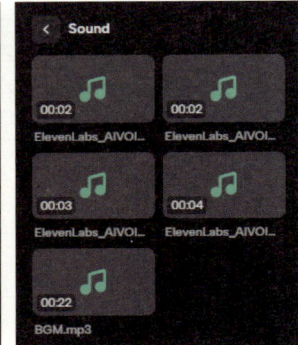

12 │ 'BGM.mp3' 파일을 영상 클립 아래로 드래그합니다. 배경음악의 길이가 전체 영상보다 짧기 때문에 사운드 클립을 클릭하고 오른쪽 사이드바에서 속도를 '0.9'로 설정해 전체 길이를 조금 늘여줍니다.

> 사운드 파일의 뒷부분이 영상보다 길게 남을 경우, 불필요한 부분을 잘라 마무리합니다.

13 │ 이후 장면마다 생성한 내레이션 음성 파일을 드래그하여 타임라인의 적절한 위치에 배치합니다.

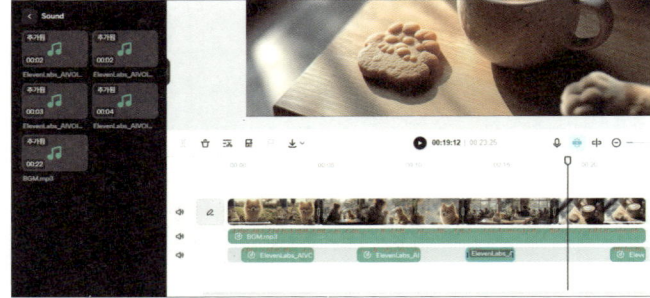

알아두기 내레이션 추가 위치 확인하기

- **첫 번째**: 00:00:23
- **세 번째**: 00:13:17
- **두 번째**: 00:07:11
- **네 번째**: 00:21:24

14 | 배경음악 클립을 선택하고 오른쪽 사이드바에 [기본]에서 페이드 아웃 지속 시간을 '3s'로 설정합니다.

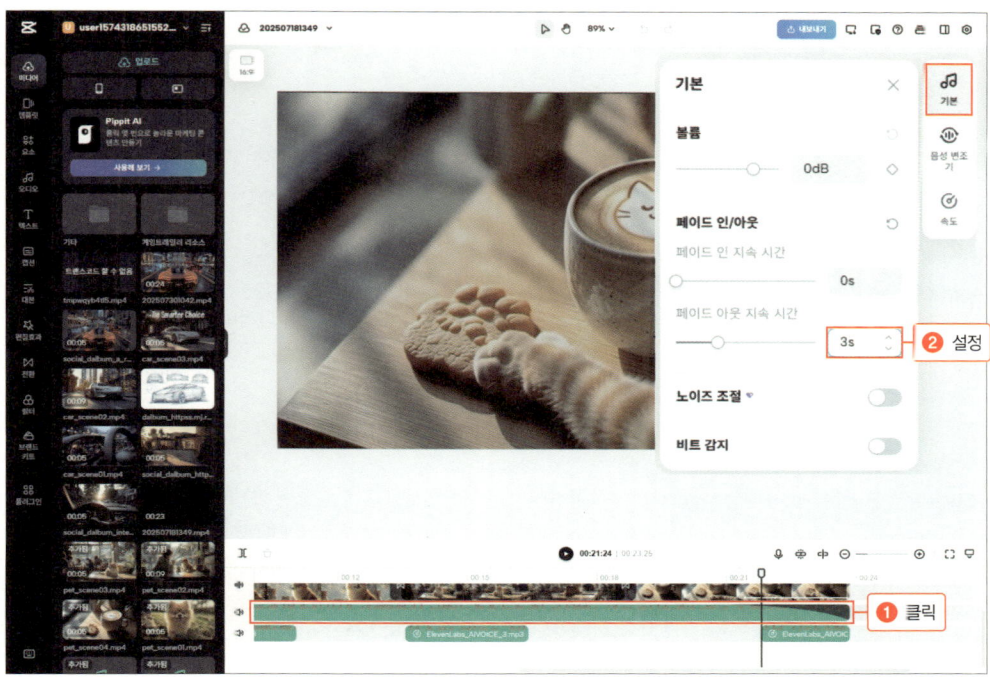

15 | 영상 편집이 모두 끝났다면, [내보내기] 버튼을 클릭하고 [다운로드]를 클릭합니다. 내보내기 설정 창에서 다음과 같이 해상도와 파일 형식을 설정한 다음, [내보내기] 버튼을 클릭합니다.

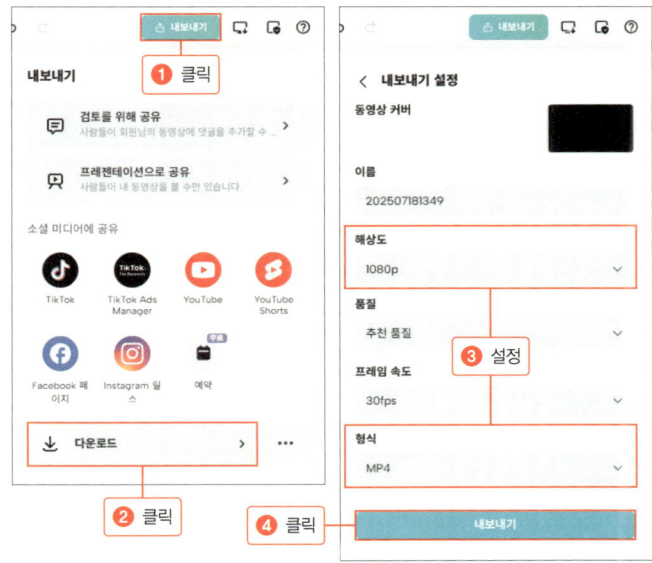

INDEX

Foreign Copyright:
Joonwon Lee   Mobile: 82-10-4624-6629
Address: 3F, 127, Yanghwa-ro, Mapo-gu, Seoul, Republic of Korea
              3rd Floor
Telephone: 82-2-3142-4151
E-mail: jwlee@cyber.co.kr

직장인을 위한 미드저니
이미지 & 영상 제작

2025. 11. 12. 초 판 1쇄 인쇄
2025. 11. 19. 초 판 1쇄 발행

지은이 │ 고희청, 박범희
펴낸이 │ 이종춘
펴낸곳 │ BM (주)도서출판 성안당
주소 │ 04032 서울시 마포구 양화로 127 첨단빌딩 3층(출판기획 R&D 센터)
        │ 10881 경기도 파주시 문발로 112 파주 출판 문화도시(제작 및 물류)
전화 │ 02) 3142-0036
        │ 031) 950-6300
팩스 │ 031) 955-0510
등록 │ 1973. 2. 1. 제406-2005-000046호
출판사 홈페이지 │ www.cyber.co.kr
ISBN │ 978-89-315-7160-8 (93000)
정가 │ 27,000원

이 책을 만든 사람들
책임 │ 최옥현
진행 │ 조혜란
교정 · 교열 │ 앤미디어
본문 · 표지 디자인 │ 앤미디어
홍보 │ 김계향, 임진성, 김주승, 최정민, 이해솜
국제부 │ 이선민, 조혜란
마케팅 │ 구본철, 차정욱, 오영일, 나진호, 강호묵
마케팅 지원 │ 장상범
제작 │ 김유석

■ 도서 A/S 안내

성안당에서 발행하는 모든 도서는 저자와 출판사, 그리고 독자가 함께 만들어 나갑니다.
좋은 책을 펴내기 위해 많은 노력을 기울이고 있습니다. 혹시라도 내용상의 오류나 오탈자 등이
발견되면 **"좋은 책은 나라의 보배"**로서 우리 모두가 함께 만들어 간다는 마음으로 연락주시기
바랍니다. 수정 보완하여 더 나은 책이 되도록 최선을 다하겠습니다.
성안당은 늘 독자 여러분들의 소중한 의견을 기다리고 있습니다. 좋은 의견을 보내주시는 분께는
성안당 쇼핑몰의 포인트(3,000포인트)를 적립해 드립니다.

잘못 만들어진 책이나 부록 등이 파손된 경우에는 교환해 드립니다.